나오며

신상성 8순기념문집

발간준비위원회

위원장 　 권태주 (한반도문인협회 회장)
부위원장 　 양재성 (청마기념사업회 이사장)

위원 　 장석영　고승철　임수홍
　　　　한일동　박서희　신경환

신 상 성 申相星
writer119@naver.com

소설가, 문학박사,
동국대 국문학과 및 동 대학원 졸업,
[동아일보] 신춘문예 '회귀선' 소설당선(1979).
[풀과 별] 서정주, 신석정 추천 시 등단(1974).

서울문예디지털대학 및 피지(FIJI)수바외대 설립자 겸 초대총장, (사)한중문예콘텐츠협회이사장, 전한국문예학술저작권협회감사, 한반도문학발행인, 한국문학신문논설실장, 대한언론인회명예회원, 문예운동, 조선문학, 창조문학 등 편집위원, 용인대 명예교수, 중국 낙양외대, 천진외대 석좌교수 등.

수상: 홍조국가교육훈장, 국가유공자(월남전), 경기도문화상(제15회), 한국펜문학상(제16회), 동국문학상(제10회), 한국문학상(제55회), 청마문학연구상(제15회), 중국 장백산문학상(제1회) 등 다수

소설집: 목불, 처용의 웃음소리, 목숨의 끝, 인도향 등
평론집: 한국소설사의 재인식, 한국통일문학사, 북한소설의 이해 등,
수필집: 내일은 내일의 바람이, 시간도 머물다 넘는 고갯길 등
시집: 당신의 눈을 들여다보면 등 저서 약50여권.

신상성 주요문학상

홍조국가교육훈장 (교육부 2008)
월남전 국가유공자 (국방부 2010)

「회귀선」(동아일보 신춘문예 당선작 1979)
「목숨의 끝」제15회 경기도문학상 (1992)
「늑대를 기다립니다」제6회 성호문학상 (1995)
「행촌동 패랭이꽃」제10회 동국문학상 (1996)
「의정부의 작은 거인」제12회 경기문학대상 (1997)
「바람은 어디서 불어오는가」제2회 한국창조문학상 (1998)
「인도향」제1회 중국 해외장백산문학상 (2000)
「구원의 땅」제16회 한국펜문학상 (2015)
「목불」제55회 한국문학상 (2019)
「청마문학의 상반된 시각~」제15회 청마문학연구상 (2022)

[축화] 중국화가 윤금단(尹金丹) '새 생명' 겨울 눈 위에 내리는 비

● 들어가면서

'나 아닌 나' 이따금 나는 전혀 다른 나를 발견하고 소스라치게 놀란다. 나는 분명 보름달 같이 긍정적인 주제로 칼럼을 긁었는데, 투고 직전에 다시 한번 읽어보니 부엌칼 끝에 베인 피만 흘렸다. 머리와 가슴이 따로 노는 것 같다.

나는 분명 화천 오봉산 꼭대기를 향해 허부작대며 오르고 있었다. 그런데 운동화 위로 파도가 덮치며 나들명거리는 게 아닌가. 엉 이거 고성 바닷가 파도네? 뒤돌아보니 아들과 손자 녀석들이 모래 속의 소라 껍데기를 찾는다며 뛰어다니고 있었다.

나는 지금 어디에 있는가, 또 어디로 가고 있는가, 생시인가 가시인가? 법정 스님이 내 팔뚝에 불땀을 지지며 말했다. "여기가 천당이고 극락이다. 발아래 현실이 즐거우면 천당이고, 괴로우면 연옥이다. 자네들 대관절 어디에 서 있는가" 송광사 제1회 전국 교수불자회에서 우리들 뒤통수를 불땀으로 한방 갈겼다.

마을버스 유리창에 늦가을 비가 흘러내린다. 흐린 빗줄기 사이로 탄천 개울물이 비단뱀 같이 꾸불텅거리고 있다. 뒤돌아보니 얼굴을 반쯤 가린 승객들도 탄천 물길을 무표정하게 내려다 보며 흔들리고 있었다. 뒤돌아서면 세상 모든 것은 그림자인 것 같다. 야구장 현장에서 보는 야구나 TV에서 보는 야구나 뒤돌아보면 다 한 장의 그림자로 남을 뿐이다.

해방 전후 태어난 우리들 해방둥이들은 이제 8십살이다. 피 터

● 들어가면서

지는 이땅의 현대사를 맨발로 뛰어왔다. 제1공화국부터 온몸으로 살아왔다. 8.15/ 6.25/ 3.15/ 5.16/ 12.12 까지 한반도 격동의 시간들이었다.

어찌되었던 이제 8학년이 된 까닭일까. 최근 유난히 허무와 허명에 몸을 떤다. 마산고교 1학년 때는 '마산 3.15 의거' 뛰어들었다가 얼굴에 화상을 당했다. 동국대 2학년 때는 6.3사태 운동권에 연루되어 전국수배를 당했다. 덕분에 제1공수특전단을 거쳐 월남 백마부대 선발대로 전쟁에 뛰어들었다. 유명한 구정공세 한미합동 작전 때 반닌.반쟈읍 시가전에서 양쪽 청신경이 나가는 상이군인이 되어 귀국했다.

청년시절에는 지리산으로 백두대간으로 그리고 월남전 정글까지 미친 듯이 헤매었다. 초년 교수시절에는 유학중인 아이들을 따라 유럽일대 폭풍에 잡혀 다니기도 했다. 장년시절에는 중국 낙양외대(사관학교) 등에 교환교수로 파견나가 타클라사막에서부터 동남아 실크로드 등도 쑤시고 다녔다.

이국의 낯선 하늘 무딘 달밤에 무릎을 세우고 앉아 허허롭게 은하수를 세어 볼라치면 "이 녀석아, 너는 무엇을 찾아 아직도 헤매느냐?"하고 누군가 뒤통수를 휘갈겼다. 뒤돌아보면 아무도 없고 밤바람이 뺨을 한방 갈기고 달아나기도 했다.

"머리만 묶은들 무엇하리, 풀옷만 입은들 무엇하리" 그동안 가까이에서 같이 불면에 떨며 밤새 긁었던 젖은 낙서들을 모아 세상에 던져본다. 학자로서의 길, 작가로서의 영혼을 돌아보며 몸을 떤다. 특별히 표지 그림을 그려서 중국 천진에서 캔버스 자체를 공수해 보내준 윤금단尹金丹 선생님의 뜨거운 정성에 감사를 드린다.

또한 늘 희노애락을 함께 숨 쉬어온 아내 김귀순 시인에게도 새삼 머리를 깊이 숙여본다. 그리고 세 자녀와 귀여운 8명의 손주들이 주변에 맴돌아 즐겁다. 가까이 톺아보이는 새털구름 따라 뜨거운 친지들과 함께 다시 한번 이 겨울을 가슴 속 깊이 합장해 본다.

- 8학년 초겨울, 화천 오봉산 기슭에서

제1부

성기조 (시인. 한국문학재단이사장. 전 국제펜클럽한국이사장) / 12
고광득 (제5대 용인대 총장) / 16
이상찬 (제4대 용인대총장) / 19

신상성 대표작 〈회귀선〉   / 24
(1979 동아일보 신춘문예 당선작)

홍문표 (시인. 전 오산대 총장) / 75
박진환 (시인. 조선문학 발행인) / 79
장석영 (수필가. 대한언론인회 부회장) / 82
임수홍 (한국문학신문 발행인, 월간 국보문학 발행인) / 87
김성교 (시애틀 재미시인) / 91
남영전 (시인. 전 길림신문사, 장백산문학 사장) / 95
윤금단 (소설가. 중국작가협회회원. 천진금융작가협회 주석) / 98
김 번 (영등포 무역회사 사장) / 109
이현길 (영성인쇄소 대표) / 113
한일동 (용인대 명예교수) / 117
고광덕 (목사. 화천 예술인농장대표) / 121
고안나 (시인. 시낭송가) / 125

제2부

권태주 (시인, 한반도문인협회 회장) / 130
양재성 (시인, 청마기념사업회장) / 144

신상성 수상작 〈목불〉 (2019 한국문학상) / 149

고승철 (소설가, 전 문학사상 사장) / 179
이근일 (용인대 부총장) / 184
최명환 (문학평론가, 공주교대 명예교수) / 189
김수언 (국선도 법사) / 198
이명세 (소설가, DALDAL Communication 고문) / 202
백재연 (한국간호조무사협회 이사) / 207
박성은 (교사) / 211
김정희 (전 거제문협회장) / 216
박서희 (수필가, 한반도문협 재정부장) / 220
김인희 (시인, 한반도문학 사무국장) / 223
류재순 (소설가, 전 재한동포문학회 회장) / 227
남태일 (소설가) / 230
주홍 (시인, 문학박사) / 233
박영진 (수필가, 재한동포문인협회 이사) / 240

중국 문인들 축사 / 244
신상성 작가연보 / 246
김귀순 (아내) / 284
신수연 (발레학전공박사, 신한대 겸임교수) / 296
후기 / 298

제1부

성기조
고광득
이상찬

신상성 대표작 〈회귀선〉
(1979 동아일보 신춘문예 당선작)

홍문표
박진환
장석영
임수홍
김성교
남영전
윤금단
김번
이현길
한일동
고광덕
고안나

문학동지 신교수

성 기 조
(시인. 한국문학재단이사장. 전 국제펜클럽한국이사장)

며칠 전 제12회 한국문학진흥재단 세미나 및 제140번째 서울 詩壇낭송회를 강원도 오대산 자락 평창에서 1박 2일의 일정으로 개최하였다. 나는 신상성 교수에게 축사를 부탁했다. 우리는 관광버스에 나란히 앉아 손짓하는 가을단풍을 같은 방향에서 같이 바라보았다. 오랜 시간을, 공간을 그와 함께 참 따뜻하게 지내온 것 같다.

첫날 일정을 마치고 숙소에 들었는데 같은 방을 사용하게 되었다. 방으로 들어서자 신 교수는 바로 샤워를 했는데 욕실에서 나온 그의 양어깨와 온몸 곳곳에 잔인한 흉터가 보였다.

"성 교수님, 월남전 화상 흉터가 아직도 잘 지워지지 않고 있네유?"

그는 부끄러운 듯이 얼른 속옷을 입으며 웃었다. 눈 맑은 송아지가 웃는듯한 그의 특유한 미소이다. 그는 앞에 나서기보다 늘 한발 뒤로 물러나 있는 겸손한 인품이다. 그러나 어떤 악패나 불의를 보면 공수부대 요원 출신답게 황소같이 달려들어 머리로 받아쳐서 문단 내에서도 유명하다.

 문인들 세미나 때에는 종종 한밤중 주당 패거리들의 행패가 있기 마련이다. 마지막에는 늘 그가 정리하곤 하던 모습이 인상적이다.

 "성 교수님, 지가 이번에 8순기념문집을 내게 되었습니다. 축사를 하나 부탁해도 될까요?"

 "억? 자네가 벌써 8학년이야?"

 "교수님도 9학년이시잖아요? 그래도 여전히 화끈해서 좋아요!"

 우리는 잠시 멍하니 서로의 얼굴을 쳐다보면서 생각에 잠겼다. 평창평야 넓은 들판을 가르며 날아가는 가을 낙엽들이 차창을 때리기도 했다. 인생이란? 이렇게 한번 스쳐 날아가는 낙엽이 아닌가? 얼마 전, 김동길 교수도, 오적 시인 김지하도 낙엽처럼 하늘 끝으로 날아갔다.

 잠깐 나의 문학적 인생을 되짚어 보았다. 나는 지금도《문예운동》《수필시대》두 가지 계간지와 이것저것 여러 가지 일을 이끌고 있다. 한국명작 번역작업, 세계문학기행, 청하백일장 등 정기적인 행사만으로도 숨 가쁘고 그 외에도 많은 행사에 앞장서 있다. 그러고도 틈만 되면 숨 쉬는 것만 빼놓고 원고지에 앉아 목숨같이 글을 써 왔다.

 그러면서 때로 '성기조 문학'의 존재론은 과연 무엇인가? 과연 나는 문단 '원로 중의 원로'로서 역할을 다하고 있는가. 생각에 잠기곤 했다.

옆에 앉은 신 교수의 옆 얼굴을 보자 1991년도 타이완臺灣 나이트클럽이 생각난다. 그때 나는 '제1회 아시아작가대회'를 준비하여 약30여명 교수와 문인들을 인솔하여 타이페이로 날아갔다. 많은 문인들 가운데 가장 쾌활하고 유머러스한 신 교수가 분위기를 잘 살려주어서 나랑 잘 맞았다.

지금도 '한국문학진흥재단'의 이사장을 감당하면서 회원들과 같이 전세계로 문학기행을 다니지만 그 무렵에도 나는 타이완뿐이 아니고 전세계를 휩쓸고 다닐 때였다. 한국문학의 세계화를 위해 나는 지금도 여전히 글로벌 네트워킹 구축에 혼신을 다하고 있다.

특히 재단 산하 '청하문학회'는 국내는 물론이지만 미국을 비롯하여 유럽 등 글로벌 지부가 있다. 국내회원만 1천여명이 넘는, 또 하나의 문인협회나 마찬가지이다. 신상성 교수는 타이완에서 더욱 가까워졌다. 한국문학의 미래를 위해 지금까지 약40여년간 가장 가까이 지낸다.

그는 1979년도 동아일보 신춘문예에 소설 '회귀선'이 당선되어 문단에 얼굴을 내밀었다. 동국대 국문학과 출신으로는 극히 드물게 소설로 등단하였다. 당시 동국대는 서정주 선생의 영향으로 대개 90%가 시인이었기 때문이다.

내가 교원대 교수로 있을 때 '한국비평문학학회'를 창설했다. 나는 그를 부회장으로 끌어다가 곁에 앉혔다. 또 내가 국제펜클럽 한국이사장을 거쳐 '한국문인협회' 이사장에 출마할 때는 그를 소설분과회장으로 런닝 메이트로 또 끌어왔다.

내가 회장인 수필전문지 계간《수필시대》에는 그의 연재수필을 게재하고 있으며 동시에 신 교수가 발행인으로 있는 '한반도문학'에는 또한 내가 고정 심사위원으로 뒷받침해 주고 있다. 거기에는 권태주 시인이 협회장으로서 작은 탱크같이 리드하고 있다. 권 교장도 교원대 대학원 석사과정에서 수학했으므로 나와도 인연이 깊다.

신상성 교수는 지난달에 2022년도 '청마문학연구상' 대상을 거머쥐었다. 전국의 교수들이 치열하게 경쟁하는 논문 대결에서 80세에 수상한다니 다소 놀랬다. 예리한 젊은 교수들을 간단하게 제치고 최종 결선에 올랐다는 끈기와 근육질은 사실 쉽지 않다.

어쨌든 우리는 앞으로도 변함없이 한국문학의 글로벌화와 노벨문학상 수상자 발굴을 위해 계속 노력해 나갈 것이다. 정통 한국문학의 쇠말뚝이 흔들리지 않게 같이 굳건히 지켜나갈 것이다.

부아산 정상에서

고 광 득
(제5대 용인대 총장)

내가 용인대 제5대 총장으로 취임한 것은 1987년이었다. 부아산 아래에 용인대 캠퍼스가 시원하게 전개되었다. 교육부차관으로 있다가 일선대학으로 떨어지긴 처음이어서 좀 어리둥절했다. 내 고향 인제와 같이 꼭 전방 야전군대 생활 같았다. 다행히 신상성 교수를 만나면서부터 앞길이 보이기 시작했다.

교육부에는 6.25 직후부터 일등병으로 들어가 평생 모 담았기 때문에 제주대 총장이나 이사장 집에 숟가락이 몇 개인지까지 전국대학을 훤히 꿰고 있었다. 그러나 막상 일선 현장에 나와보니 우선 교수들의 파벌과 성깔이 문제였다. 당시 전국대학들이 연일 시위와 폭력으로 지새웠다.

용인대는 더구나 체육대학이라 교수들도 물리적 행사가 많았다. 그러나 나는 탱크 같이 밀어부쳤다. 내가 갔을 때의 학교 정식명칭은 '유도학교'로서 유도, 태권도, 격기학과 등 겨우 5개학과에 불과했다. 그것을 나는 재임기간 8년 동안 약20개 학과에 정규 종합대학 오늘날의 '용인대학'으로 크게 성장시켰다.

우여곡절이 많았지만 이렇게 대폭 확장시키게 된 것은 신 교수의 확실한 보좌와 숨은 역할이 있었기 때문이다. 그의 대학발전 비전과 기획력은 대단했다. 신 교수와는 '유도춘추' 교내 대학신문사 주간으로 있을 때 맨 처음 인터뷰 하면서 그의 남다른 총명함을 알게 되었다.

내가 교육부에 평생 있었다는 인연으로 내가 신 교수를 시켜서 교육부에 보내는 기획서는 잘 수용되었다. 내가 8년 임기를 마치고 후임 총장으로 신 교수를 마음 속으로 내정해 놓았다. 그러나 총장선거 교육부 규정에 의해 정식 투표를 거쳐야 한다.

당연히 전체 교수들의 민주적이고 정상적인 투표를 하기로 했다. 그가 인사위원회 위원장으로 있을 때 선발한 교수들이 매년 십여명이었다. 대학의 학과가 급팽창하면서 교수들도 상당하게 뽑았다.

우선 해외 박사들에게 방점을 두었다. 따라서 총장선거를 하면 늘 공정하게 업무처리를 해와서 정평이 난 신상성 교수가 당선되는 것은 명약관화한 일이었다. 그러나 돌변이 터졌다. 이사장은 본교 출신인 김모 교수를 전격 발표했다.

규정된 선거를 치르지 않고 이사장이 일방적으로 그냥 지명해 버린 것이다. 전체 교수들의 반발이 극심했다. 나도 또한 불합리에 물러서지 않았다. 그들 둘 사이는 모종의 흑막이 있다는 소문이 돌았다. 서로의 치명적인 약점이 있었다. 마치 병 속에 든 두 마리의 독지네 같았다. 서로 빙빙 돌면서 물지 못하는 것이다.

이사장은 심지어 정년까지 보장되는 신 교수의 정교수 임용도

해주지 않았다. 나는 무려 석달간이나 도장을 찍지 않고 버티었다. 교육부에서도 훈령이 몇 번이나 내려왔다. 결국 재단과 나는 서로 한발씩 물러났다. 김모를 총장으로 인정하는 대신 신 교수를 정교수로 임용하는 조건으로 결국 도장을 찍어 주었다.

신 교수는 훗날 2002년도에 '아시아디지털대학'을 설립하였다. 물론 나는 그를 교육부에 적극 추천하였다. 최종 인가가 나자 그는 나를 초대총장으로 또한 추대해 주었다. 그러나 나는 그때 위장암 수술로 거동이 매우 어려웠다. 그러나 그는 나를 그대로 총장 지위에 앉혀놓고 자기가 직무대리 형태로 유지해 나갔다.

그러나 그의 대학후배 유모 교무처장 등의 음모에 의해서 학교가 크게 흔들렸다. 그래도 그는 지금도 건재하다. 지금도 명절이면 어김없이 찾아온다. 최근에는 코로나로 전화 목소리만 듣게 되었지만 그래도 신 교수의 맑은 목소리는 늘 반갑다. 그가 나를 위해 자서전 책도 만들어 준 것도 잊지 않고 있다.

이제 내 나이 97세이다. 이 글도 구술에 의해 받아쓴 것이다. 나중에 내가 이글을 프린팅해 읽으면서 눈물을 닦았다. 용인대의 옛날 시건들이 주마등처럼 흘러가기 때문이다. 할 말이 많지만 대충 이것으로 끝낸다. 마지막으로 신상성 교수의 8순을 축하하며 하나님에게 기도를 드린다.

용인시대 캠퍼스를 열며

이 상 찬
(제4대 용인대총장)

한국유도가 1985년 용인 캠퍼스로 이전하면서 역사적인 제2의 용인시대 중흥을 일으키게 되었다. 상고시대 비류 백제의 눈물 흔적이 적셔 있는 '부아산'負兒山에 올랐다. 비좁은 서울 풍납동 캠퍼스에서 드넓은 산기슭을 내려다보니 가슴이 탁 튀였다. 약11만평의 용인 캠은 앞으로 우리 한국유도를 세계적 반열로 반드시 끌어올릴 것이다.

약2년간 터 닦기 토목공사를 끝내고 드디어 본관 기공식을 치르었다. 교육부, 국방부, 체육부 등 각급 장관과 장성들을 모시고 첫 부삽을 들었다. 눈물이 핑 돌았다. 본교 4회 출신인 나는 모교 발전과 함께 올림픽 등 한국유도 영웅들의 요람으로 키우기 위해 이곳에 영혼을 불태워 왔다.

한국유도는 일본유도와는 다르다. 원래 신라 화랑도의 신체단련 무술 가운데 하나인 '유술'柔術이 임진왜란 때 일본에 건너가 '유도'로 둔갑되어 역수입된 것이 현대 유도이다. 본교는 어려운 여건 속에서도 올림픽과 세계선수권 대회 등 메달 부스로서 큰 역할을 해왔다.

신상성 교수는 내가 총장으로 새로 임명되면서 맨 처음 외부교수를 공모하여 뽑았다. 군인조직 같은 체육대학이어서 주로 체육실기 위주의 커리컬럼이었다. 그는 딱딱한 교과과정에 철학개론, 교양국어, 문학의이해 등 다양한 교양과목을 보완시켜 나갔다.

신 교수는 1980년 3월 첫 부임을 했다. 바로 그 전해 1979년 동아일보 신춘문예에 당선되었다. 외부교수로서는 처음 부임해오자 교직원들이 무슨 신기한 동물을 보듯 돌려보았다. 모두가 주먹쟁이 교수들이 보기에 그는 어린 애숭이 같았다. 그러나 그것은 착각이었다. 한달도 안 되어서 주먹잽이 학생들에게 그는 가장 무서운 교수가 되었다.

그의 강의시간에는 이따금 우탕탕탕!! 폭죽 터지는 소리가 났다. 옆 강의실 교수가 달려왔다. 따라가 보니 학생들이 교실바닥에 앞머리를 박고 군대식 '원산폭격'을 하고 있지 않는가? 거구의 유도, 씨름, 레슬링 등 훈련단 국가대표 선수들도 섞여서 진땀을 흘렸다.

그는 책상 위를 여기저기 날아다니며 꾀를 부리는 녀석들의 엉덩이를 발길로 사정없이 내리쳤다. 나중에 장은경 교수가 말해서 알았다. 작은 탱크 같은 그의 깡다구를 알고보니 제1공수특전단 출신이란다. 교수라기보다 코치 같았다. 덕분에 학생들은 한 학기에 교양한자 천자문을 거의 다 깨쳤다.

학생들이 기합을 받으면서도 '형님!'이라며 너무 좋아했다. 방과후면 근처 천호동 언덕빼기에서 사제지간이 씨름도 하고 막걸리도 돌려 마셨다. 그는 '용인춘추' 대학신문 주간도 맡으면서 무인武人들에게 한국문화와 역사의식도 차곡차곡 심어주었다. 문무가 겸비하는 인간성으로 유도해 나가고자 한 것이다.

우리 용인대의 시작은 1953년 6.25 직후 서울시청 앞 소공동 111번지에서 이제황 선생에 의해서 탄생되었다. 그러나 빈약한 학교재정으로 오랫동안 빈혈을 앓아오다가 1980년 이원수 재단 이사장을 만나게 되면서 변혁을 일으켰다. 즉 그의 뒷받침으로 이렇게 부아산에 올라서서 기합을 모아 보게 된 것이다.

이곳에 기존에 있던 예비군 사격장을 다른 곳으로 이전 시키고 결국 용인대가 정착하게 된 역사적인 사건이다. '모두가 이상찬 총장이 무슨 빽으로 군부대를 이전시켰는가?' 입을 다물지 못했다.

나는 당시 특무대 유도담당 교수를 겸하고 있었기 때문에 군 고위장성들과 오랫동안 친하게 지내왔으며 국회 국방분과위원장 등이 다행히 고향 청주의 선배들이어서 호흡이 잘 맞았다. 또한 전경환 새마을운동본부 회장은 본교 출신이어서 더욱 적극적으로 도와주었다.

무엇보다 용인시 주민들도 군부대보다는 대학이 들어오는 게 좋다며 대환영이었다. 그리고 1988년 서울올림픽의 유도경기장을 나는 본교에 유치시켰다. 따라서 경기도와 용인시 등에서도 국제선수들의 교통편의를 위해 도로포장 등 우선적으로 지원해 주었다.

어찌되었던 나는 신상성 교수와 이제껏 변함없이 형이야, 아우야 하면서 가까이 지내오고 있다. 특히 최근 나의 자서전을 도와주고 있다. 돌아보면 나의 과거는 '살아있는 한국유도사'라고 주변에서 말했다. 동시에 한국유도사는 한국체육사이기도 하다.

올봄에는 국립체육박물관에서 '한국체육을 빛낸 원로'라며 나의 일생을 데이터화 하기도 하고 동영상도 찍었다. 중요한 역사적 기록마다 신 교수가 도와 주었다. 벌써 우리는 반세기를 함께 살아온 셈이다.

〈동아일보〉 신춘문예(1979년도) 소설 당선작

回歸船
회귀선

신상성

채명신 사령관

1.

바람이 불었다.

돌개바람이 불 적마다 바람의 끄트머리에선 모래 무덤이 생겼다. 그것은 나지막한 동산도 만들다간 삽시간에 날아가 버리기도 했다. 숨이 답답하고 목구멍이 깔끄럽다. 벌떡 일어났다. 바지 주머니를 더듬어서 편지 나부랭이를 찾아 코를 풀었다. 코는 안 나오고 모래가루만 흩날렸다. 침을 뱉었다. 모래가 섞여 나왔다. 목구멍 근처의 모래는 잘 떨어지지 않았다. 칼칼하다. 여기저기 전우들의 헛기침 소리가 콘셋 벽 위에 그림자로 출렁거렸다.

검은 헝겊을 씌워 보안등을 한 나트랑 휴양지 막사 안은 잠을 이루지 못하는 불면의 그림자들로 날짱거렸다. 담요로 머리를 푹 뒤집어 쓰고 온몸을 돌돌 말았는데도 모래는 코로 귀로 이빨 새로 구멍 난 곳마다 날렵하게 파고 들어와 앉았다. 담배를 하나 물었다. 잠은 일찌감치 포기했다. 멀리 바닷물소리가 나들명거린다. 그 소리를 따라 막사 밖으로 나왔다. 돌개바람의 날카로운 앞이빨이 더욱 날카롭게 파고든다. 콧속이 뻐근해 온다.

뒷골도 다시금 멍멍해진다. 적도 근처의 열대이어서 이곳 해변은 낮과 밤의 기온 차가 심하다. 그믐달 근처로 조명탄이 올라가 폭죽같이 터졌다. 검은 그믐달도 총탄으로 피빛 구멍이 날 것 같다. 멀리 박격포 소리를 배경으로 M16 소총소리가 자장가로 들렸다. 연막탄과 화염 방사기도 간간히 밤하늘을 색칠한다. 중부월남. 닌호아 NinhHoa 지역 혼헤오산 HonHeo 북반부 하늘이 살벌하게 타오르고 있다.

백마부대 29연대장 이창진 대령이 주도하는 '박쥐16호' 작전이다. 그 총소리 속에는 하사 홍종진 첨병 조장의 M16이나 고참 하사 김철남 부조장의 칼빈소총 소리도 섞여있을 것이다. 홍하사나 김하사는 의무병이지만 소총수 보병들과 똑같이 뛴다. 홍하사는 맹호부대 제1진으로 왔다가 재파월하여 백마부대 제1진으로 다시 왔다. 오로지 전쟁 수당으로 돈을 모으기 위해서이다. 1967년 파월 따이한 병장월급이 54 달러였다. 당시 국가공무원 평균 월급이었다.

초급장교 소대장 소위는 거의 우리들의 두 배가 된다. 그는 등 뒤에 구급배낭을 열 십자로 묶고 보병들이 사용하는 M16으로 늘 맨 앞에 자원해 나간다. 용감하다고 할지, 무지하다고 할지, 어쨌든 이 전쟁 자체를 즐기는 것 같다. 살짝 곰보인 그는 육자배기 노래와 구멍난 농담을 혀 끝에 물고 다녔다. 때때로 야전막사를 폭탄 같은 폭소로 몰아간다. 고참 김 병장은 노름도 잘 하고 장사도 잘 하고 사랑도 잘 한다. 그래서 나중에 현지 제대하여 월남 처녀와 결혼도 했다.

담배를 두 손으로 감쌌다. 야간의 불빛은 백리를 간다. 푸르스름하게 번져 올라가는 담배연기 위로 반투명 맑은 유리조각들이 은하계를 쌩쌩 달리고 있었다. 두 쌍의 낙타가 나란히 서 있는 말보로 담배연기를 폐 속 깊이 빨아들였다. 낙타의 눈동자는 이 세상에서 가장 그윽한 것 같다. 그들의 눈은 늘 사막 끝 지평선에 고정되어 있다. 칼날 같은 모래알이 눈알을 파고 들어도 그들은 먼 지구 끝을 똑바로 쳐다보고 있었다.

전혀 세상을 초월한 눈동자이다. 세상은 잔인한 피 흘림인데 낙타와 은하계는 더없이 평화롭다. 수평선 끝에서부터 달려와 발끝을 간질이는 밤바다. 깊은 파도 소리가 속삭여 왔다. 다시 가슴이 답답해 진다. 진작 담요를 가지고 나올 걸, 후회했다. 잠 못 이루는 병사들의 그림자 몇 개가 나와 같이 해변을 방황했다.

이번 '박쥐16호' 작전명단에는 내 이름도 올라가 있었지만 연대 의무중대 인사계 할아버지는 내 이름 대신에 왕삼조 상병으로 대체해 놓았다. 내가 필리핀 클라크 미군 병원에서 복귀한 지 얼마 되지도 않았지만 날아간 오른쪽 귓창이 아직 치료 중이기 때문이다. 반 고흐마냥 흰 붕대를 감고 어떻게 작전수행을 하느냐는 인사계의 호통이다. 흰색 붕대에 까만 구두약을 칠하고 나가면 되지 않느냐고 우겼지만 오히려 나를 엉뚱한 이곳 나트랑 사단 휴양지로 쫓아보냈다. 한밤중 반강제로 앰불런스에 태워 밀었다.

　우기와 건기가 갈라지기 시작하는 10월초 중부 월남의 기후는 변화무쌍하다. 야전에서 저녁 식사용 C 레이숀을 뜯을라치면 비가 먼저 뜯어놓은 깡통을 치고 들어온다. 밤새 비를 맞으며 매복을 끝내고 일어서는 아침이면, 또 언제 그랬냐 싶게 소나비는 저만큼 달아난다. 가슴까지 차 오르는 빗물 참호 속에서 물에 빠진 참새마냥 몸을 부르르 떨며 아침의 정글 속을 뛰다 보면 어느 새 땡볕이 철모가 벌겋게 달구어지기 시작한다.
　점심 때면 철모에 계란 후라이를 해 먹을 정도로 뜨겁다. 한밤중의 진흙탕이 한낮에는 뽀얀 먼지로 풀썩인다. 밤낮의 기온 차가 약 20도의 영상 영하 사이를 외마치 장단을 친다. 백마부대 의무병으로 쫓겨오기까지 나는 몇 군데 교육을 거쳐야 했다. 쫓겨왔다기보다 실은 자원해 온 것이다. 원래는 김포 제1공수특전단 공수요원으로서 대구의무기지학교로 파견되었다.
　응급구호병 특과교육을 마치고 화천 오음리 월남파병 훈련을 거쳐 이곳 닌호아에 떨어진 것이 8월 한여름이었다. 논산 신병훈련소에서 김포, 대구, 화천을 뽈뽈 기는 쫄병으로 한바퀴 도는데 약1년 걸린 셈이다. 원적은 1공수 특수요원이지만 월남에는 의무병으로 파견된 것이다. 우리를 태운 미 해군 수송함 1만톤급 '쟈이거'Giger 호가 이곳 나트랑 해안에 접안하자 베트콩들이 기습 공격해 왔다. 시뻘겋고 시꺼면 해안기지 기둥폭발 모습이 영화 필름 마냥 유리창에 비치어 터졌다.

햇병아리 우리들은 요동치는 쟈이거 군함 벽을 휘어잡고 더욱 크게 요동치던 가슴을 쓸어 내렸던 1년 전 기억도 난다. 어느 새 내가 이 지옥 같은 전쟁터를 뛰어다닌 지도 한 해가 다 가는 것 같다. 백마부대와 함께 쟈이거를 타고 온 해병 청룡부대 요원들은 우리보다 더 북쪽 후에Hue 지역으로 떠나고, 우리는 중부 월남 닌호아에 떨어졌다. 1번 남북도로와 21번 동서도로가 갈라지는 9사단 사령부가 주둔하고 있는 29연대였다.

나트랑의 베트콩들에게 '위험한영접'을 받고 내가 1대대 4중대에 배치되어 겨우 한숨 돌릴 무렵이었다. 한밤중 연병장에 비상 신호탄이 몇 번 터지더니 약30대의 작전 트럭이 들이닥쳤다. 중무장으로 똥 띠엔Dong Dien 강이 흐르는 닌호아 북쪽 산악지대에 투입되었다. 나중에 알았지만 이 작전이 바로 '아름다운 매화 2호 작전'이었다.

그 동안 부대관할 반닌, 반쟈 지역으로 대민작전에 나가 주민들 치료만 하다가 한달 만에 본격적인 전장에 뛰게 된 것이다. 중대 단위 소규모 작전은 김포 공수부대 시절부터 많은 경험을 했지만 사단규모 대작전은 처음이다. 죽음과 공포, 긴장과 불안이 비수 같이 목을 겨누었다. 나는 머리를 세게 흔들었다.

안근호安根鎬 제4중대장이 무전기에 대고 아프리카 원시인 같은 언어로 고함을 질러대었다. 본부 상황실 홍상운洪祥運 연대장과 작전상황을 암호로 확인해 가는 것이다. 라이트를 끈 채 암흑 속을 달리는 트럭 뒤칸 어둠 속에서도 안 대위의 얼굴은 붉게 상기되어 있었다. D 데이 이틀이 지난 10월7일 밤 10시 가까이 되었을까. 21번 도로 연결 쪽 다리를 베트콩이 기습해왔다. 집중사격을 해오는 그들을 여유 있게 응전하며 우리는 포위작전에 들어갔다. 사살보다는 생포를 목적으로 안 대위는 맨 앞장 서서 예상 도주계곡을 차단하며 수색작전을 폈다.

이에 앞서 약 5시간 전에 바로 옆 작전지역인 똥 슈안Dong Xuan 제10중대 홍종진 하사 부대에서 대민심리전에 나갔던 배태룡 하사와 최정웅 병장이 베트콩들의 기습으로 산화 죽었다. 그래서 안 대위는 이 지역 베트콩 부대의 최근 규모와 성격을 파악하기 위해 생포하려고 했던 것이다. 그러나 험준한 혼 헤오 산악과 야밤의 정글 이동은 우리를 당황하게 만들었다. 자칫하면 오히려 우리가 역 포위를 당한다며 제1대대장 장창호張滄鎬 중령이 호통을 쳤다.

"야, 4중대장, 안근호 너 끝까지 내 명령에 불복할 꺼야, 어엉! 지금 늬들 수색조가 모두 11명이 야, 한꺼번에 뒈지고 싶어엇! 안 대위 너 내 말 안들려엇?"

시베리아 호랑이 같은 그의 어금니 가는 목소리가 아예 반말과 함께 무전기 통을 박살낼 것 같았다. 영창 갈 각오를 하고 장 중령과 싸우던 안 대위는 연득없이 쏟아지는 폭우로 결국 그냥 귀대할 수밖에 없었다. 두 명의 전우가 쓰러진 그날 밤, 우연하게도 배 하사의 어머니와 최 병장 누이동생의 편지가 나란히 도착되었다. 그 두 장의 편지 위에는 창 밖에 쏟아지는 10월 폭우와 함께 10중대 내무반 동료 전우들의 눈물이 밤새 고였다.

이역만리 머나먼 타국 땅, 우리는 왜 이렇게 하릴없이 시체가 되어가야 하나. 씽씽한 젊은 말 같은 한국 청년들이 왜 남의 나라 땅에 와서 누구를, 무엇을 위하여 죽어가야 하는가. 우습다. 내일 아침 눈을 뜨면 또 다시 총구를 닦고 실탄을 장전하여 어느 정글에선가 뛰면서 죽음과 맞닥뜨려야 한다.

2.

바닷소리는 늘 달랐다. 아침 저녁이 달랐고, 밤과 낮이 달랐다. 밀물과 썰물에 따라 바다와 육지의 입맞춤 소리가 다를 것이고 사랑의 농도도 다를 것이다. 바다 냄새도 다르다. 봄 여름 가을 겨울 바다 속 생명체들의 희로애락이 다르기 때문이리라.

"어머! 야시카가 일곱, 여덟, 열…… 열 여섯 개 떨어지네요."

챠오가 침묵을 깨고 초승달 하늘을 가리켰다. 이런 조명탄 한 개의 제조비가 일제 카메라 '야시카' 값과 맞먹는 약40달러란다.

바닷가 아오자이 여인

한 번 낙하하여 사라지는데 약15분이다. 조명탄은 땅 위에 기어가는 개미새끼까지 비춰준다. 밀림에서 준동하는 베트콩을 찾아주는 것이다. 이 근방 각 부대 작전 지역에서 이 시간에 떨어지는 것만도 수백 수천 수민 개가 될 것이다.

　월남 전역에 떨어지는 숫자는 수 억 개, 수 억 달러가 공중분해하는 것이다. 1년 열 두 달, 365일 몇 년을 더 떨어뜨려야 하는 건지 아무도 모른다. 미국 죤슨 대통령도, 월남 쿠엔 카오 키 수상도, 월맹군 후치밍(胡志明)도 모른다. 유엔군 웨스트 모얼랜드 사령관도, 따이한 채명신(蔡命新)사령관도 모른다. 신(神)은 알까? 원숭이는 그의 수첩에 대체 무슨 그림을 그리고 있을까?

　"신(神)이란 정체는 뭔 줄 아세요? 어렵게 생각할 필요 없어요. 한마디로 단정해 보세요. 내가 사이공 대학 불문학과에서 배운 것이라곤 이거 하나밖에 없어요."

　"또, 그 프랑스 신부 얘기군."

　"아녜요. 나 혼자 터득한 거예요. 웃지 마세요. '옷衣의 변에 원숭이 신申자예요. '사람 옷을 입은 원숭이?' 란 뜻이에요. 아시겠어요?"

　챠오의 자학적 캐리커처가 시원했다. 그것은 '옷衣변이 아니고, 보일 시示변' 이다. 직역하면 '원숭이를 보여준다'는 뜻이다. 신神이란 원숭이다? 그미의 역설이 자폐증상으로 치닫는 나를 웃기게 했다. 나는 뼈 속까지 드러나도록 통쾌하게 웃었다. 어금니가 뻐근하다. 웃지 말자. 이따금 그미의 이러한 어눌한 미소도 생각났다.

"몇 달 전, 사이공 미군사령부 임시수용소에 가서 내 애인 응 남 비엣 그 사람을 만났어요. 여전히 태연하더군요. 나도 그때 처음으로 그 사람 앞에서 태연해 봤어요. 마지막 말을 하려고 하니 이상하게 착 가라앉아지대요. 언제나 불안해야 할 것은 그쪽인데, 오히려 내가 늘 초조해 왔거든요"

바다는 은밀히 말을 걸어 왔다. 그만한 시간이면 챠오의 목소리는 달려와 고통스런 안식을 주곤 했다. 눈을 감으면 다가서는 박꽃 같은 미소 때문에 나는 늘 도망다녀야 했다. 그미의 이국적인 눈동자는 때로 낙타의 초월한 눈동자같이 보인다.

"이번에는 그 콧수염 홀덴 참모장이 '노오' 했던 모양이지?"

"아네요. 그 미군 참모장은 한 번도 내게 '노오'라고 한 적이 없어요. 오히려 그가 서둘러 남 비엣의 석방 확인서에 싸인 하려는 것을 내가 '노오!' 했어요. 그 홀덴은 이상하단 눈으로 나를 쳐다보며 어깨를 한번 들었다 놓더군요."

내가 4중대 의무병으로 처음 배치되고 얼마 후, 나는 부대근처 반닌 반쟈 마을에 대민심리전 작전에 나갔다. 그 즈음 챠오를 처음 만났다. 아니 챠오의 어머니를 더 앞서 만났다. 그미의 어머니는 중증 환자였다. 파도를 밀며 번져오는 밤 바다의 짠 냄새가 챠오의 겨드랑이 냄새로 다가왔다. 며칠 전 챠오와 만났을 때, 들려준 그의 애인 이야기였다. 뜬금없이 그미가 보고 싶어졌다.

나는 휴양소 막사 안으로 다시 들어갔다. 그미의 집이 있는 반닌 마을에 가고 싶었다. 옷을 주워 입고 탄창의 탄알을 확인한 다음 대검을 빼보았다. 만일을 위해 호신용으로 지니고 가야 한다.

달빛에 번쩍이는 칼날을 보자 나는 그만 포기해 버렸다. 당분간 그미를 혼자 내버려 두는 게 좋을 것 같다는 생각이 들었기 때문이다. 챠오는 지금 나와 같이 최악의 심리상태일 것이다.

나는 탄띠를 도로 풀어놓고 대검을 다시 칼집에 넣었다. 담요를 머리 위로 뒤집어썼다. 옆에는 항우 같이 코를 골고 자는 녀석의 담요도 벗겨 가지고 다시 나왔다. 망고나무 밑에 앉았다. 남십자성이 이마 위에 떨어졌다. 고향 신마산 뒷산의 무학산 중턱의 공동묘지에 자주 올라 갔었다. 이북 함흥이 고향인 큰아버지 무덤가에 누워서 보던 밤하늘과 똑같다.

다만 고향에선 남십자성이 이곳보다 더 멀리 보였을 뿐이다. 은하계도 끝이 없고 우주도 끝이 없었다. 그러나 우리에겐 끝이 있었다. 죽음의 끝이 있다. 우리는 죽음을 수통마냥 항상 곁에 차고 다닌다. 그 죽음도 60kg의 고깃덩이가 수류탄에 벌집이 되든지, 부비츄렙에 걸레가 되어야 하는 끝판이다.

"내가 단호하게 말했죠. '이번에는 석방하면 안 돼요!' 미군 측에서 안 된다는 것이 아니라 내가 먼저 안 되겠다고 했어요. 사이공 촐롱지역, 베트콩의 아지트에서 잡혀온 그는 쓸쓸히 웃더군요. 차라리 잘됐다는 거예요. 집요한 민족성! 차라리 미군 포로수용소에 갇혀 있는 게 낫다고 생각해요. 미군은 유엔 제네바 협정서를 확실하게 지키잖아요. 그가 베트콩으로 계속 싸우다가는 목숨을 잃을 수도 있으니까요."

챠오의 애인이었던 응 남 비엣을 우선 이렇게 목숨만이라도 보장해주고 싶었던 것일까. 사랑은 벼랑 앞에서도 이렇게 질기고

독한 것일까. 우리는 태평양에서 인도양으로 몰려오는 나트랑 해변을 거닐곤 했다. 무성한 열대 숲에 싸인 해변을 눈부시게 흰 아오자이가 걸었고, 그 옆에는 땀에 전 얼룩 무늬 따이한 전투복이 나란히 걸었다.

밑바닥이 보이는 투명한 바다를 보며 걸었다. 우리는 이 해변을 자주 걸었다. 걷고 또 걸었다. 걷는 것만이 전부였다. 세상에서 그 무엇도 우리 젊음의 그 무엇도 해결해 주지 못했다. 아니 우리는 전쟁터의 단순한 소모품으로 젊음이 죽어갈 뿐이다. 시체가 되어 갈 뿐이다. 세상은 우리의 청춘을 열외로 제외 시키고 있었다.

"성혜운星慧雲 병장님! 의외였어요. 쇠사슬같이 늘 강인했던 비옛이 내 앞에서 고개를 숙이는 것을 그때 정말 첨 봤어요."

고개를 천천히 들며 챠오는 먼 수평선 끝으로 쓰게 웃었다. 세상은 챠오에게 결코 빛이 되어주지 못했다. 전쟁은 챠오와 그 애인 청년 베트콩 사이를 잔혹하게 도끼질 하고 있었다.

"잘했어! 차라리 잘됐어. 이제 내 인생도 이렇게 끝나가누만, 마지막 부탁이야. 반닌 마을에 한 번만 가줘. 우리 아버지가 아직 그곳에 살아계실 거야. 그는 중얼거렸어요. 철창 새로 불쑥 뻗어 나온 마지막 그의 손을 나는 차마 잡지 못했어요."

챠오는 영어를 잘했다. 그미를 처음 만났을 때 사이공 대학 불문학과 2학년이었다. 나의 서투른 영어회화가 중간중간에서 끊어지면 그미가 잘 보완해 주었다. 손짓 발짓도 하고 눈짓도 했다. 땅에다가 그림도 그렸다. 그러나 꼭 해야 할 절실한 말은 못할 때가 많았다. 많은 말을 하고 싶었지만 정작 사랑한다는 낱말 하나는 아직도 못하고 있었다.

"최소한 마지막 비옛의 손을 한번쯤 잡아 주려고 했어요. 그러나 그 순간, 쫄롱의 그들 아지트에서 울부짖던 그 모녀의 환영이 되살아나 도저히 손을 내밀 수가 없었어요.. 그가 직접 낫을 들고 우리 동네 노점상 모녀를 심문하는 걸 봤어요"

그러나 나는 반닌 오두막에는 갔어요. 허리가 굽은 비옛의 아버지는 귀도 멀고, 눈도 멀고, 말도 못하는 7순의 할아버지였어요. 나를 한참 들여다 보더니 때가 전 액자 속에서 낡은 사진을 한 장 꺼내 왔어요. 다시 한참 들여다보더니 '며느리가 이제 왔어……허허.' 이빨이 다 빠진 웃음이었어요. 공허하게 그러면서 핏줄 쓰이게 터져 나왔어요..

그미는 잠깐 하늘을 올려다보며 긴 한숨을 쉬었다. 맑은 구름이 마치 어미 캥거루가 아기 캥거루 손을 맞잡고 춤 추는 듯한 모습이었다. 동화책 삽화같았다.

"나는 그 사진을 빼앗았어요. 귀퉁이가 잘려나간 그 사진은 사이공 대학 입학식 때의 내 사진이었어요. 들릴듯 말듯한 며느리란 소릴 듣고 눈물이 왈칵 쏟아졌어요. 그러나 나는 울지않었어요. '이제 나는 내 아들 남 비옛한테 가는 거야……허허.' 아버님, 당신 아들은 국가 지도자이에요! 그래 도 그 시아버지는 무슨 뜻인지 몰라요."

"결국 비옛을 도피시킨 것은 당신이군요"

"챠오! 나도 비옛같은 사회주의자였어. 대학졸업반 때 체포되어 여기까지 끌려오게 된 거야. 대학시절에는 어느 나라 청년들이나 사회주의자가 되기 마련이야. 우선 국민들의 공평하고 평등한 삶이 중요 하잖아?"

나는 안전장치를 풀었다. 방아쇠만 당기면 연발로 나간다. 우리는 화장실에 앉아 있을 때도 총을 세워 잡고 똥을 눈다. 잘 때는 머리에 베고 잔다. 더구나 이런 한적한 야산에선 어느 구석에서 검정 콩알이 날아올지 모르기 때문에 비상장치까지 켜두는 것이다. 이따금 지축을 흔드는 박격포 소리만 아니면 전혀 전쟁터라는 것이 실감이 안 난다.

이곳이 응접실에 걸린 한 폭의 열대 풍경화라는 착각이 든다. 나트랑 해변은 열대의 정지된 시간과 벌거벗은 낭만이 연상되는 하와이 와이키키보다 더 아름다운 바닷가이다. 제2의 고향 남쪽 끝 마산 돗섬 같은 아늑함도 있다. 챠오의 목덜미로부터 반사되어 나가는 한낮의 햇발이 눈부시다. 그미의 몸에선 월남 특유의 연한 찌릉내가 난다. 그것은 골목길 곳곳에서 나는 월남민족 고유의 갓난아기 향수 같은 것이다.

갓난아기 궁둥이 냄새 같은 것 말이다. 4중대 한미 합동작전 때, 나에게서 마늘냄새가 난다고 코를 막고 뺑뺑 돌던 윌리암 중위의 엉덩이를 발길로 차 주던 생각도 난다. 윌리암이 한국의 쓰레기장 냄새를 맡으면 우리민족 고유의 냄새가 날까? 우리가 월남전장에 투입될 때 타고 온 미 해군 군함 '쟈이거' 식당 구석 짬방통에서는 더 찐한 노랑내가 났었다.

미군에겐 특히 윌리암 같은 백인들에게선 그 노랑내가 심했다.

그 비릿한 오줌내는 이곳 야자 열매 속에서도 났다. 처음엔 구역질 나던 그 야자수 물맛에 익숙해질수록 나는 열대에 전쟁에 죽음에 능숙해 갔다.

월남 정글마을

3.

한국의 세라(世羅)에게선 풀 냄새가 났다. 뽀트를 타고, 춘천 소양호에서 화천 평화의 땜까지 거슬러 올라갈 때 그미는 진한 들국화 풀꽃 냄새를 풍겼다. 우리는 얼마나 숱하게 헤어지는 연습을 했던가? 꼭 헤어져야 한다면서도 생각해 보면 헤어질 이유가 하나도 없었다. 세라 어머니의 반대 같은 건 흔한 세속적인 이유였다.

내가 남산대학 데모 주동자로서 전국 수배자인데다가 백수건달에 가난하다는 것이 결혼반대 이유이다. 이런 것은 우리에게 헤어지는 이유가 될 수 없었다. 그러나 그 어머니로서는 절대적이다. 어떤 것과도 상쇄가 되지 않았다. 그래도 헤어져야 했다.

헤어지고, 헤어지고, 헤어져야 했다.

"고아면 어때요. 또 호적에 그어 있는 '빨간색 전과표시줄'이 무슨 상관이에요. 빨간줄이 그어진 그 결과보다 그 동기가 더 중요한 게 아니에요? 당신이 주동한 6.3사태 한일회담 저자세반대 시위는 당연한 일이에요. 열혈 한국청년 내 애인의 의지였어요. 그리고 다른 동료들을 위해서 당신이 대신 희생한 빨간 줄이 왜 나쁘냔 말이에요. 기죽지 말아요. 왜 당신은 그런 걸 당당하게 어머니에게 강조하지 못 하느냐 말이에요."

'그러나 세라야! 세상은 결과만 가지고 단정하기 마련이야. 네 홀어머니의 외고집을 세대 차라고만 단정할 수 없어! 세상은 그런 제도권 틀에서 돌아가기도 하니까 말이야' 이런 말이 목구멍까지 치솟았지만 도로 삼켜 버렸다. 이런 말로 타이른다고 해서 그미가 물러설 것이 아니기 때문이다.

"나는 당신의 그런 용감한 행동성이 좋아요. 당신은 늘 행동을 먼저 보여 주었어요. 난 그걸 언제나 친구들에게 자랑해요. 땟국이 흐르는 이론보다 실수할망정 행동을 사랑해요. 그러나 당신은 소심해요. 항상 피해의식 속에 싸여 있어요. 왜 그래야 해요? 그건 자학이에요."

단 하나의 진실을 위해 세라와 나는 모든 것을 위장해야 했다. 하나의 비밀이 갖는 환희와 고통은 그만큼 한 방황과 피로를 던져왔다. 색안경의 두께와 굴절에 우리는 괴로워했고 누구에게도 거역할 수 없는 불가항력에 다시금 생채기를 내곤 했었다. 한국의 세라 얼굴도 생각났다. 망상이 나트랑 해변 파도마냥 두서 없이 밀려왔다 밀려간다.

"맞아요. 저도 콧수염 홀덴 참모장 사무실 문을 두드릴 때까지는 단 한가지 생각만 줄곧 했었어요. 또 어려운 일도 아니고 그러나 홀덴이 또 비옛을 석방시켜 주겠다고 먼저 말을 꺼냈을 때, 저는 단정했어요. 석방시켜 주면 그는 또 촐롱밀림으로 달아날 거예요. 쓸데없는 죽음의 연속이에요. 그에게는 민족이라는 당위성 외에는 아무 것도 눈에 차지 않아요. 아버지도, 아내가 될 애인도, 친구도 없어요. 오직 미제 격퇴, 자본주의 말살, 투쟁! 투쟁! 투쟁! 뿐이에요."

챠오는 다시 수평선 끝을 응시했다. 아까의 캥거루 모녀 그림이 이제는 말 달리는 백설공주 이미지가 되었다. 그 뒤로 많은 양떼들이 달려가고 있었다.

"그는 체포될 적마다 계급이 하나씩 올라가 있더군요. 이번에는 부성장(副省長)급 정치장교가 되어 있었어요. 눈은 더욱 충혈되어 있었고, 입술은 더욱 굳어져 있더군요. 이념이란 무엇일까요? 생명을 착취하는 해골일 뿐이에요. 계급에 대한 투쟁도, 외세에 대한 투쟁도 결국 사람 죽이는 게 일이에요. 이웃 캄보디아 킬링 필드 영화 보셨죠?"

챠오는 사이공에 유학하면서 유엔군사령부에 나가 통–번역 아르바이트를 했다. 매일 오후 홀덴 참모장 비서실에서 타자를 치면서 월남군 장군들이 방문하면 통역도 했다. 전쟁 판국에 대학이 유지된다는 것도 우습지만 우익 월남정부에서 운영하는 학교에 좌익 후치밍 베트콩당이 활개 치고 있다는 것도 실감나지 않았다. 그미는 유엔군 합동참모본부에 나들명 거리는 월남군 사단 장급 장성들과 고위 정치인들의 부정부패를 많이 목격했다. 가까운 부자 친척의 더러운 암거래 현장도 직접 확인할 수 있었다.

대개의 주민들은 이 전쟁판에 죽거나 병신이 되어 나가는데도 그들은 밤이면 사이공 탄손누트 공항 근처 환락가에서 판을 쳤다. 조국 지도자들에 대한 챠오의 절망이 한 남학생을 사모하게 된 것이다. 마르크스 독서 서클 리더인 정치학과 남학생 응 남 비엣에게 기울어져 갔다. 그는 단호하고 철저했다. 고위 공무원들의 부정부패를 폭로하고 남북한 민족단결과 통일을 울부짖었다. 그는 이념의 화신이었다.

1960년대 한국 대학생들의 민주화 투쟁과 비슷했다. 내가 그랬으니까, 우습다. 이듬해 그는 총학생회 회장으로 당선되었다. 교내에선 좌·우익 학생 간 폭력과 납치도 빈발했다. 심지어 살인 방화까지도 서슴지 않았다. 그미가 얹혀 살고 있던 고모 집은 사이공 시내 술 도매상 가게였다. 겉으로 보기엔 술병이 가득 찬 가게였지만 뒷뜰은 트레일러 몇 대가 대기할 수 있는 대형 창고였다.

헌병까지 앞세워 칸보이하는 암거래 트럭이 수시로 뒤뜰에 들어섰다. 헌병차가 앞문으로 빠져나가면 이내 뒷문이 닫히고 트럭에 가득찬 미군 PX 화물이 순식간에 분리된다. 찝차는 한 시간 정도면 완전 분해된다. 그 속에는 월남군에 보급이 되어야 할 각종 군수품과 최신 무기들이 가득가득 재여 있었다. 고모부는 그것을 베트콩에게 중계하여 팔아 먹는 것이다. 촐롱의 베트콩 지도자들과 뒷거래 하는 것이다. 포장에 USA가 찍힌 채로 야밤에 정글로 이동된다.

 월남군 트럭들이 뒷마당에 서 있는 동안 이층의 밀실에는 미 군표 달러와 피아스타가 교환된다. 고모부가 월남군 별자리들에게 군표 다발을 넘겨주고, 고모부는 다시 그날 밤, 논라를 깊이 눌러 쓴 베트콩 지도자들에게 트럭을 통째로 넘겨주면 몇 배의 피아스타가 고모부 비밀금고 속에 쌓여진다. 그 이층 밀실에는 낮이면 남쪽의 월남군 장성이 앉았던 자리에, 밤이면 북쪽의 베트콩 검은 옷이 앉는 것이다. 같은 월남 동족이면서 세 사람의 배반적 함수관계는 전혀 다르다.

 얼룩무늬 녹색 군복과 검은 옷과 중개인의 하리한 흰옷이다. 적들끼리 무기를 교환하는 아이러니다. 고모가 지하실 바닥에 금괴를 파묻으면서 나에게 상자에 못을 박는 망치질을 시키기도 했다. 이들에겐 이상적인 이념보다 현실적인 달러가 더 확실하다. 대개의 월남주민들은 어머니 뱃속에서부터 대포 소리를 듣고 나온다. 평생 언제 총소리가 끊어질지 모른다. 아무도 모른다. 미군도, 월남군도 모른다. 인민군 베트콩 해방전선도 모른다.

 싸우다가, 싸우다가 시체가 되어갈 뿐이다. 끝없이 죽어갈 뿐이다. 무지한 시골로 들어갈수록 농민들은 이유 없는 학살을 더 많이 당한다. 농민들은 유엔군에 가담하자니 베트콩의 보복이 잔인하고, 베트콩에게 붙자니 너무 춥고 배고프다. 챠오는 학교를 더 계속할 수가 없었다. 조국이 이렇게 만신창이인데 졸업한다고 해서 무엇 할 것인가? 그 공산주의 혁명이론은 대체 현실적으로 무슨 도움이 되는 것일까?

방학에 고향에 돌아 와 보면 비엣 그 애인의 가슴에 반짝반짝 빛나는 훈장만큼이나 반비례로 마을은 쓰러져 가고 있었다. 논밭이 황폐해지고, 집들의 벽과 지붕이 뻥뻥 뚫려 있다. 마을 사람들은 더욱 그악하고 비굴해져 갔다. 갈수록 무기물화, 무기력화 되어 스러져 가는 것뿐이다. 마을사람들은 동족의 베트콩에게도 참살 당하고, 유엔군에게도 처형당해 나갔다.

아침에 눈을 뜨면 또, 누가 죽어 나갈지 모르고, 저녁에 눈을 감으면 또 누구네 집이 불질러 질 지 모른다. 당장 내일을 알 수 없는 것이다. 아무도 모른다. 다만 지금도 급속한 진행형으로 마을이 황폐해 져 가고 있다는 것만이 분명하다. 원숭이는 여전히 신(神)의 흉내만 낼 것이다. 인간 원숭이들은 그들의 수첩에 무엇을 낙서하고 있는 것일까? 대량학살 폭격기의 탄도와 각도와 거리를 재고 있을까?

챠오의 할아버지는 프랑스와의 독립운동 때 처형 당했고, 아버지는 단지 닌호아 군수라는 이유로 베트콩에 의해 살해된 시체가 마을입구 우물에서 발견되었다. 큰오빠는 캄보디아 후치밍 비밀루트 로 해서 월북했다. 지금쯤 아마 월맹군 고위층이 되어 있을 것이다. 할아버지 덕분에 혁명 가족으로서 출신성분이 좋기 때문이다. 큰 언니는 캄란에 있는 미군병원 간호원이다. 한 가족이 제각각 공허한 이념의 제물로 희생되었다.

챠오는 대학배찌를 단 후, 세 번째 고향에 돌아왔을 때, 결국 사이공에 가지 않았고, 비옛이 네 번째 체포되었을 때 일부러 석방 노력을 하지 않았다. 그러한 결정적인 이유는 계급투쟁의 실체를 그미가 직접 확인했기 때문이다. 챠오는 그 남 비옛 애인의 부탁으로 여늬 때같이 촐롱의 산 속으로 소금을 배낭에 메고 올라 갔다. 그때 마침 붙들려 온 몇 명의 포로가 야자나무에 묶여 있었다. 언뜻 보니 사이공 근처 그미와 같은 마을 주민 같았다. 학교 앞 어디선가 과일장사를 하는 아주머니 같았다.

"야잇! 사끄러윗! 조그만 게 앙칼지긴 네 에미나 너나 독하긴 마찬가지냐?"

누군가 그들을 심문하는 베트콩 중 한 사람이 어느 여인을 몰아세웠다. 가까이 다가가 보니 비옛이었다. 챠오는 그 자리에 주저앉을 뻔했다. 그 옆의 소녀는 이미 실신해 있는 자기의 어머니 머리를 끌어안으며 울고 있었다. 그 어머니 무릎 위에는 또 하나의 갓난아기가 젖이 말라붙은 그 어머니의 가슴을 손톱으로 긁어내고 있었다. 부슬비가 핏물을 번지고 있었다. 비옛의 이런 발광은 처음 본다. 이게 마르크스-레닌이 주먹을 흔들던 공산주의이고 민족주의인가?

"야, 너 같은 자본주의 소시민덜 때문에 이 민족의 통일이 자꾸 늦어지고 있는 거야, 이 양갈보야! 어젯밤 니가 미군에게 넘겨준 쪽지가 뭐냔 말이야?"

"저는 쪽지도 없고, 미군을 만난 적도 없어요."

얼굴이고 가슴이고 검붉은 피투성이가 되어 실신해 있는 아주머니는 자포자기한 것 같다. 갓난애의 피 묻은 열 손가락이

역시 피 칠한 자기 어머니의 젖가슴을 손톱으로 할퀴는 것을 보았을 때 챠오는 새삼 어금니를 깨물지 않을 수 없었다. 챠오가 본능적으로 그 갓난아기 머리를 안으려고 손을 내미는 순간, 비옛의 구둣발이 그미의 옆구리에도 꽂혔다. 살벌한 그의 눈알도 꽂혀졌다.

"챠오! 넌, 또 뭐야, 그 너절한 걸레쪽 같은 개인사정은 쓰레기통에 갖다 버리라고! 이 여자가 아직도 그 미군 달러 휴지쪽을 못 버리고 있어, 이 한 사람보다 더 많은 인민의 목숨을 생각해 보라구!"

"민족도 인민이 존재하고 난 뒤에야 이념이 있는 거야, 인민들이 다 죽고 나면 이념은 어디에 쓰는 거야. 그렇다고 자본주의가 절대 우월하다는 것은 아니야!!"

챠오도 맞고함을 질렀다. 그리고 두 손으로 얼굴을 감싸쥐고 그대로 산에서 뛰어내려 왔다. 처음 비옛의 어금 빗기는 무산계급 혁명의 실체를 발견한 것이다. 후치밍의 공산혁명, 마오쩌둥의 계급투쟁, 스탈린의 공산독재 그 단호한 이념의 위악성을 느꼈다. 그러나 챠오가 정독한 마르크스 엥겔스의 공산주의 혁명이론은 분명 이런 게 아니었다.

챠오가 나에게 보여 준 한 장의 남녀 사진 속 비옛은 단정했다. 챠오의 어깨에 손을 얹고 미소를 머금은 그 얼굴은 그러나 강철같이 준엄한 눈도끼였다. 동양인치고 안면의 굴곡이 심했다. 나폴레옹 같이 깊숙이 들어간 눈두덩은 이질감도 주었다. 비옛이 첫 번째 잡혔을 때, 홀덴 참모장이 챠오에게 보여준 포로 사진이라고 했다.

 홀덴은 그 사진 속의 여자가 어쩐지 챠오와 비슷하다며 농담을 했단다. 비슷한 것이 아니라, 그 장본인이다. 어쩌면 홀덴이 사이공 CID 첩보대를 통해 이미 챠오의 신원을 파악하고 있었을 것이다. 짐짓 떠보려고 농담한 것인지도 모른다. 비옛 동무들은 사이공 대학 입학 때부터 촐롱 아지트에 깊숙이 관여하고 있었다.

 미로 같은 산악 동굴 후치밍 인민해방군 지하사령부를 반지빠르게 드나들며 혁명이론을 학습하였다. 비옛이 2학년 때 주동한 학내폭동이 성공하자 그들로부터 첫번째 '청년영웅' 칭호를 받았단다. 사이공 대학의 동료 학우들 학살과 강의실 방화 폭동은 혁명전선 기폭제가 되어 사이공 일대에 잠복해 있던 지방 게릴라들에게도 휘발성이 되었다. 몇 달 간 월남 대통령 궁과 행정부 건물 그리고 군과 경찰청 기지 등을 기습하거나 불 질렀다.

 "대체 내가 무엇을 사랑한 것인지 모르겠어요. 응 남 비옛! 그이를 사랑한 건지, 그의 이념을 사랑한 건지 몰랐어요. 그 과일장수 아주머니 모녀들에 대한 심문현장을 목격했을 때, 나는 큰 모순을 깨달았어요. 절감했어요. 낭비에요, 끝없이 해방! 해방! 해서 어떡하겠다는 거예요. 마을은 점점 피폐해지고 병들어 가고 있는데 대관절 계급투쟁이 뭐 하는 거예요?"

 "지구 개벽이후 세계역사는 전쟁의 역사가 지금도 계속되고 있어요. 이 땅에만 이렇게 피 튀김만 해오고 있는 것 아니에요. 그냥 이런 고향 흙냄새가 좋아요. 하루 하루의 웃음이 더 중요할 것 같아요. 그냥 소박한 일상적인 햇빛이 좋아요."

따르륵! 순간, 나는 그미를 반사적으로 넘어뜨렸다. 따르륵! 곁의 바나나 나무를 엄폐 삼아 주위를 살폈다. 순간적이다. 엎드린 채 기어서 야자 숲으로 갔다. 따르륵! 이 순간만 살면 사는 거다. 후딱 갈기고 잽싸게 튀는 게 베트콩들의 고유 전법이다. 그들이 조금이라도 지체했다간 결국 우리에게 잡힌다. 그러나 그들의 명중률은 무서웠다. 따르륵! 하면 곁의 한 두 명은 쓰러지곤 했다.

캄보디아나 라오스 국경선으로 침투하는 하노이 월맹 정규군은 면도날 같이 더 날렵했다. AK 소련제 장총 소리가 근처의 밀림으로 사라져 갔다. 다행히 우리가 목표물이 아닌 모양이었다. 우리는 풀숲에 다시 나란히 누웠다. 신경초 들풀이 일어섰다가 일제히 오므렸다. 한국에선 화분에 모시는 고급 신경초가 이곳에선 잡초로 천지에 깔려 있다. 그미를 눕혀 놓고 진한 키쓰를 했다. 그미의 입술에서는 여전한 찌릉내가 났다. 달콤하고 친근한 오줌내다.

"며느리를 따라간다고 좋아하는 비옛의 아버지를 사이공 난민 수용소에 집어넣어 버렸어요. 그 할아버지의 눈빛에는 그이가 손을 흔들며 마지막 바라보던 그 눈빛이 남아 있더군요."

일순 챠오가 긴장을 했다. 아마 지금쯤 남 비옛은 사이공 유엔군사령부로 이송되었을지도 모른다. 그미가 홀덴이 제시한 석방 서류에 노오! 했기 때문이다. 간단한 서류 한장으로 사람의 목숨이 휴지쪽이 되다니, 우습다. 목숨이 우습다. 사랑이 우습다. 넓은 야자열대 잎 위에서 무료하게 흔들리는 햇살을 따라 하늘을 보았다. 마산 합포만 돗섬에서 누워서 보던 똑 같은 하늘이다. 눈부신 하늘을 보니 현기증이 났다. 나는 얼굴을 찡그렸다.

"어머 진통이 또 시작되나 보군요? 이번 귀 상처는 심한가 봐요. 102 십자성 부대는 아직도 진지구축 중이라, 수술시설이 안 돼 있을 텐데요? 이런 중상이면 그냥 귀국하지 그래요."

이번 '박쥐16호' 작전의 끄트머리 '도깨비 3호작전'으로 우리는 포위되었다가 극적으로 구출되었다. 우리 첨병 수색대가 죽음의 고지로 악명이 높은 혼헤오산 골짜기를 훑고 있었다. 폭우 속에 길을 잃고 헤매다가 부비츄렙에 걸려 6명의 수색대원의 발목에 피아노줄이 걸렸다. 그들은 온 몸이 걸레가 되어 폭발해버렸다.

그들 뒤를 따라서 그 옆 길로 낮은포복 자세로 진행하던 우리 수색조 11명은 포로가 되었다. 목까지 물이 차는 골짜기 물통에 개같이 목줄에 걸려 있던 우리들은 새벽이 되자 밀림 속 공터로 끌려나갔다. 베트콩 마을 공터 앞이다. 9개의 가시대나무에 예수 같이 묶여졌다. 선임하사 등 2명은 며칠 전 고문으로 총살당했다.

그리고 우리들도 부대병력과 위치, 무기종류를 불지 않는다고 고문을 당했다. 며칠 후, 우리 연대 중무장 헬기가 기습하여 극적으로 탈출하였다. 전쟁이란 적군이든 아군이든 서로가 잔인해질 수밖에 없다. 처음 본 한국 청년과 월맹군 청년이 서로 죽이는 것이다. 사전에, 평생에 전혀 만난 적도 없는 인간끼리 살해하는 것이다.

나는 그때 왜 귀국하지 않았을까? 필리핀까지 후송 갔다가 왜 다시 죽음의 이 전쟁터에 오겠다고 우겼던 것일까? 우습다. 딱히

이유가 있는 것도 없는 것도 아니다. 다만 한국으로 귀국해야 할 확실한 이유가 없었을 뿐이다. 아니 단지 챠오가 있는 곳이라 게 더 솔직하다.

의무중대

4.

'아름다운 매화1호작전'과 연결된 '도깨비 3호작전'의 하나인 한달간의 수색정찰 중 치열한 전투 끝에 우리들은 생포로가 되었다. 극적으로 탈출은 했지만 양쪽 청신경이 나갔다. 임시로 미군 야전 병원에 입원했다. 1960년 마산고교 1학년 때 '마산의거 3.15' 시위에 참여했다가 부상당했던 기억도 떠올랐다. 그때도 화상은 당했지만 죽지는 않았다.

제2차 마산사건이 4월11일 재발되었다. 신마산 중앙부두에 김주열 시체가 발견되었는데 왼쪽 눈에 박힌 최루탄이 뒷골까지 잔인하게 삐져나와 있었다. 학생들과 시민들은 도립병원 영안실에 임시 안치된 까까머리 고교생의 참담한 시체를 보고 다시 분노가 밤새 폭발되었다. 나도 우리동네 마고 친구들과 함께 마산경찰서로 몰려갔다.

　마고 3학년 선배가 앞장서서 경찰서장의 찝차를 모두 밀어서 근처 마산역전 앞으로 끌어내었다. '야아, 악마들 김주열을 살려내라앗! 불 질러 버리자!' '이승만 부정선거 다시 해라앗! 민주주의를 살리자아' 찝차 뒤의 휘발유통을 꺼내어 지붕에서부터 속까지 휘발유를 뿌렸다. 그리고 뻥! 폭음과 함께 화염이 치솟았다. 덕분에 우리들은 쓰러졌다. 누군가 예고없이 성냥불을 갑자기 던져 버린 것이다.

　고교시절에는 3.15의거 때, 얼굴에 화상을 당하여 모자지 밑으로 긴 흉터가 남았고, 대학시절에는 또 월남전으로 청신경이 날라갔다. 훈장 없는 훈장이다. 나트랑 임시 야전병원으로 챠오가 찾아왔다. 의외였다. 이곳은 밀림 속 유엔군 고급간부 이외에는 차단된 지역이다.

　"아아, 사랑하는 당신! 나는 열흘 동안이나 꼬박 당신을 기다렸습니다. 낮이면 부처님께 당신을 만날 수 있게 해달라고 빌었고, 밤이면 방문 고리를 열어놓고 기다렸습니다."

　그미는 우리 중대에 도착된 우편물도 가지고 왔다. 와와! 같이 입원한 전우들은 고국에서 온 편지를 각자 찾아 읽느라고 아우성이었다. 편지가 없는 녀석들은 죄 없는 죄를 짓고, 구석에 몰리고, 서너 통이나 손에 쥔 녀석들은 깡충깡충 뛰어다녔다. 전장에서의 가장 큰 즐거움은 단 두 가지이다. 하나는 C·P에 우편 보따리가 왔다는 것과 또 하나는 PX에 김치나 오징어가 내려왔다는 전갈이다. 어느 순간에 시체가 될지 모르는 전장에서는 두 가지 외에는 전혀 무의미하다.

우리들은 편지만 받으면 접힌 부분이 닳고 닳아서 너덜거리도록 반복해 읽는다. 불침번 때도 읽고, 뒷간에 앉아서 똥 누면서도 읽고, 총알이 빗발치는 작전지역에서 사격개시! 직전까지도 읽는다. 그렇게 하여 주변 사람과의 끄나풀을 새삼 확인하는 것이다. 제외 또는 소외되었다는 사실을 강하게 부정할 수 있고 새삼 모가지가 붙어 있다는 생존감을 쓰다듬을 수 있는 것이다.

그리고 엉뚱한 김치는 또한 별 수 없이 코리언이라는 거, 여름날 똥 타는 냄새로 체질화되어 버린 한국인이라는 걸 속이지 못하게 만든다. 그리하여 눈물이 많은, 설움이 많은 한민족이라는 거, 김치와 된장은 아직도 버터와 치즈의 작전 명령권 안에 소속되어 있는 약소 민족이라는 것을 각인시켜 주기도 했다.

우리는 김치를 먹는 게 아니라 눈물을 먹었고, 죽어 가는 전우들의 한(恨)을 먹었다. 그리고 조국에 남은 그 가족의 오랜 슬픔을 마셔야 했다. 이렇게 태평양 밖으로 나와 보니 국가라는 의미, 민족이라는 의미가 새삼 절감된다. 진작 느끼지 못했던 애국심이랄까, 햇병아리가 어미 닭의 체온을 처음 찡하게 느껴 본다고 할까? 한 뼘 온돌방, 한 걸음 내 땅 덩어리가 얼마나 소중한 것일까? 내 몸뚱이의 한 피부 조직 같다.

지금 홍종진 하사가 탁자 위에 올라가 극화시켜 가며 읽어주는 편지는 고국에서 온 것이 아니라, 반닌의 암자절에 있는 주지 여승에게서 인편으로 배달된 것이다. 사이공의 월남어 교육대를 나온 홍하사는 월남어로 된 그 여승의 편지내용을 번역해 가며 크게 읽었다. 김희갑 코미디 연기도 보태었다.

"오오오 …그대여! 따이한의 전형적인 남썽이여, 그대는 내가 이 세상에 태어난 의미를 제일 첨 일깨워 준 부처이와다. 나에게는 두 개의 부처님이 있습니다. 하나는 저승의 부처님이고 또 하나는 이승의 부처님 이현길 병장입니다."

"아닙니다요, 홍종진 영감님! 그건 번역의 오차입니다욧! 하나는 저승에서의 서방이고 하나는 이승에서의 정부(情夫)입니다 그랴." 낄낄낄…

홍하사가 감정을 넣을 적마다 큰 냄비를 엎어 놓고 얼씨구! 박자를 넣고 있던 이현길 병장이 손을 들고 일어나 정정을 하자, 숨죽이고 듣고 있던 동료 중대원들이 또 한 번 목구멍이 보이도록 폭소했다. 그 편지는 홍하사에게 9번째 온 여승의 사랑 고백이었다. 모두들 건성 들떠서 취사병들은 저녁식사를 배식할 생각도 하지 않았고, 전우들도 밥 먹을 생각이 없었다.

이렇게라도 짐짓 웃고, 짐짓 소리치지 않으면 우리는 아마 다 정신병자가 될 것이다. 그러나 폭소 뒤의 허탈은, 작전지역의 소모품들인 우리들을 바닥 모를 공포의 늪에 풍덩풍덩 빠뜨리곤 했다. 사단 인사처 명부에 우리도 일종의 소모품이다. 치약을 다 쓰면 쓰레기통에 버리듯 누가 죽어 나가면 화장터에 갖다 내동댕이치고 새로운 보충병을 지급 받는다.

작전이 없을 때면, 우리들은 대민 심리전에 나갔다. 반트럭에 먹다 남은 쌀이며 의료품 등을 싣고 통신병 의무병 통역병과 함께 2개 분대 정도가 한 조가 되어 나갔다. 반닌. 반쟈 마음을 돌면서 쌀도 나누어 주고, 치료도 해주었다. 주민들은 우리들만 보면 마을 입구까지 쫓아나와 손뼉을 치고 어린애들은 더욱 높이 깡충깡충 뛰었다.

어느 마을을 가나 여인네들과 어린애, 노인들뿐이었다. 이곳에선 16세 정도만 되면 남자들은 모두 징발되어 월남군 아니면 베트콩으로 넘어간다. 일단 끌려가면 언제 돌아올지 모른다. 내가 집집마다 돌면서 차례로 환자를 진료하다 보면 치료받던 주민이 베트콩으로 돌변하여 총질하기도 한다. 그래서 의무병들은 적십자 마크의 흰 까운 속에는 비상용 권총을 숨겨 다닌다.

지방 게릴라들이 기습하는 수도 있어서 늘 긴장과 불안을 무전기 끝에 대롱대롱 매달고 다녀야 했다. 이 마을에서 우 핑 챠오武平橋를 처음 만났다. 그미는 사이공 대학에서 여름방학을 맞아 고향 반닌에 내려와 있었던 것이었다.

"우리 언니는 프랑스 애도 낳고, 깜둥이 애도 낳았어요. 우리 동네엔 일본 애도 있어요. 나는 미국 애랑 한국 애랑 낳을 거예요. 우리는 거창한 이념보다, 이론보다 당장 먹고 사는 현실이 더 절실해요. 한 줌의 쌀, 한 컵의 물이 더 시급합니다. 명분 같은 거, 그건 뜬 구름이에요. 허무맹랑한 구름, 끝없는 이상이며, 끝없는 살육일 뿐이에요."

암자 절에도 쌀을 갖다 주었다. 거기엔 30대의 싱싱한 여승과 몇 명의 보살들이 절을 지키고 있었다. 이현길 상병은 의식적으로 더 많은 일용품을 몰래 갖다 주었다. 어느 여름날 연득없이 둘은 붙었다. 병장 이현길과 주지 여승은 부처님이 지긋이 내려다보는 법당에서 하오의 정사를 벌인 것이다. 홀랑 벗은 맨 몸으로 열대의 열기보다 더 뜨겁게 육체를 불태웠다. 아무도 몰랐다. 월남도 월맹도 미국도 몰랐다. 소대원들도 전혀 눈치를 못 챘다.

 방문을 꼭꼭 닫은 여름날, 대낮에 부처님만 땀을 뻘뻘 흘리며 관전했을 뿐이다. 편지는 계속 되었다. "이현길 따이한 병사님! 요즘 당신 부대에 비상이 계속되는지 통 나타나지 않는군요. 보고 싶습니다. 당신만 좋다면 나는 이곳을 탈출할 수도 있습니다. 멀리 우리들만 살 수 있는 외국으로 신혼여행 가는 거지요. 캄보디아, 라오스, 태국 국경선을 넘어가는 비밀 루트도 알고 있어요… 이 편지 받는 대로 회답주세요. 좋은 회신 기다립니다."

 지난 9월 3일의 월남 정-부통령 선거를 방해하기 위해 월남전역은 북쪽에서 내려온 월맹 정규군을 기본으로 지역 베트콩과 지방 게릴라들이 극렬한 파괴작전을 벌였다. 중부 캄보디아 국경선 등 후치밍 비밀 통로로 잠입한 하노이 요원들은 전투에 아주 노련했다. 그러나 아무리 노련한들 유엔군의 충분한 화력과 잘 훈련된 병사 그리고 과학적인 전략에는 월맹군도 오래 가지 못했다.

 백마부대 9사단장 박현식 소장은 닌호아 책임전술 지역에서 '아름다운 매화1호 작전'으로 적들을 간단하게 격퇴시켰다. 그의 탁월한 전술에 채명신 사령관이 웨스트 모얼랜드 미 사령관을 대동하여 헬기로 작전현장을 직접 답사하기도 했다. 그 정-부통령 선거 이후, 산 속으로 달아났던 베트콩들은 다시 전열을 가다듬어 10월 초부터 재공격해 왔다.

10월22일에는 다시 국회의원 선거가 시작되기 때문에 주민들을 혼란시키기 위함이다. '매화1호' 작전으로 심각한 패배를 당한 그들은 더욱 잔인해졌다. 마을을 불 지르고 주민들을 함부로 공개 학살했다. 한국군이나 미군 등 유엔군들에 협조했다는 의심만 가면 그 일가족과 그 마을은 잿더미가 되곤 했다. 그래서 박현식 장군은 다시 '아름다운 매화 2호 작전'을 감행한 것이다.

인사계 할아버지는 군복만 벗으면 시골 청도 소장수 같이 텁텁하다. 자기 아들뻘 되는 뚱보 중대장에게 늘 꼿꼿한 차렷! 자세로 엄정하다. 이번 '매화 2호' 작전에 투입되는 연대 의무병들을 막사 앞에 세워놓았다. 뚱뚱한 의무중대장이 경례엣! 받았다. 우리 29연대는 백마사단 본부를 호위하는 임무가 있어서 근처 혼 헤오산에 은둔지를 둔 월맹군 지역 사령부에서는 우리 연대가 늘 표적이 되어 있었다.

또 하나의 임무는 사이공에서 하노이로 이어지는 1번 도로와 주요 병참 보급로인 21번 도로를 방어하는 것이어서 지방 게릴라들과도 자주 충돌한다.

"야, 성혜운 병장! 4중대 본부로 즉시 귀대하라우, 내 말 들려엇! 내가 보낸 연대 앰불런스가 그곳에 곧 도착할 꺼야, 알았어? 알았으면 대답해야 할 꺼 아냐? 이 고집불통을… 그저어!"

10월5일부터 시작된 D 데이 이틀이 지났을까, 혼헤오산에서 전투 중 나는 할아버지 인사계장의 무전기 호출을 받았다. 인근 제10중대 홍종진 하사 부대에서 전사자가 두 명이나 발생했다. 민사심리전에 나갔다가 지방 게릴라에게 당한 것이다. 게다가 이번 작전이 쉽게 끝나지 않고 장기전으로 이어질 예상이라 본대 호위가 문제였다.

본대로 돌아가 '부대잔류병'으로 중대를 방어하라는 명령이었다. 각 중대마다 일정한 잔류병을 차출하여 베트콩 기습에 대비시키는 것이다. 결국 인사계장의 예상대로 4중대가 기습을 당했다. 성혜운 중대와 같은 울타리 안에 있는 미군 헨리Henry 포대의 105미리 포탄도 적들을 향해 벌떼처럼 날아갔다.

인사계의 예상이 아니라, 칸호아Kanh Hoa 성省 정부의 첩보였다. 사단 상황실에서는 혼 헤오 산에서 지휘중인 홍상운 29연대장을 긴급히 호출했다. 그러나 전 화력을 동원해서 삼중 포위로 기습한 베트콩들의 보복작전에 우리 4중대는 그대로 앉아서 역습을 당했다.

내가 쓰러지던 날, 애잔한 가을 햇볕도 지금같이 따뜻했다. 정글 속을 뒹굴며 크고 작은 작전에 휩싸여 다녔지만 그때 같은 참패는 드물었다. 우리들 4중대 잔류병 몇 명은 그 여승의 편지를 다시 꺼내어 읽었다. 그때였다. 푸르륵 꽝 꽝! 엎드려! 니기미, 드르륵! 식당 세면 바닥에 갖다 붙인 귀에서 예사 총소리가 아니라는 걸 직감했다.

일순 뚝 그쳤다. 뭐야! 나와 몇 명은 식당 문을 박차고 밖으로 뛰쳐나왔다. 의무실로 내려가는 순간, 아이쿠! 형님! 외곽 보초에 나갔던 강성우 상병이 피가 줄줄 흐르는 얼굴을 감싸 쥐고 올라오다가 나를 보자 앞으로 푹 고꾸라졌다. 손가락 사이로 번지는 핏물이 마악 사라져 가는 황혼 빛에 한 송이 장미꽃으로 반사되었다.

뛰어가 그를 일으키려는 순간, 퍽! 돌멩이 같은 게 날카롭게 머리에 꽂히는 충격을 받았다. 뺑 돌면서 넘어졌다. 아! 하필이면 머리를 맞았을까? 결국 이렇게 죽어 가는 것일까? 정신을 잃었다. 이렇게 죽으면 안 되는데… 챠오를 만나야지. 세라도 만나야지 그리고 일용직 목수인 아버지 얼굴도 마지막으로 보아야. 지금 죽으면 안 되는데… 얼마나 지났을까. 정신이 번쩍 들었다. 본능적으로 곁의 칼빈 소총을 잡고 일어서려는 다시 몸이 팽 돌아 쓰러졌다.

몸의 평형 감각이 탈감 되었다. 두 팔로 땅을 강하게 짚었다. 엎어진 등 위로 누군가 수 없는 발자국이 떨어졌다. 눈을 떴다. 핏물이 온 얼굴에 엉겨 붙어서 잘 떠지지 않았다. 불그스름하게 막사 외등이 비쳐 드는 연병장엔 축제가 벌어지고 있었다. 와와! 아프리카 식인종 토인들이 백인을 잡아 놓고 춤 추는 것마냥 베트콩들이 종횡무진으로 날뛰었다.

새까맣게 휩쓸었다. 중대본부, 식당, 의무실은 이미 화염 속에 싸여 있고 보급창, 탄약고 등에선 베트콩들이 새까맣게 달려들어 약탈해 내고 있었다. 미 헨리 포대도 서서히 주저 앉았다. 아니 미군 헨리 포대원들은 이미 줄행랑을 친 뒤였다. 미군들은 엿차! 하면 무조건 튀는 게 일이다. 따이한은 붙었다 하면 죽기 아니면

뻘기인데 그들은 작전상 후퇴라는 명분으로 우선 도망가고 본다.

이제 내 나이 24살, 칸나 같은 열정의 꽃 같은 청춘이다. 나는 이렇게 맥 없이 이 세상을 하직하는 것일까. 중대 전우들이 하나도 보이지 않았다. 순식간에 어처구니 없이 기습을 당한 것이다. 나는 엎드린 채 조금씩 기었다. 가슴으로 미지근한 핏물이 흘러내렸다. 관통 부위를 더듬었다. 광대뼈 밑부분 부분에 구멍이 난 것 같다. 갑자기 심한 통증이 몰려왔다. 생살이 찢겨 나간 아픔이다.

어느 녀석의 총알인지 각도가 위로 약간만 올라갔다면 나는 두부 관통으로 즉사했을 것이다. 상황실 샌드 백 모래 방어벽까지 겨우 기었다. 벽에 바짝 붙어서 누웠다. 지혈부터 했다. 웃옷을 찢어서 상처 부위를 질끈 조여 매었다. 그때 뜬금없이 박격포탄이 우박으로 쏟아졌다. 연대본부 51포대 엄호포격일 것이다. 어네스트 존 불기둥이 하늘을 가르며 까마귀떼마냥 날아와서 떨어졌다.

졸지에 연병장 곳곳이 곰보가 되었다. 베트콩들은 의외의 집중강타에 갈팡질팡했다. 아찔한 현기증이 다시 혼수 상태로 빠져들게 했다. 죽으면 안 되는데 출혈이 심하다. 그날 장창호 대대장과 티격태격하던 안근호 중대장은 방어 잔류병 지휘 담당으로 나와 같이 산에서 끌려 내려온 것이다. 그러다가 얼러 방망이로 당한 것이다. 안 대위는 비장한 각오를 했다.

"야, 내가 살아서 연대 상황실에 들어가면 싸악 몰살시키고 말꺼야! 느기미! 베트콩이 2백명이나 집결하도록 CID 정보처고, 사단 수색대고 다들 뭘 했냐 말이야. 벌건 대낮에 베트콩들의 야포 이동도 못 보았느냐 말이야, 느기미! 들려엇! 우리 4중대가 쑥밭이 되었단 말이야, 우리는 전원 옥쇄야, 옥쇄! 알아들엇! 내 들어가면 다 때려죽여 버릴 거야….”

무전기 저쪽은 왕왕대는 기계음만 반복되었다. 안 대위는 연대 상황실에 대고 울부짖었다.

“야앗! 대포를 있는 대로 동원해서 즉시 폭격을 가하라구. 상황은 글렀어. 우린 이미 살기 글렀으니까. 이왕 죽어 가는 몸, 느기미 베트콩들 하고 같이 어깨동무 죽겠다구, 즉시 때렷! 즉시, 즉시, 베트콩들이 한 놈이라도 더 도망치기 전에 즉시 갈기라구, 느기미“

안 대위는 잔류 중대원과 전원 함께 옥사하여 죽기로 작정했다. 이미 완전 포위되어 어쩔 수 없었다. 헬기로 4중대 현장에 급거 출동한 홍상운 연대장, 박현식 사단장도 뭐 뾰족한 수가 없었다. 그렇다고 즉시 때릴 순 없었다. 아군 포로 아군을 쏠 수가 없었다. 그것도 무차별, 40여 명의 부하들을 몰살시킬 수 있을 것인가? 비극이다.

이미 쑥밭이 돼 있는 베트콩 수중에선 또 어찌해 볼 도리가 없었다. 파이어!! 결국 박 소장은 피눈물을 떨구며 사격개시! 명령을 내렸고, 끝까지 반대하던 홍대령은 땅을 치며 목놓아 울었다. 나중에 들은 소문이다.

백마 의무중대 요원

5.

눈을 떠보니 허연 벽이었다. 머리를 흔들었다. 사변 벽이 허옇게 다가왔다. 나트랑 미군 야전병원이었다. 뒷골이 멍멍해온다. 다행히 헨리 포대의 윌리엄 중위가 쓰러진 나를 발견하여 급거 후송 헬기에 태워 보냈기에 망정이니 옛차! 하면 나도 갔다. 윌리엄과는 평소에도 친했다. 내가 그에게 태권도 도산형과 유도낙법도 가르쳐 주었고 그는 나에게 권투를 가르쳐 주었다.

그날 우상호 상병도 갔다. 부상 당한 김철남 하사는 대구 동촌 비행장으로 야밤에 실려갔다. 그는 평소에는 시체운반 책임자였다. 작전지역에서 전사자가 생기면 나트랑 미군 화장터까지 냉동 앰뷸런스로 호송하는 것이다. 그들의 웃음소리만 남았다. 비상용으로 위장해 놓은 지하 대피소로 피신한 일부만 살았다. 안근호 중대장은 심한 화상으로 중태란다.

연대 51 지원포가 조금만 늦게 떨어졌더라면 나도 우 상병 일행과 함께 하늘나라로 동행했을 것이다. 이튿날 확인된 전과 보고는 의외였다. 우리 부대원과 미군 헨리 포대원 포함 3십여명이 전사 또는 부상당해 나갔고, 베트콩 쪽은 2개 중대 병력 약 140여명이 걸레가 되어 나갔다. 한국군 51 포대의 퇴로차단 포격에 미처 달아나지 못한 베트콩들은 그대로 에프 킬러를 맞은 셈이다.

잔인하고 징그러운 함몰이다. 안 대위의 전략 판단이 적중한 것이다. 미군 일간지 '성조지'星條紙

첫 표지에선 '즉시 때려엇!' 이라는 영어 자막과 함께 안근호 중대장의 얼굴이 표지전면에 확대된 울부짖음으로 보도되었다. 그를 일약 아름다운 매화 2호 작전 '월남전영웅'으로 추켜세웠다. 베트콩 들과 같이 옥쇄하겠다, 는 각오로 안 대위와 함께 마지막까지 싸운 전우들에겐 전부 일계급 특진과 일부는 훈장까지 추서되었다.

나는 나트랑 미군 야전병원을 거쳐, 다시 필리핀 수빅만 클라크 병원으로 급송됐다. 분초를 다투는 위급수술을 해야 하기 때문이다. 그날 베트콩의 검정 콩알이 내 오른쪽 볼을 뚫고 한 바퀴 돌아 코끝에서 멎었다. 그러니까 귓길과 콧구멍이 일직선으로 터널을 뚫은 셈이다. 가을 우기로 교차하는 1967년 10월5일부터 약20여일 간에 걸친 '아름다운매화 2호작전' 은 이렇게 마감되었다.

이 작전은 나중에 미 국방성의 세계전사에도 올라가 있으며, 미 육사 전투교재에도 전 과정이 사진과 함께 채택되었다. 클라크 휴게실의 대형 텔레비전 화면에는 ABC 방송 카메라가 지구 곳곳의 현장을 보여주었다. 한국에서는 박정희 군사독재 반대와 전국 대학생들의 데모행렬, 미국 워싱톤에서는 킹 목사의 암살과 전국의 흑백분규, 중공 베이징에서는 마오쩌둥毛澤東의 문화대혁명과 전국 홍위병들의 난동 그리고 아프리카 비아프라의 집단학살과 아사문제 크게 보도되었다.

그러면서도 프랑스 파리 어느 고급식당에서는 아프리카 빈민 식량지원을 위한 유엔 각국대표의 요리가 총천연색으로 비쳐졌다. 그리고 한국의 국회의원 선거 열풍과 북한의 남파 간첩 김신조의 124군부대가 청와대를 습격한 루트도 보여주었다. 재미있다. 미국 죤슨 대통령의 하노이 북폭 확대결정과 월남군 고위장성들의 대형부정 사건도 폭로되었다. 아마 그 속에는 챠오의 고모부와 연계된 검은 라인도 올라가 있을 것이다.

거의 두 달 동안 필리핀 수빅만에서 어정거렸다. 미군병원 서비스가 한국 A급 조선호텔 대우였다. 간호장교 두어 명이 달려들었다. 홀랑 벗겨서 목욕을 시켜 주기도 했다. 손바닥에 비누를 흠뻑 묻혀서 갓난애 목욕시키듯이 겨드랑이고, 불알 밑을 싹싹 씻겨 주었다. 그미들은 상이군인들의 시커먼 물건도 장난감으로 보이는 모양이다.

손가락 끝으로 톡톡 치며 야아, 제법 큰데에? 깔깔거렸다. 그때 염치없이 발기된 나의 대포에서 허연 물이 터지려는 것을 참느라고 혼났다. 필리핀에서 퇴원하는 날, 나와 몇 명의 상이군인들은 서울 수도육군병원으로 이송하도록 돼 있었다. 그러나, 나는 고집을 부려서 다시 닌호아로 돌아왔다. 챠오의 곁으로 온 것이다.

 폭탄과 포연 속을 뛰어다니지 않으면 뭔가 폭발할 것만 같다. 콱! 뚫어지지 못한 많은 것들이 가슴에 앙금으로 남아 있다. 그것은 세라 때문도 챠오 때문도 아니다. 누구 때문도 아니다. 생각해 보면 또 전혀 그들 때문인 것도 같다. 모르겠다. 악몽들이 이마를 다시 어지럽힌다.

 세라와 나는 이따금 소백산 도솔암 우리 또래의 젊은 스님 앞에서 무릎을 꿇었다.
 ― 처음과 끝은 같은 겁니다. 논어에서는 본말本末이라고도 하지요. 처음도 끝이 아니고 끝도 끝이 아니랍니다. 부처 이전에도 우주는 있었고, 부처 이후에도 우주는 그대로 생멸을 반복할 뿐입니다. 변한 것은 아무것도 없습니다. 또한 변하지 않는 것도 하나도 없습니다. 있습니까?
 성혜운씨, 한번 대답해 보십시오! 있어요? 없습니다. 우주가 공즉색空卽色이고 곧 색즉공입니다. 유는 무이고 무는 유이지요.. 빛은 보이지 않습니다. 그러나 빛은 분명 있지요. 빛이 사물에 닿을 때 비로소 색깔을 나타내는 것뿐입니다. 그러나 그것도 눈에 보이는 것은 눈에 보이지 않는 것의 그림자에 불과한 것이지요. 모든 고뇌는 사소한 욕망에서 시작됩니다. 욕망은 한이 없고, 한없는 것은 절망입니다.
 스님의 투명한 눈동자에 빨려 들어 세라는 불륜의 업보(業報)에 몸을 떨었고, 나는 마네의 인상파 그림 '풀밭 위의 점심'을 생각하고 있었다. 그것은 시간의 변화에 따라 동일 물체도 색깔이 변화된다는 인상주의의 하나였다.

— 나는 세라를 겁탈했습니다. 내가 영원히 소유할 수 없기 때문에 강간했습니다. 밤이면 나는 그미를 강간합니다. 내가 죄를 범하고 있다는 것을 잘 압니다. 그러나 나는 이 세상의 누구보다도 그미를 사랑합니다.

천주님! 우리는 세라가 이따금 나가는 동인천 성당에도 갔다. 메리놀 신부에게 1주일간이나 고해성사를 했다. 세라가 4H 클럽, 나의 서클 선배와 나 몰래 한때 동거생활 한 것도 자백했다. 소죄, 대죄를 다 아뢰고, 벌로 받은 천주경을 백 번 외웠지만 우리의 죄는 더욱 깊어질 뿐이었다. 아침이면 세라와의 몽정 때문에 내 팬티가 끈적하게 젖어 있곤 했다. 우리의 죄악을 다소나마 씻겨주는 것은 바다밖에 없었다.

우리는 밤이면 별빛이 묻어나는 인천 송도 밤바다와 고깃배의 어항불을 지켜 보았고, 낮이면 햇빛이 닿아지는 수평선을 바라보았다. 침묵과 응시가 전부인 끊어진 바다 공간의 만남만을 부질없이 반추했다. 송도 해변과 마산 합포바다 등 동서남북으로 헤매어 다녔지만, 어느 한 곳도 우리 마음을 묶어둘 수 있는 곳은 없었다. 어디에도 사람들의 공격적인 칼날은 스며 있었고 색안경의 굴절은 날카롭게 빛나고 있었다. 내가 세라를 잊기 위해 노력할수록 불면과 신경쇠약의 거역만이 형틀로 남아있을 뿐이었다.

— 나무사박다니, 옴 마니 반메 훔, 가나다라마바사아… 으르릉 꽝, 천하대장군, 지하여장군, 무슨 장군, 앗사야로 꽝! 으핫핫

귀신아 잇! 써억 썩 물러가거라아 잇!

　미아리고개 처녀무당의 손바닥에서 푸른 대나무 가지가 신기하게 떨었다. 칼춤 추던 박수무당의 길고 넙적한 칼이 내 목을 날캉 눌렀다. 으아악! 나는 식은땀을 흘리며 악몽에서 깨어나곤 했다. 세라의 어머니는 약수동 터키 대사관 골목길 3층 슬라브 프랑스식 건물에 어울리지 않게 자주 굿을 했다.

　세라의 눈에 귀신이 씌인 것이다. 내가 귀신이다. 내가 파월을 자원한 것을 알고 챠오는 약을 먹었다. 학교 앞 여관에서 쓰러졌다. 다행히 주인이 일찍 발견하여 병원에 실려갔기 망정이다. 그미의 왕고집으로 어쩌면 우리가 멀리 달아나 동거할 수도 있었지만 세라 하나만을 위해서 평생을 과부로 수절해 온 그미의 어머니는 어떻게 할 것인가? 그 어머니의 맺힌 한은 죽을 때에도 옷고름이 풀리지 않을 것이다.

　"우리 헤어져 버려요. 뭐예요. 이러다가 심장쇠약에 걸리겠어요. 우리가 대체 무슨 죄를 진 거죠. 나는 정략결혼은 싫어요. 당신도 싫어욧! 왜 날 데리고 도망을 못 가는 거죠. 무슨 남자가 그렇게 비겁해요. 세상도 싫어요."

　그때부터 우리는 헤어지는 연습을 했다. 세라의 할아버지가 어려서부터 이웃에 사는 외교관 집 막내아들과 예약결혼 해놓았다. 세라가 7살 때였단다. 어른들의 언약은 번복할 수 없는 약속으로 굳어져 갔다. 나중에 또 그 막내아들은 독일의 자유대학을 나와 유망한 청년 실업가로 귀국했다. 그래서 세라의 어머니는 그미를 더욱 굵은 쇠사슬로 묶어 버렸다. 그런 약혼녀를 홀리는 나는 분명 악귀일 것이다.

    화천 파로호 비수구미 둘레길을 마지막으로 걸었다. 약25km 야상화 오솔길은 영화에서 보던 산티아고보다 더 아름다웠다. 솔 숲 사이로 간간히 보이는 파로호 수면은 남북한 그리고 중국 인민군 장병 약5천명의 혼령이 소리치는 것 같다. 그 젊은 원한을 내려다 보는 이승만과 김일성 별장의 유리창 반사빛은 어디인가.

    오늘은 정말 헤어지는 거예요. 암, 이틀만에 우리는 또 만났다. 오늘은 정말 헤어지는 거예요, 암...암 정말, 부질없는 이별 연습이다. 우리는 서로가 정신적으로 육체적으로 죽어 가고 있었다. 이 땅을 뜨고 싶었다. 어떤 결과든 이제 연습을 끝내고 진짜 이별이 필요했다. 나는 월남 전쟁터를 지원했다. 목숨을 건 도박이다. 단순히 세라를 떠나기 위해서다.

    나는 일어나서 어두운 해변을 다시 더듬었다. 어쨌든 이렇게 살아있다는 게 우습다. 곧 귀국해야 하지만 한국에 간다고 뭐 뾰쪽한 게 없다. 세라는 이미 다른 남자에게 시집을 갔고, 약수동 달동네 우리 집은 여전히 가난에서 벗어나지 못하고 있다. 무엇보다 남산대학 학생과에서도 내 이름 세 글자가 아직도 악질 시위 주동자 명단에서 삭제되지 않아 복교가 되지 않았다. 귀국할 이유가 없다.

    재파월해 온 김철남 하사와 같이 나도 이곳에서 현지 제대하여 챠오랑 동거생활을 해볼까? 모든 것을 잊고 챠오와 있고 싶다.

챠오만 그냥 옆에 있어 준다면 족하다. 그 외의 모든 것을 생각하고 싶지 않다. 그미에게서 풍기는 찌릉내는 인간의 냄새와 찐한 사랑 냄새다.

세라에게서 끝내 태우지 못한 불꽃을 챠오에게서 확실히 보고 싶었다. 그러나 이번 세 번째는 불가능할 것이다. 그러나 귀창이 날아간 중상 때문에 이번 '잔류연장' 신청서도 거의 불가능할 거라는 예감이 콧 속의 통증보다 더 아프게 저려 온다.

6.

그날은 밤늦도록 반닌-반쟈 마을을 순례하고 있었다. 위험했지만 환자들이 밀려들었다. 여름 방학으로 사이공에서 고향으로 내려온 챠오는 유창한 영어로 환자들의 병력을 나에게 통역해 주었다. 장염과 심한 부종을 앓고 있는 챠오의 어머니를 치료하고 있을 때, 새까만 옥구슬 같은 두 개의 눈동자로 나에게 당돌하게 요구했다. 월남 땅에 도착한지 얼마 안 된 신병인 나로서 조금 당황했다.

"우리 어머니 치료는 고맙지만 우리 마을에서는 어떤 경우이든 총질하지 마세요"

챠오는 황폐되어 가는 마을에 그미의 모든 것을 던지기로 그때쯤 작정한 것 같았다. 출롱 아지트의 응 남 비옛을 버렸다. 사이공을 버렸다. 유엔군도 월남군도 월맹군도 그리고 애인도 버린 것이다. 오로지 고향 마을 재건과 마을 주민들을 위해 헌신했다.

미군이나 한국군의 실수가 발생하면 가차없이 지적했다. 마을 어디가 폭격을 당하거나, 주민 누가 다쳤다 하면 여차 없이 그미가 마을 사람들을 끌고 나와 부대 앞에서 배상 시위를 벌였다.

그러면서도 주민들 누구의 결혼식이나 장례식 때면 근처 주둔군 버터 냄새, 김치 냄새, 유엔군들을 초청하여 흰둥이, 껌둥이, 노란둥이를 불러 모았다. 월남 멥쌀 밥 위에 생돼지 고기를 삭힌 뻘건 물 같은 농탕을 손수 소스로 쳐주기도 했다. 챠오는 작은 악마였다. 우습다. 우리는 못 이기는 척 그미가 요구하는 배상금을 몇 배 이상으로 물어주곤 했다.

"비옛의 아버지를 맡겼던 난민 수용소는 아우성이더군요. 살벌해요. 우린 모두는 난파선 같은 배를 타고 있어요. 이따금 나는 그런 악몽을 꿈꾸어요. 당신과 나, 나와 비옛, 그리고 그 아버지와 홀덴 콧수염 참모장까지도 우리 모두가 말이에요. 때때로 하나의 매듭일 뿐이에요. 이 월남 전체가 하나의 난민 수용소예요. 아니 이 세상 자체가 난파선 아니에요? 여하튼 그런 건 하등 문제가 되는 게 아니에요. 다만 우리 사랑만 있다면 환경이 문제가 아니잖아요."

그미의 흰 아오자이가 바람에 날려서 파인애플 나뭇가지에서 나풀거렸다. 그미는 홀랑 벗었다. 수평선 끝에서부터 일직선으로 달려와 광휘롭게 터지는 적도의 햇살이 그미의 유방에서 시작하여 허리로 미끄러져 내려갔다. 우리는 서로를 깊이 들이 마셨다. 대민작전 지원 동안 챠오와 급속도로 가까워 졌다. 서로가 어떤 이유로든 실연 당한 터이기도 하다. 벌써 1년이 다 되어 간다.

"저것 봐요! 하늘과 수평선이 맞닿아 일직선으로 달려 나갔군요. 무한의 평행선에서 일치가 된 거예요. 우린 그 직선 위의 한 점 구름쯤이겠지요. 끊임없이 생멸하는 구름, 그러나 의미 있는 구름이고 싶어요."

진통이 다시금 시작되었다. 모가지만 잘려서 붕붕 떠 다니는 상실감과 이질감이다. 아무리 눈에 힘을 주어도 사물들이 두 겹 세 겹으로 겹쳐 온다. 머릴 흔들었다. 이런 무방비 야외 상태에서는 선뜻 베트콩이라도 나타난다면 나는 그대로 생포될 것이다. 주둥이와 발톱이 잘린 독수리 같은 나를 그들은 그대로 그들의 정글로 끌고 가든지 귀 한쪽만 잘라 가도 1만 피아스타(1백달러)는 족히 받을 것이다.

내 양볼의 흉터를 더듬는 챠오의 손끝이 떨리고 있었다. 그미의 손끝이 긴장으로 끈적였다. 유두(乳頭)를 앞이빨로 잘근거리던 나는 얼굴을 돌려 수평선을 바라보았다. 밤 늦게 귀가한 노동자 아버지가 나에게 몰래 팔 베개를 해주던 깊은 평화와 안식을 준다. 휴양지 나트랑 해변을 돌다가 내가 언제 다시 돌아와 이렇게 앉아 옛일을 회상하고 있었던 건가, 엉덩이가 축축하다. 담요가 솜마냥 물에 젖어 있다.

챠오의 지적과 같이 역시 나는 아직도 자폐증에 갇혀 있는 것일까? 날이 새려면 아직도 멀었다. 총류탄과 조명탄의 파열 빛이 남산의 폭죽마냥 아름답다. 혼헤오 산 '박쥐16호 작전'은 아직도 끝나지 않은 모양이다. 어떤 미친 놈이 예술의 극치를 전쟁 판이라고 했던가, 느기미. 밤바람이 춥다. 나는 담요를 질질 끌면서 막사 안으로 다시 들어갔다.

이튿날 나는 원대 복귀했다. 며칠 후면 나는 귀국선에 오른다. 인사계 할아범은 결국 나의 현지 제대를 위한 '잔류신청서'를 사단에 아예 올리지 않은 것이다. 또 올라가 보았자 양쪽 귀창이 나간 상이병사인 나를 이곳에 남겨주지 않을 게 뻔하다. 괜히 한번 생떼를 써 본 것이다. 만삭된 배를 더욱 내밀며 챠오는 울먹였다. 초승달이 대나무 가지 새로 부서지는 부대 앞에서 그미는 기약 없는 다짐을 했다.

"나는 살고 싶어요. 지독하게 살고 싶습니다. 아직은 우리민족 월남인 쿠엔 카오 키 수상이 있고, 내 고향 반닌의 하늘이 있고, 야자수 우거진 마을이 있지 않아요? 그리고 내 어머니, 병들어 누워 있지만 사랑하는 내 어머니가 있어요. 모든 것을 버리고 나는 내 이웃과 행복하게 살 수 있어요. 무엇보다 다시 돌아올 당신을 기다리며 견딜 수 있어요. 아마 3년 아니 30년 그때쯤 우리나라도 전쟁이 끝나고 독립되어 있을 거예요"

내가 대답했다.

"우핑챠오, 반드시 그렇게 될 꺼예요."

그러나 그 말은 입 밖으로 나가지 못했다.

"세계와 평화와 우방의 민주주의를 위해 생명을 아끼지 않으셨던 용감한 한국군 여러분에게 본인은 이 세상에 있을 수 있는 가장 아름다운 찬사를 주고 싶습니다. 그 동안 인간이 견딜 수 있는 최고의 극한 상황을 여러분들은 극복해 주었습니다."

월남 쿠엔 카오키 수상, 유엔군 웨스트 모얼랜드 사령관, 한국군 채명신 사령관, 백마부대 박현식 사단장 등의 귀국장병 전송 행사가 열사의 나트랑 해변에 수백명 얼룩무늬 군복으로 물결치게 했다. 처음에 같은 배를 타고 왔던 해병대 청룡 부대원들도 보인다. 죽거나 다친 놈들은 비행기로 귀국하고, 목숨이 붙어 있는 놈들만 이렇게 모래밭에 서 있는 것이다. 매년 약5만 명이 이런 식으로 교체된다. 이 단순한 숫자 속에는 전사자와 부상자도 포함되어 있다.

우리들에게는 아무 말도 귀에 들리지 않았다. 누구의 말을 들을 것인가? 귀국한다는 사실이 실감되지 않았다. 비사앙! 누가 지금이라도 소리치면 또 긴급 출동해야만 될 것 같은 생각뿐이었다. A 까뮤 '이방인'의 주인공이 느끼던 땡볕 같이 그냥 햇빛이 부담스러울 뿐이다. 뜬금없이 '아리랑'이 흘러 퍼졌다. 건성 떠들고 흥청대던 장내가 일순 숙연해졌다.

아아, 이역 만리 남지나 해변에서 듣는 우리의 오랜 민요! 까맣게 잊었던 영혼 저 밑바닥에서 건져 올리는 가락이다. 곁에 쓰러져 가는 전우를 보고도 메말랐던 눈물이 오랜만에 봇물 터졌다. 뜨겁고 굵은 액체가 볼의 흉터를 타고 내렸다. 전쟁터 시체 주위를 서성거렸던 숱한 그림자들 박병헌 상병, 배태룡 하사, 최정웅 병장 그리고 중화상으로 실려간 안근호 대위, 아! 그리고 유엔군 폴 수용소의 응 남 비옛!

또 그리고 백 일병은 뒷골을 다쳐서 백치가 되었다. 자기의 이름도 모르고, '과거'를 전혀 몰랐다. 수도육군병원에 부랴부랴 달려간 부모님의 얼굴도 모른다고 했단다. 백치! 망각! 사법고시 준비를 하던 그의 집념과 법조문은 백치같이 웃는 그의 하얀 이빨 새로 날아가 버렸다. 우리 모두의 야망이, 젊음이, 삶이 망각되고, 생채기가 났다. 장내는 참아 내는 울음소리와 누구에겐지 모를 분노가 질척거렸다. 모래 위에는 또 다른 절망의 바다가 출렁거렸다.

약1년전 우리를 태우고 맨 처음 이곳 전쟁터로 데리고 온 군함 쟈이거호가 다시 돌아오는 배 '회귀선'回歸船이 되어 다가왔다. 뱃머리를 돌려 나트랑 외해로 나왔다. 유한 같은 무한의 수평선, 우리는 다시 부산 3부두로 돌아가는 것이다. 원점으로 다시 회귀한다. 나는 반닌 마을안쪽 바다를 일부러 보지 않았다. 볼 수 없었다.

"나는 당신의 한국애만 낳을 거예요. 당신의 아기만… 그리고 반닌 수용소에서 비옛의 아버지를 모셔올 꺼예요. 셋이서 같이 살아갈 겁니다. 아마 언젠가 당신도 다시 돌아오겠지요? 뒤돌아 보지 마세요."

승선하는 사다리 쪽으로 쨔오는 내 등을 자꾸 밀었다. 강보에 싸인 갓난애가 더욱 크게 울었다. 그 보자기 강보는 4중대 전우들이 월남아기 출생기념으로 자기들의 담요 끄트머리를 잘라 모자이크로 만들어 준 것이다. 하나의 생명이 소리치고 있다. 위로 유난히 벌어진 큰 귓바퀴가 분명 내 귀와 같다. 따이한 튀기다. 아기 이름을 무엇이라고 지을까?

모든 것이 파괴되어 사라져 가는 전쟁터 잿더미 속에서 오로지 하나의 생명만이 소리 높이 울고 있었다. 챠오 뒤에 엉거주춤 서 있던 그미의 어머니 아니, 나의 장모는 결국 주저앉아 손으로 땅을 쳐댔다. 나는 아기의 머리도 한번 못 만졌다. 아니 만질 수 없었다.

"이제 깨달았어요. 내가 사랑한 것은 그이의 껍데기였다는 것을… 그러나 그 진짜 알맹이를 당신 가슴 속에서 찾았어요… 평생의 은인이에요. 그동안 외딴 남의 나라 땅에 와서 고생이 많았어요. 한국에 가면 양쪽 청신경 상처를 다시 치료해 보세요"

"챠오! 국가는 좌우 이념으로 국민을 전쟁판에 몰아넣지만 국민은 원래 좌우가 아니야. 비엣도 잘못이 없고 당신도 잘못한 게 없어….나도?. 단지 국가의 명령에 따른 것 뿐이야"

그미는 그냥 웃어 보였다. 환하게 웃어 보이려고 애썼다. 나트랑 해변, 닌호아 전쟁터! 혼 헤오산, 혼 바산 그리고 반닌-반쟈 마을을 뒤로 두고 떠난다. 나는 얼굴의 흉터를 아니 심장의 흉터를 안고 원점으로 다시 돌아간다. 그 다음의 원점은 어디일까. 아니 내 생의 영원한 귀착점은 어디일까?

그것은 아무도 모른다. 월남도 월맹도 미군도 나도 모른다. 사람 옷을 입은 원숭이 신神은 알까? 전혀 한 여인을 잊기 위해 뛰어든 전쟁터에서 나는 또 한 여인을 잃어버리고 원점으로 돌아간다. 나는 뒤돌아보지 않았다. 그러나 여전히 나트랑 파도 소리도 들리고, 챠오의 겨드랑 냄새 같은 바다 냄새도 났다. 어린애 울음 소리가 더욱 크게크게 들렸다.

동영상 문학강의

홍 문 표
(시인. 전 오산대 총장)

　남가좌동 명지대는 내 청춘과 인생을 묻은 곳이다. 다행히 집과 출판사, 잡지사 편집실도 대학 근처이어서 다소 느긋한 시간을 가질 수 있어서 다행이었다. 마지막 교단생활이었던 오산대 총장시절만 제외하면 거의 교외 아닌 교외생활이었다.
　우리 [창조문학](계간)은 이제 33년이 되었다. 어느새 통권 제126호로서 열심히 헌신해왔다. 1990년 5월 첫 번 편집회의 때부터 신상성 교수가 참여해왔다. 특히 편집위원 대부분 시인과 문학평론가 중심이었는데 소설분야는 신 교수가 맡아주어서 균형을 잡을 수 있었다.
　동시에 매년 그의 명작소설을 연재해 주고 또한 국내외 명작을 추천하여 주었다. 독특한 아이템과 프로젝트를 제안하여 반복적인 타잡지보다는 늘 신선하고 싱싱한 생선가게 같은 '창조문학'을 특별하게 유지해 올 수 있었다.
　그는 말하기보다 늘 미소로 모든 것을 대신했다. 그래서 우리 둘은 정서가 잘 통했느지 모른다. 둘 다 말을 잘 안하는 성격인데도 많은 말을 한 것 이상으로 마음이 잘 통했다. 그러나 어쩌다 신 교수를 잘 아는 학교 동창들이나 문인들을 만나 얘기를 들으면 깜작깜작 놀래기도 한다.

1964년 유명한 6.3사태 때 그가 동국대 대표적 운동권 출신이었다.는 등 뒷얘기이다. 예컨대, 그는 국문학과 2학년 때 '동국문학회 부회장'으로서 당시 안기부로 끌려간 양주동 선생의 캠퍼스 귀환을 위해 데모를 주도했다. 그로 인해 제1공수특전단으로 차출되어 갔다.

거기서 다시 월남전 백마부대 선발대로 투입되는 등 파란만장한 청년시절을 겪었단다. 그런 암담한 이야기를 듣고 그의 연재소설을 다시 읽어보니 거의 다 그 자신의 체험담이었다.

늘 한발 앞서가는 신 교수의 기획의 하나가 '전자책'이었다. 나는 무릎을 쳤다. 그때부터 미래 책 시장인 전자책 작업에 열중하여 '홍문표문학관'을 유튜브에 개설하였다. 현재 '홍문표동영상문학강의'가 강의 1.2.3으로 대분류하여 네이버와 다음에서 독자들이 열광하고 있다.

심지어 목사로서의 나의 '홍문표문학설교'도 인터넷에 올려놓았다. 성경이 바로 위대한 문학서적이 아닌가. 인터넷은 시공의 한계가 없다. 그래서 자금은 고향인 부여에 내려와 밤나무 숲에서 계속 출판사업도 지속해 가고 있다.

약85년 문학인생을 뒷정리해 보니 발간한 종이책만 약100종이 가깝다. 이것을 다시 장르별로 시, 수필, 평론 등 분야별로 재정리하여 동영상 강의와 전자책으로 발간해보니 약300권 가까이 되었다. 아직까지 전무후무한 기록을 세우고 있다. 한국문학의 저변확대를 위하여 신 교수와 나는 지금도 변함없이 마라톤을 해오고 있다.

과연 문학이란 무엇인가?

문학자체에는 높낮이가 없다. 즉 귀족문학이 아닌 서민문학도 아울러 필요하다. 전문 문학가들만이 글을 쓸 수 있다는 귀족의식은 문제가 있다. 문학을 사랑하는 누구나 자유롭게 글을 쓰고 또 발표할 수 있는 서민의식도 포용해야 한다. 문학성으로는 다소 미흡하더라도 문학활동하는 자체를 밀어주고 돗자리를 깔아주어야 한다.

누구나 글을 쓰고 발표하고 토론할 수 있는 길섶의 민들레, 코스모스 같이 다같이 흔들릴 수 있는 문학동네가 되어야 한다. 지나치게 등단제도를 엄격하게 할수록 문학지망생들은 멀어져 갈 수밖에 없다. 문학은 문학이지 사법고시가 아니며 성적을 매길 수 없는 것이다. 베스트 셀러만이 문학이 아니다.

우연히 서대문쪽 동네에 이러한 문학가치와 존재이유를 공유하는 문학전문지가 비슷한 시기에 공동 출발하기도 했다. 성기조 교수님의 [문예운동](충정로), 박진환 교수님의 [조선문학](홍제동) 등도 이제 30년을 훌쩍 넘었다. 또 대학 문학교수로 있어서 신상성 교수를 중심으로 연결고리가 되어 있다. 어찌 되었던 한국의 문학저변 인구확대에 지대한 공헌을 한 셈이다.

  덕분에 우리의 문학인생은 이렇게 한 세대가 넘는 질긴 인연을 이어오고 있다. 행복한 시간들이다. 앞으로도 한국문단의 한 구석에서 우리의 순수문학을 고집스럽게 이어갈 것이다.

몽골 독수리

박 진 환
(시인. 조선문학 발행인)

나와 신상성 교수는 여러 가지 매듭으로 인연이 둘둘 말려있다. 첫째는 동국대 국문학과 후배이며, 동아일보 신춘문예에도 후배로 만났다. 나는 시로, 그는 소설로 당선이 되었다. 또 그는 선이 굵고 싸나이다워서 마음에 쏙 들었다.

그래서 나는 가까이 끌어들여 곁에 두고 써먹었다. 즉 내가 발행하는 〈조선문학〉(월간) 탄생 때부터 소설분야는 아예 그에게 떠맡겼다. 현재 약32년간(통권378호) 결호 없이 매월 발간해오고 있어서 신 교수의 대부분 중. 단편은 우리 잡지에 거의 다 발표되었다.

그는 미국 하와이, 중국 북경 등 해외활동도 활발했다. 특히 중국에서 교환교수로 두 번이나 파견나가 있으면서 중국의 대표적인 문학가들을 몰아왔다. 따라서 〈조선문학〉에서 중국의 유명소설들을 독자들에게 소개할 수 있는 절호의 기회도 주었다. 그는 항상 새로운 것에 몰두했다.

1990년 후반 한국에 컴퓨터가 맨 처음 나타났을 때도 준공영

'데이컴'과 합작하여 최초로 문학강의를 매주 시작하였다. 결국은 2002년에 정규 4년제 학사과정 '아시아사이버대학'을 설립했을 때 문단에서는 깜짝 놀랐다. 그러나 동국대 후배에게 뒤통수를 맡고 대학을 빼앗겨 버리다시피 했다.

　유모라는 그 평론가는 문협 사무국장도 지낸 전과자이다. 그로 인해 자살까지 한 문인도 있었다. 그는 1990년대 우리 문인들 약 350여명을 상대로 문인주택을 분양한다며 문협 사무실에서 사기쳤다. 집도 지을 수 없는 성남의 악산을 이중판매 하는 등 철저한 기획부동산으로 장난을 친 것이다.

　자기가 살고있는 아파트까지 팔아서 그 문인주택 귀신 분양권을 산 어느 시인은 소송 끝에 목을 맨 것이다. 유모가 감옥에서 나와서 갈 곳도 없었다. 처자식을 먹여살려야 하는 유모에게 신 교수가 신설 A사이버대학 교무처장으로 전격 앉혀주었다. 그러나 그는 학생들을 선동하여 이사장 겸 실질적 초대총장인 신 교수를 쫓아내려고 갖은 음모를 다 꾸몄다.

　약3년간이나 많은 자금을 투자하며 대학설립을 추진해온 A사이버대학은 결국 빚더미에 몰렸다. 민.형사 사기로 몰린 신 교수는 몇 년간 검찰에 불려다니면 온갖 고초를 다 겪었다. 모든 게 무혐의로 종결되었지만 그의 정신과 육체는 엉망이 되었다.

　그 A사이버대학을 헐값으로 뚜드려 전격 인수한 이사장인 부동산 업자가 바로 홍제동 우리 잡지사 이웃에 있기 때문에 그 내막을 너무나 잘 알고 있다. 그 유모와 함께 공모한 육모 교수도 다 동국대 후배들이어서 개인적으로 나도 잘 알고 있었다.

그러나 신 교수는 그런 고통이나 불행을 전혀 개의치 않는다. 산꼭대기에 앉아 있는 부처마냥 그냥 혼자 웃어 넘긴다. 어쩌면 이런 극한적 슬픔과 내공이 그의 소설을 체험적으로 더욱 강하게 만드는 게 아닌가 생각해 보기도 한다. 세계적인 소설가 도스또엡스키의 일생도 수없이 칼날에 찔렸다.

그런데도 신 교수는 또 다시 [한반도문학]을 창간해서 끌어오고 있다. 내가 진작 알았으면 텐트를 쳐놓고 막았을 것이다. 내가 직접 경험하기에도 적잖은 주머니 돈이 쏠쏠 새나가는 잡지를 왜 하려는 것일까.

뒤돌아보면 문학이란 작가의 피로 쓴 기록이 아닐까. 세상이 까칠할수록 우리 문학가들의 작품은 그래서 더욱 견고해져야 하는 이유인 것 같다. 그러면서도 나는 어젯밤에 신 교수를 다시 불렀다. 신년도 2023 새해부터 권두칼럼을 부탁했다. 그는 늘 시원하게 오케이다. 한번도 내 부탁을 거절한 적이 없다.

다음 주쯤에 동아일보 기자출신인 동국대 후배인 이계홍 소설가의 서평문제로 우리 셋이 같이 만나 막걸리를 한잔 하기로 했다. 신년도 [조선문학]의 새로운 기획도 세워야 한다. 우리 문학가들은 슬픔의 시체를 찢어먹고 사는 몽골 독수리들일까.

팔순 덕담 八旬 德談

장 석 영
(수필가, 대한언론인회 부회장)

신상성 학형과 교분을 더욱 다지게 된 것은 아마도 '한반도문학'의 발간이 계기가 된 것 같습니다. 평소 존경하고 사랑하는 친구로 지내오면서 교수님의 고매한 인격과 깊은 학문적 업적은 물론이고 문학을 사랑하는 열정에 소생은 늘 탄복해 마지 않아왔습니다.

특히 언제나 너그럽고 긍정적인 사고방식을 갖고 계신데다 이웃을 사랑하는 마음씨 고운 훈장訓長이라서 영영 늙지 않으실 것이라 생각했습니다. 그런데 세월에는 약이 없다는 말처럼 어느 사이 산수傘壽에 이르렀다니 믿기지 않는군요.

이제 얼마 안 있으면 나처럼 망구望九의 대열에 참여하시게 될 터인데 그저 더도 말고 덜도 말고 오늘처럼 항상 건강하게 문운文運이 크게 일어나시기를 축원합니다. 아울러 이 기쁜 순간에 교수님께 팔순八旬 덕담德談을 전할 수 있도록 허락해 주신 하나님께 감사드립니다.

스페인 속담에 '어진 아내를 가진 자는 어떠한 환난이라도 견딜 수 있다'는 말이 있습니다. 명심보감明心寶鑑에는 '현부賢婦는 영부귀슈夫貴'라 하여 '어진 아내는 남편을 귀하게 만든다'고 했습니다. 또 성경에 보면 '아내여, 남편을 하늘같이 여기라'고 가르치고 있습니다.

신 교수님의 오늘이 있기까지는 언제나 말없이 남편을 하늘같이 받들고 내조해 오면서 자녀들을 훌륭히 키운 부인의 노고가 컸기 때문이 아닌가 하고 생각합니다. 요즘 말로 치가治家는 가정경제인데 그것은 가정을 원만히 화목하게 이끌어가는 도리라고 할 수 있습니다.

오늘의 주인공이신 신 교수님은 이런 의미에서 치가에 성공한 분이십니다. 그 성공이 모두 부인의 가정중심 사상이 일궈낸 탐스러운 열매가 아닌가 합니다.

그런데 얼마 전까지만 해도 우리는 흔히 환갑을 축하다가 점점 칠순을 기리는 덕담을 많이 해 왔습니다. 그러다가 어느 순간부터인지 모르겠으나 이처럼 팔순을 축하하는 말씀을 나누는 일이 많아지고 있습니다.

그래서 전에는 두보杜甫의 시詩 한 구절에 있듯이 '인생칠십고래희人生七十古來稀'라고 해서 사람이 일흔 살까지 산다는 것이 드문 일이이라고 생각해 왔습니다. 그러나 이제는 의학의 발달로 평균 수명이 남자는 83세, 여자는 87세로 연장됐습니다. 더욱이 요즘엔 '100세 시대'라 해서 웬만하면 100살까지 살 수 있다고 하니 팔순에 축하한다는 것도 좀 쑥스러운 일이 아닌가 합니다.

그만큼 인간 수명이 늘어났다는 것이지요. 여하간 팔순이 되면

곧 '진인사대천명盡人事待天命' 할 연세가 된 것이니 지금까지 살아온 역정歷程을 뒤돌아보면서 성경에서 가르치듯 '범사에 감사'하면서 많이 베풀고 살아야 할 것입니다.

인생이 아침이슬 즉, 초로草露와 같다 해서 무상無常한 것으로 비칠 수도 있습니다만, 그것은 잘못된 생각이오니 순천지順天地하시어 순리順理대로 사시면서 많은 덕德을 쌓아 후손들의 귀감龜鑑이 되시리라 믿습니다.

아울러 이 지면을 통하여 자녀분들에게도 몇 가지 당부의 말씀을 전하려고 합니다. 부모님의 하해河海와 같은 은혜에 조금이라도 보답한다는 마음자세를 늘 가지시기를 간곡히 권면합니다. '부모를 왕 위에 오르게 하여도 그 은혜를 갚았다고 할 수 없다'고 한 석가모니의 말씀이나, '내가 어버이에게 효도하면 자식 또한 내게 효도하리니 자신이 이미 효도하지 아니하면 자식이 어찌 효도하게 되겠는가.

太公 曰 "孝於親이면 子亦孝之하나니 身旣不孝면 子何孝焉이리요"라고 한 태공太公의 말씀은 자녀들이라면 새겨들어야 할 대목입니다. 성경 또한 우리들에게 효도하지 않으면 안 되는 이유를 간결하게 말씀해 주고 있습니다.

출애굽 20장 12절에 보면 '네 부모를 공경하라. 그리하면 너의 하나님, 나 여호와가 네게 준 땅에서 네 생명이 길리라'고 했습니다. 자녀들은 부모님을 공경하라는 가르침입니다. 그것도 그냥 '공경하라'가 아닙니다. '반드시 공경하여야만 한다'는 의미입니다. 그러면 오래 살게 해주신다고 약속하십니다.

그런데 공경한다는 말씀은 순종한다는 뜻과 같습니다. "아들들아 아비의 훈계를 들으라(잠4:1)", "지혜로운 아들은 아비를 즐겁게 한다(잠15:20)" "내 아들아 네 마음을 내게 주며(잠23:26)", "자녀들아 너희 부모를 주 안에서 순종하라(엡6:1)" 등이 그것입니다.

역시 부모님을 공경하는 것은 부모님의 훈계를 듣고 이 일을 즐거워하며 진정한 마음으로 순종하는 것입니다. 골로세서 3장 20절은 자녀들이 부모님께 순종하는 것이 부모님을 기쁘게 해드리는 것이라고 했습니다. 효친사상을 이야기 하다 보니 글이 길어졌습니다.

자제분들이 부모님의 만수무강萬壽無疆을 기원하는 마음이 갸륵하다는 말씀은 익히 들어 알고 있으나 주마가편走馬加鞭하는 마음에서 몇 자 올린 것입니다. 끝으로 신 교수님께 신신당부드리고자 함은 이제부터는 모든 욕심의 짐이나 권위를 버리시고 용서하고 감사한 마음으로 봉사하는 삶을 사시기 바랍니다.

특히 항상 청결하게 단정하게 문학활동에 적극 참여하시고 시간은 아끼는 대신 돈은 즐겁게 쓰시기 바랍니다. 자녀들에게는 간섭을 자제하시고 늘 사랑하는 말씀을 전해 주시기 바랍니다.

우리 속담에 '칠월 더부살이가 주인마님 속곳 걱정한다'는 말이 있습니다. 아무런 관계도 없는 일에 쓸데없는 걱정을 한다는 의미입니다. 팔순의 의미를 강조할 때 가끔 이런 핀잔을 듣곤 합니다. 하지만 팔순의 참뜻을 강조하지 않을 수 없습니다.
　다시 한번 신 교수님과 가정에 하나님의 은혜가 충만하시기를 기원하면서 덕담을 마치고자 합니다. 만수무강을 빕니다.

실력으로 보여주며 참다운 문인의 길을 걷는 신상성 회장님!

임 수 홍
(한국문학신문 발행인, 월간 국보문학 발행인)

얼마 전 사무실에 오신 신상성 회장님이 청마 유치환 선생의 생가인 거제 둔덕詩골에서 열린 제15회 청마문학제에서 「청마의 만주체류사에 대한 두 가지 시각」(부제- 친일문학론엔 대한 대척점 비교연구) 논문으로 청마문학연구논문상을 수상했다는 기쁜 소식과 함께 팔순기념문집을 발간한다는 이야기를 막걸리를 한잔 하면서 했다.

먼 기억을 더듬어보니 내가 회장님을 처음 만났던 때가 트렌치코트에 중절모를 쓴 멋진 중년의 모습인 2006년쯤이었는데 벌써 팔순이 됐다니 세월이 너무 빠르다는 생각이 든다.

2006년 월간 『국보문학』을 창간했을 당시 소설가로 문단에서 이름을 날리던 때라 용인대 명예교수인 회장님에게 소설분야 심사위원장을 맡아달라고 정중히 부탁을 하였는데, 선뜻 응해주셔서 지금까지 긴 인연의 시간이 시작되었다.

그동안 회장님은 2009년 10월 한국문학신문 창간 때부터 문단에 대한 칼럼을 연재하면서 편집위원과 편집위원장을 거쳐 지금은 논설실장으로 신문 논조에 많은 영향을 주고 있을 뿐만 아니라 국보문학도 소설 심사위원장을 지금껏 맡고 있으며, 한국문학신문에서 전국 공모를 통해 1년에 한 번 문학상을 시상하는데 역시 소설분야 심사위원장으로 도움을 주고 있어, 나에게는 정말 고맙고 소중한 문단 선배이면서 스승 같은 인연으로 각인되어 있다.

인연은 사람과 사람 사이에 맺어지는 귀한 연결고리이며, 옛 선인들은 참다운 인연은 손에 잡힐 듯 잡히지 않는 신기루와 같다고 하였다. 그만큼 귀중한 인연 만들기가 쉽지 않다는 뜻이며, 또 진실이 결여된 인연은 서로에게 상처를 주지만 진실한 마음으로 이어지는 인연은 서로에게 큰 행복을 나누어준다고 한다.

생각해보면 회장님과 17년의 긴 인연은 늘 서로를 먼저 이해하고 배려하는 마음으로 지냈기 때문에 가능했다고 말할 수 있을 것이다. 서로 그런 마음을 품었기에 『한반도문학』 발행도 하게 되면서 더욱더 깊은 인연을 이어가고 있는 것이다.

회장님은 분당에서 한두 달에 한 번씩 길동 사무실에 오시면 꼭 길동 시장 순대국집에서 함께 내장탕에 막걸리 한잔씩을 한다. 그런데 회장님은 술이 약하셔서 한두 잔만 들어가면 얼굴이 홍당무가 되어 버린다. 술은 내가 마시는데 취하는 건 회장님이다. 적당히 취기가 오르면 나에게 짓궂은 농담을 자주 한다.

"성~님" 하면서 내게 잔을 권한다.

회장님은 한모금만 하시고 나는 한잔 쭉 들이킨다. 그리고는 지나간 한국문단사에 대해 나에게 자세하게 설명해준다. 문학신문사를 하려면 한국 문단사 뿐만 아니라 원로문인부터 중견까지 어느 정도 알아야 한다며 해박한 지식이 필수요건이라고 말을 해준다. 실질적으로 내가 알지 못한 원로문인과 문학단체에 대해 누에가 실타래를 뽑듯이 자세히 이야기를 해준다.

그러면 내 마음속에서 자라고 있는 문학의 나무도 한 뼘쯤 키가 자란 듯 하기에 나는 회장님이 길동에 오시기만을 손꼽아 기다리고 있는지도 모른다. 그만큼 회장님은 한국문단사에서 수십 년 동안 직접 몸으로 부딪치면서 겪은 경험들이 자루에 가득하다고 이야기할 수 있다.

그래서인지 몰라도 국내 문인들뿐만 아니라 해외, 특히 중국통으로 통할 정도로 동남아권 문인들과 자주 교류하며 한국문학의 세계화에 앞장서고 있다. 나도 초창기 월간 『국보문학』에 해외문학 교류란을 만들어 세계 각 지역에 있는 한국문인들과 해외 문인들의 작품을 회장님의 소개로 게재하곤 했다. 어느 누구도 할 수 없는 정말로 대단하고 큰 역할을 하고 있다고 볼 수 있으며, 결과적으로 한국문학을 세계 속에 씨앗을 뿌린 장본인이 회장님이라고 생각이 들 정도다.

또한 개인적으로 살펴보면, 서울에서 태어나 한국 문단의 디딤돌 역할을 하는 동국대학교 국문학과 출신으로 동대학원에서 문학박사 학위를 받고 용인대 교수를 했으며, 1979년 「회귀선(回歸

船)」으로 동아일보 신춘문예에 당선되어 소설가로 우뚝 섰음을 알 수 있다.

지금도 한잔하면 아쉬움을 나타내는 2002년 한성디지털대학교 총장 직무대행이라고 말한다. 믿었던 사람들에게 아픔을 당했기에 더 큰 아픔으로 다가오는지도 모른다.

이제 많은 시간들이 흘러 벌써 팔순 기념문집을 준비하는 신상성 회장님에게 진심으로 축하를 드리며, 앞으로도 늘 청정무구한 소년처럼 세상을 밝고, 아름답게 이끌어가기를 기대해본다.

실력으로 많은 것을 보여주며 참다운 문인의 길을 걷는 신상성 회장님!
화이팅입니다.

한국문학 우주 미사일

김 성 교
(시애틀 재미시인)

지구 한쪽을 흔들어 놓더니
― 신상성 박사 8순에

사람들이 나눌 수 있는 글이 아니다

지구 한쪽을 흔들어 놓더니
태평양 건너 또 다른 쪽까지
지축을 흔들더라
떨어진 씨앗이 일어나더니
일어나 날더니
날아본 적이 없던 곳까지 닿더니
지구 곳곳마다 숲을 이루더라
대부이자 스승이신 신상성 교수님의 글이
여의도 불꽃 축제처럼 드높이 환하더라
숨이 막힌 지구에 산소를 뿜어내더라
사람들이 숲으로 난 길을 걸어가겠지

신만이 나눌 수 있는 글이다

요즘 나는 모국에서 권위 있는 큰 상을 두 개씩이나 거머쥐자 '한국문학 우주 미사일'을 날리는 꿈을 자주 꾼다. 미국에서 험난한 이민생활을 하면서 늘 문학을 옆구리 갈비뼈 사이에 넣고 다녔다. 만약 나에게 문학이 없었다면 한날 인간동물에 불과했다.

이곳 워싱턴 한인신문 등에 꾸준히 작품발표를 해왔다. 오랜 고생 끝에 모국의 문학작품 공모를 보고 응모를 하기도 했다. 몇 번의 실패 끝에 결국 금년 봄 [한반도문학] 신인상에 덜컥 잡혀올랐다.

나는 남모르게 눈물을 훔쳤다. "아, 이제 나도 골프장에서 첫 상투머리 올리듯 모국에서 정식등단을 하는구나!" 그래서 금년 말로 예정된 한반도문인협회의 신인상 시상식에 꼭 가고 싶었다.

더구나 겹친 행사가 로토로 터졌다. '시인마을'(참고; 아래 시 전문)의 공모 문학대상에 뽑혀서 서울시청에서 수상하게 되었다. '잎은 알기 어려운 긴 산문이다' 수상작을 신상성 교수에게 보내드렸더니 이것은 '신춘문예깜이라며' 극찬을 해주었다. 이 한마디가 그 동안 누적되었던 이민생활 피로가 한거번 탁! 풀리는 감동이었다.

다행히 부인도 화가이어서 우리 부부는 '세상의 미학성'에 대해 예술적인 대화를 많이 한다. 이제 나는 문학에 목숨을 걸 생각이다. 과연 인간이란 무엇으로 사는가? '한반도문학' 회원들과 함께 한국문학의 세계화를 위해 적국적으로 도움이 되고 싶다. 권태주 회장과 신상성 교수와 함께라면 자신 있게 밀고 나갈 수 있을 것 같다.

이제 전세계에서 시인이 가장 많은 나라가 대한민국이라고도 하고 어쩌면 전세계 시인의 숫자보다 한국의 시인이 더 많을 거라고도 한다. 매년 한국에서 개최되고 있는 문학공모전이 830여 개가 된다고 하니 등단하는 시인의 수가 넘쳐나는 만큼 등단의 권위는 물론 심사 등의 관리실태에 문제가 있는 것은 당연하다 하겠다.

200만 재미동포 사회에서도 한국문학의 인기는 식을 줄을 모른다. 미국 이민법의 개정에 따라 1970년대부터 시작된 한인이민 사회의 역사와 함께 한인단체가 만들어지기 시작하였고 몇몇 지인들끼리 친목 모임으로 시작된 문인단체도 이제 제법 역사와 조직을 갖추고 있다.

물론 일부 단체의 활동이 극히 제한적이며 유명무실하기도 하고 한인 단체의 고질적인 문제인 내부 간의 갈등으로 둘 셋으로 쪼개지기도 하였다. 재미한인 문인단체는 여타 한인단체와 마찬가지로 로스엔젤레스, 뉴욕 등의 한인 밀집지역부터 자생적으로 태어나기 시작하였다.

점차 이민 생활의 안정기를 거치면서 문학에 대한 몸의 기억을 끄집어내며 조국에 대한 그리움을 우리말과 우리글로 표현하며 애국의 마음을 잃지 않고 있다. 한국 정부에서 주관하여 시행되고 있는 재외동포문학상이 많은 재미문학인의 관심 속에서 2022년 올해로 24회 공모전이 열리는 중이다.

2022년도 '시인마을' 문학상 수상작품

잎은 알기 어려운 긴 산문이다

길에 밟히고 구르고 쓸려 다니는 것이
고행을 택한 부처 닮았다
인연을 끊고 길도 없는 곳에 누운 것이
돌아가지 못할 길을 가는 것도
부처 닮았다
비틀거리며 허공에서 떨어진
잎의 희생으로 허락된
가을의 입국 그리고 출국
여름과 겨울 사이 어느 날
집 나간 바람이 써놓은
한 편의 시를 읽으며
나는 사지가 찢긴 어느 낙엽에게 묵념을 했다
잃고 있었던 것을 돌려 받는 날
잎은 가벼움을 보여주었다
절대로 부서지지 않는 것은 없다
삶이 오후처럼 밋밋할 때마다
나는 빗속을 걷고 있었고
비는 내 속에서 내리고 있었다
잎은 알기 어려운 긴 산문이다
얼마나 더 살아야
숨겨둔 표정에 고개를 끄덕일 수 있을까
부처가 다녀간 절간 해우소에 앉으니
잎이 하나의 생명이다

– 만리장성에서 날아온 쪽지
'인도향'이 맺어 준 인연

중국 남 영 전
(시인. 전 길림신문사, 장백산문학 사장)

지난 20세기 말년인 1999년, 우리 글 대형문학지《장백산》에 《인도향》이란 단편소설이 독자들의 큰 인기를 끌었다. 저자는 한국의 소설가 신상성교수였다.

새장 문을 여는것으로부터 시작한 이 글은 가정부 단뚱(丹东) 아줌마가 등장한다. 내레 어쩌구 저쩌구하는 심한 평안도 사투리에다 변형된 전라도, 함경도 사투리까지 혼합이 되어 쏟아지는 말씨, 우리 민족 지방어의 그 어떤 묘미를 실감하게 해서 흥미로왔다.

한국인의 눈으로 보는 중국 대륙의 개혁 개방, 구석구석의 경이로움이 우리들께 신선함을 느끼게 하였다.

작품속에 나오는 주인공과 아내의 특수한 관계, 독자들로 하여금 진한 인도향속에서 인간성과 부부관계, 그리고 사랑이란 무엇인가를 깊이 사색하게 한다.

행운인것은 새천년의《장백산》은 창간 20주년, 광주모드모아그

룹 이성일회장의 후원으로 《장백산모드모아문학상》을 설치하였는데 이 문학상에는 세계문학상도 포함되었다. 하여 신상성소설가의 《인도향》과 오탁번시인의 시작품이 한국문인으로서는 선참으로 중국의 국제 문학상을 받게 되었다. 시상식은 장춘의 5성급 호텔에서 300여명이 참석한 대형행사였다.

신상성 소설가와 오탁번 시인은 부부동반하여 시상식에 참석하였다. 상금은 인민폐 5000원, 그 당시 중국의 실정에 작지 않은 액수였다. 신상성 소설가는 마음이 뜨겁고 평안하게 사람을 대하는 선비였다. 그는 락양외대에 교환교수로 몇년 생활했기에 중국의 개혁개방을 몸으로 체험할수 있어 《인도향》이 나오게 되였다.

《인도향》으로 맺어진 인연, 그때부터 신상성교수는 우리와 교류가 잦았다.

그는 연변, 장춘, 북경을 오가면서 많은 문인들과 친숙한 관계를 맺었다.

그는 또 북경의 중국작가협회기관지인 《민족문학》잡지사를 방문하여 한국과의 교류가 있기를 희망했기에 그를 접대한 편집인들께 깊은 인상을 남겼다. 2013년 겨울, 한글판《민족문학》의 출간에는 신상성 교수 등 한국문인들의 희망사항이 반영되기도 한 것이다.

한글판《민족문학》이 나온다음 신상성회장의 한중문학교류활동은 본격적으로 진행되었다. 그가 인솔하는 한반도 문학에 중국 대표적인 작가 철웅, 엽매등 소설가들의 작품을 번역 소개하였고 그는 한국문인들의 작품을 조직하여 한글판 민족문학에 소개하였다. 그리고 민족문학 잡지사와의 인적교류도 활발히 추진하였다.

2015년에는 중국소수민족작가학회와 손잡고 중국 하르빈에서 한중문학세미나를 가졌다. 한국측에서는 30여명의 작가들이 참석한 큰 국제교류 문학행사였다. 신상성 회장님은 개혁개방후 중국조선족문단 뿐만 아니라 중국주류문단이 높이 평가하는 한중문학교류의 공로자이다. 신상성 회장님 8순잔치에 이 짧은 글로 축사를 대신한다.

— 2022년 9월 24일 장춘에서

Friend 친구_30x40cm_oil on canvas

친구란 서로의 다름은 묻어두고 공통점을 추구하며 상호 보완하고 서로가 돋보이도록 하는 존재이다.

Yin, Jindan (윤금단)

I have been obsessed with art since I was a child and started learning painting from Mr. Cheng Yajie (College of Applied Art, Vienna's prestigious Hochschule Fur Angewandte Kunst). He's an international oil painting master, whose teacher is Wolfgang Hutterite. I'm dedicating the first and most meaningful art exhibition in my life to Korea, whose people are from the same nation as me, and it is an art country that is developing more and more towards beauty.

출품작: Jin-Dar-Lae's Dream 진달래의 꿈_50x60cm_oil on canvas

나는 항상 우리 민족이 산과 들에 가득 처음 피어나는 진달래를 닮았다고 생각한다. 눈과 서리에 굴하지 않고 끊임없이 생명력을 유지하며 항상 앞서 나가는 선각자 같은 진달래처럼 우리 민족은 함축적이고 속이 깊고 포용적이며 또한 강인하다.

INTERNATIONAL ART FESTIVAL, 4th INDEPENDANTS KOREA

윤 금 단 전시

Oct. 25 ~ Oct. 27
일산 킨텍스

A cabin with blue roof in the woods _100x80cm_oil on canvas

수많은 사람들 속에서, 상전벽해의 기나긴 세월 속에서도 우리는 결코 서로를 잃어버리지 않았네요. 나는 당신이 세상 만물의 속삭임을 알아들었다고, 내가 별들의 바다를 알아 버렸기에 저 달이 가리키는 왼손 바닥의 좌표를 찾을 수 있었다는 것을 믿어요. 이 얼마나 행운인가요! 우리 모두 자신을 잃어버리지 않고 다시 원점으로 돌아와 서로를 바라보고 있네요.

Winter sonata_50x60cm_oil on canvas

하늘에서 흩날리는 눈송이가 나의 작은 뜰, 담장, 나무 그리고 당신을 그리워하는 나의 추억 속에 한 잎 한 잎 내려 앉습니다. 어머니! 안녕 하시지요? 눈이 녹고 나면 곧 꽃이 피고, 꽃이 피고 나면 또 눈이 내리겠지요.

Lotus pond_50x60cm_oil on canvas

작은 공원 안, 연과 못의 노출과 함축이 공존하는 공간, 바람에 의한 연꽃 잎의 흔들림과 짙게 드리운 저 멀리 빌딩의 깊숙한 그림자가 음표의 높낮이를 만들어 내고 있다. 이 협주곡은 사람과 환경, 존재와 상실에 대해 연주하고 있다.

The old town of KaShi 40x50cm_oil on canvas

꿈속의 이 옛길은 마치 타림강의 노래 가사처럼 익숙하다. "당신은 몇 번이나 나의 꿈속에서 흘러가고 있었나요?" 의식을 치르듯 장중한 누런 흙빛, 나무가 마르고 시들었지만 비가 오면 또 새싹이 다시 돋아날 것이다.

한중 문화교류의 가교로서의 선구자, 신상성 교수

중국 윤 금 단
(소설가, 중국작가협회회원, 천진금융작가협회 주석)

2005년 연변작가협회의 우광훈 작가가 행사 참석을 위해 톈진을 방문한 적이 있었다. 그의 옆자리에 안경을 쓰고 조금 긴 머리에 예술가다운 고상한 분위기의 한국 문인 한 분이 앉아 있었는데 그가 바로 신상성 교수였다. 우리는 서로 악수를 나눈 후 한·중 문화교류 활동을 함께 추진하기 시작하였고 18년 동안의 우의를 쌓게 되었다.

한·중 상호 방문 교류로 50여 명의 한·중 작가·시인·각본가·배우가 참여하였다. 특히 한국의 유명 소설가들이 톈진과 베이징을 찾았고, 중국 작가들이 잇따라 한국을 방문해 우의를 다지며 이해를 넓혔으며, 양국 언론에서 작품 교류를 진행하고 책으로 엮어 출간하는 등 문학·문화·문예 면에서 한·중 교류를 빛냈다.

이런 업적은 신상성 선생님의 공이 크다. 중국에서 우리는 그를 신 교수라고 불렀고 그는 유머러스하고 품위가 있으며 예의가 바르며 매너가 좋았다. 십여 년에 걸친 우정의 기간 동안, 나는 한국에 가서 신 교수와 부인을 여러 번 괴롭혔다. 신 교수가 중국 천진외국어대학교 객원교수로 재직하는 동안, 우리는 더욱 즐겁게 교류하였다.

그는 심지어 조금씩 나의 한국어 장벽을 뚫게 하고 한국어로 말을 할 수 있게 해주었다. 또한 나는 한중 문화 교류에서 중간 역할을 하며 현장 통역뿐만 아니라 많은 문학 번역 업무를 진행하게 되었다. 돌이켜 보면 신 교수의 도움으로 욕지도 모녀와의 교류와 10년간 지속된 인터뷰, 홍신자의 '자유를 위하여' 자서전의 중국 재출간 및 중국 우수 소설가의 한국 발표 등을 할 수 있었다.

더욱 잊을 수 없는 것은 남이섬의 달빛 아래서 마음껏 마시고, 처음으로 작은 무대에서 시극을 번역하고 공연한 일이다. 모두가 내가 중국 시극의 일인자라고 생각한다. 신 교수와 윤고방 선생의 안산에서 욕지도까지 장거리 동행을 잊을 수 없다. 당시 윤고방 선생은 막 자신의 신장을 부인에게 이식하여 상처가 아직 완전히 아물지 않은 상태였다.

중국 전통민간 흙조각 예술가 우경성 선생이 남이섬에 영구예술관을 건설하고 강우현 선생과의 교제를 주선한 것을 잊을 수 없다. 우리는 한중문화교류를 촉진하는 많은 일들을 함께 했다. 역사는 당신의 공로를 기억할 것이다. 내가 이 말을 하는 것은 신 교수로부터 셀 수 없이 많은 감동을 받았기 때문이다.

나는 신 교수에게서 더없이 열정이고 두려움 없이 용감하게 앞으로 나아가는 정신을 배웠다. 양국의 문화교류를 추진하는 동안, 나는 금융 감독 업무를 해야 했고 완전히 사랑과 충동 속에서 여행을 했다. 익숙하고 낯선 한중의 언어적 전환 속에서 2005년 처음으로 다섯 명의 중국 작가 대표단 중 한 명으로 한국을 방문했을 때 한국말을 한마디도 표현하지 못한 나를 모두들 고전에 나오는 춘향이라고 놀렸었다.

그러나 이를 극복하고 2007년에는 회의 동시 통역과 수행 통역을 하고, 잇달아 김성종 등 한국 작가들의 소설 여섯 편을 중국에서 번역 발표했다. 신 교수의 거듭되는 재촉, 진행 상황 추궁, 피드백 재확인 등 그는 마치 채찍을 든 농부처럼 차일피일 미루던 내 성격을 바꿔가며 많은 일을 해냈다.

신 교수는 특히 중국 톈진天津에 친구가 많은데 친구들이 신 교수 80세 문학행사기념회 소식을 듣자마자 코로나19가 발생하지 않는 한 한국에 가서 직접 축하 인사를 해야 한다고 입을 모았다. 지금 다들 나에게 신 교수님께 전해달라고 축복의 메시지를 주고 있다.

우리는 코로나가 빨리 종식되고 각국의 분쟁이 빨리 평화적인 방법으로 해결되기를 바란다. 이 길이 문화예술 교류활동을 할 수 있는 가장 좋은 해결 방식일 것이다. 지구가 아프면 전세계 인구가 화를 입는다. 서로 소통하면서 함께 발전해야 세계 평화도 있을 수 있다. 국가 간 이해와 친선의 증진이라는 뜻깊고 의미 있는 일에 신 선생, 우리가 사랑하는 신 교수가 앞장서 좋은 리더가 되었다.

다시 한번 열렬히 축하드린다! 신 교수님과 존경하는 부인 김귀순 여사의 무병장수를 축복한다! 영원하고 유구한 한중 양국 국민의 우의가 영원하기를, 한중 문화교류가 더욱 융성해지기를!

中韩文化交流的先锋和
桥梁—申相星教授

尹 金 丹
(中国作协会员，天津金融作家协会主席)

早在2005年一次延边作家协会的禹光勋到天津，当时他的身边坐着一位戴着眼镜的头发略长艺术家范儿的儒雅气质的韩国文人－申相星教授，这一握手就成就了我们长达十八年之久的友谊长存。我们一起推进了中韩文化交流活动，在韩中互访中，先后有近五十多名韩中小说家、编剧、散文家、诗人和演员，特别是韩国著名小说家们纷纷来到了天津、北京，中国的作家们也先后走访了韩国美丽的山山水水，增进了友谊，加强了了解，并且双方都在各国的媒体上进行了作品交流，汇编成册，流芳百世，为中韩文学、文化、文艺的交流活动开示。我们的互访交流持续了五年的时间，但我们的友谊长存。这些成就，很大程度上功归申相星先生。在中国，我们昵称他为申教授，风趣幽默、风度翩翩、彬彬有礼、雷厉风行。 在长达十几年的友谊里，我曾数次到韩国叨扰申教授和夫人，申教授在中国在天津外国语大学任客座教授期间，我们更是交流甚欢，甚至他逐步改变了我的韩国语语言障碍，敢说韩语了，并且能够在韩中文化交流中做居中联系人，进行现场传译，以及更多的大量的文学翻译了。

　　回想起来，往事历历在目，申教授帮助实现了我和欲知岛母女的交流和持续十年的采访；帮助促成了洪信子的《为自由辨明》自传在中国的重新出版；帮我联系了申京淑小说翻译《托付母亲》虽然已经有薛舟先生翻译了最终失之交臂，但还是终身难忘；中国优秀小说家的作品在韩国发表；难忘南怡岛月色下的畅饮，在小舞台上我第一次翻译表演"诗剧"，大家一致认为我是中国诗剧第一人！难忘您和尹古芳先生的安山至欲知岛长途接应，当时尹古芳先生刚把肾移植给了夫人，伤口还没有完全愈合，我备受感动；难忘我们一起为中国民间泥塑艺术家于庆成先生南怡岛打造永久艺术馆和康禹铉先生的交往牵线搭桥……

　　我们一起做了很多很多促进中韩文化交流的事情，历史会记住您的功劳。我说这话是因为我的无数次的被感动。我从申教授的身上学到了无比热情，无所畏惧，勇往直前的精神。促进两国文化交流期间，我还有金融监管工作要做，完全是在热爱和冲动之中畅游在熟悉又陌生的韩汉语境转化中，突破了2005年初次作为受访韩国的五位中国作家代表之一的时候一句韩语都不会表达，大家戏称我是古典的春香，到2007年我能做为会议同传以及随行翻译，并陆续把金圣钟等韩国作家的六部小说在中国翻译发表。

这些都是申教授的一再提醒日期、追问进度、查问反馈，他就像举着鞭子的农夫，让我一拖再拖的性格变得麻利跑动起来成就了这么多的事情。历史会记住我们中韩文人、老百姓之间地球村的温度和友善。申教授的文笔更是了得，和他参战过的经历有关，感慨于他小说的思想性和战场上的逆行者，广场上的凤凰涅槃，无论情景故事都是那么深深打动读者去认真思考。

申教授在中国特别是在天津有很多的朋友，一听到申教授80岁文学活动纪念会的消息，大家一致表示如果没有疫情一定会到韩国现场进行祝福，现在纷纷把祝福传递给我，让我转给申教授，我们希望疫情早点结束，各国的分争早点以和平的途径解决，文化艺术交流活动就是最好的解决方式，我们要互相增进彼此之间的信任。地球病了，整个地球人都会遭殃。只有相互融通，共同发展，才有可能共同存在下去。

在各国间增进了解，增进友谊这样深远而有意义的事情上，申相星先生，我们爱戴的申教授已经走在了前边，成为了带头人。再次热烈祝贺！祝福申教授和尊敬的夫人金桂淑女士健康长寿！文化活动更上一层楼。

두경이와 현수

마산 3.15의거 회상

김 번
(영등포 무역회사 사장)

신마산 제일여고 밑이 마산고교 동기생 이태문의 집이다. 조금 떨어진 신마산 시장입구에 신상성이 살고, 위쪽 제일극장 근처에는 박장관 등이 살았다. 제일극장 근처에는 역도도장이 있었다. 그래서 얼치기 사춘기 우리들은 그 도장에 나가서 몸을 만들었다. 특히 박장관은 학교에 잘 나오지도 한고 운동에 열중하여 전국육체미 대회에 입상하기도 했다.

태문이는 그의 아버지가 마산시청 고급 공무원이었으며 옛날 공화당 마산 국회의원 후보로도 나갔다. 그의 친삼촌들 6명은 다 서울대 출신들이어서 소문이 자자했다. 맨 맏삼촌은 미국 하바드를 나와 서울대 교수로 있으면서 한국 최초로 '행동심리과학연구소'를 개설하기도 하였다.

둘째 삼촌은 한국전력 사장을 지냈고, 막내삼촌은 한국외대 교수로 정년하는 등 천재 집안이었다. 그러나 이태문은 정반대였다. 주먹으로 마산고교를 장악했으며 불량 써클의 두목이었다. 툭! 하면 경찰서에 끌려가 담임이 인수해오곤 했다. 서울에서 피난 내려온 신상성은 말이 없고 착했다. 그러나 어느 비오는 날 신마산 시장입구에서 둘이 주먹질을 했다.

태문이는 동급생인데도 자기에게 먼저 경렛!을 붙이지 않았다고 상성이의 따귀를 갈겼다. 그러자 상성이는 즉시 유도 업어치기로 거구의 그를 던져버렸다. 송아지가 코끼리를 폭우가 쏟아지는 공중으로 올려버리자 길 가던 시민들이 박수까지 쳤다. 교내 최고의 건달이 무명의 졸개에게 당하다니 하며 태문이가 불맞은 코끼리 같이 날뛰었다.

그럴수록 웃기는 송아지가 유도기술로 이리저리 딴지 걸어 넘어뜨렸다. 소식을 듣고 달려온 상성이의 큰어머니가 부삽을 들고 달려왔다. 겨우 떼어낸 진흙탕에는 두 명의 코피 등 핏물이 홍건했다. 이튿날 태문이가 상성이 집을 찾아가 사과했다. 이후 우리들은 더욱 친하게 되었다.

우리들은 1960년 3.15 의거 시위 때에도 어깨동무하며 같이 뛰었다. 역사적인 4월11일! 우리가 사는 신마산 앞부두에 고교생 시체가 떠올랐단다. 나는 즉시 상성이네 밀가루 도매상 집을 찾아갔다. 마침 점심을 먹고 있는 그를 불러내어 같이 약2km 신마산 부두로 뛰어갔다. 이미 소문을 듣고 몰려든 시민들로 인산인해였다.

우리가 경찰을 헤집고 부둣가 쇠뭉치 닻 가까이 가자 마산상고 교복을 입은 시체가 누워 있었다. 가슴의 명찰을 보니 '김주열'이란 이름이 보였다. 그때 우리 마고 이름표 바탕색은 초록색이었다. 즉 김주열은 마산상고 같은 동기생이었다. 우리들은 즉시 김주열 시체를 울러메고 시위에 나섰다.

그러나 어디선가 앰블런스가 나타나 김주열을 강제로 태우고 도망갔다. 우리들도 뒤쫓아 갔다. 팔에 하얀완장을 찬 신문기자들이 "야, 마산 도립병원으로 간대!" 소리쳤다. 구름같이 몰린 시민들은 "김주열 살려내라!" "이승만 부정선거 다시하라!" 눈에 핏발이 섰다.

3월15일 대통령 선거 투표일 전후부터 계속된 시위가 소위 말하는 제2차 마산의거 4월11일에 절정에 달했다. 마산 도립병원에 도착하자 마산지검 지검장과 해외신문 기자들까지 몰려 난리를 피웠다. 도립병원 현관에서는 박장식 동기와 우리 신마산 동네 선배들도 경찰들과 씨름하고 있었다.

김주열의 눈에 박힌 최루탄을 수술하여 빼낸다고 했다. 눈에 박힌 것이 불발탄일지도 모른다며 부검의사와 담당 검사들이 수술실에서 일시 철수하기도 하는 등 소동을 벌였다.

약20cm 넘는 최루탄이 왼쪽 눈을 뚫고 뒷머리까지 튀어나왔다니 얼마나 참혹한가. 시민들은 이를 갈았다. 경찰들이 살아 있는 김주열을 눕혀놓고 강제로 최루탄을 박았다는 소문도 돌았다.

이미 마산시청 돌격사건 때 상성이와 나도 잡혀서 마산경찰서 지하실로 끌려갔었다. 무릎 사이에 부삽 등을 끼워놓고 마구 밟아대기도 하는 등 심한 고문과 구타를 당했기 때문에 경찰들의 횡포를 익히 잘 알고 있었다. 저녁이 되자 서울에서 국회조사단도 내려와 기자들과 회담을 했다.

우리는 다시 도립병원을 중심으로 시위대가 동서남북으로 흩어져 전 마산시내가 뒤집어졌다. 우리들은 주먹을 불끈 쥐었다. 신마산의 마산경찰서로 몰려갔다. 우리가 도착하자 이미 경찰들은 도망갔다. 마침 마당 한 구석에 있는 경찰서장 찝차를 끌고나왔다.

우리들은 마산역 앞까지 밀고 나왔다. "이승만정권 퇴진하라!" "김주열 우리 곁에 다시 보내라!" 시민들은 애국가와 아리랑을 반복 열창했다. 그리고 찦차 옆구리에 있는 휘발유통 마개를 따고 입으로 빨아내었다. 바케츠에 담은 그 휘발유를 찦차 안팎으로 쏟았다.

그리고 곧이어 뺑! 휘발유통이 폭발하며 검은 연기가 솟았다. 누군가 예고도 없이 라이터를 던진 것 같다. 그 순간 근처에 있던 사람들이 공중으로 붕 떴다. "어어? 야 상성아, 니 어디갔노?" 불길이 잦아진 다음에서야 우리들은 땅바닥에 기절하여 엎어진 상성이를 발견할 수 있었다. 아직도 교복 상의가 불타고 있었다.

나는 무조건 상성이를 업고 우리동네 김완길 병원으로 뛰었다. 얼굴과 목에 심한 화상이어서 피부가 풍선이 되었다. 그 병원 지하실에는 이미 우리 마고 선배와 근처의 성지여고 학생 등도 몇 명 치료를 받고 있었다. 야, 이걸 우짜노? 일부는 병원 밖에서 혹시나 경찰들이 쳐들어 올까봐 밤새 망을 보기도 했다.

김완길 원장도 자칫 발각되면 잡혀간다. 당시는 경찰이 군헌병보다 더 무서웠다. 그때의 참담함은 지금 생가해도 끔찍하다. 많이 나아지긴 했지만 상성이의 화상 흉터는 지금도 목 밑과 어깨 등에 그대로 남아 있다. 우리들은 참 어려운 사춘기를 보냈다.

백마 29연대 의무중대
정글 목숨들

이 현 길
(영성인쇄소 대표)

'아느냐아, 그 이르음 백마부대 용사드을…' 우리 손자가 할아버지에게 엄지척! 하며 이 노래를 불러준다. 재롱이지만 이 노래를 들으면 뒤로 돌아 눈물을 훔치게 된다. 약10여년간 35만여명이 베트남 전쟁터를 휘돌아 왔다. 그중 3천여명의 사상자가 나왔다.

우리 청년들 일부가 정글에서 죽어나간 것이다. 우리가 월남전에 투입된 1967년도이다. 백마부대 선발대이어서 낮에는 진지구축 작업을 했고, 밤에는 실탄을 장진하고 정글 속에서 야간전투를 해야 했다. 아직은 베트콩들의 전법을 잘 몰라 적잖게 희생자가 나왔다.

신상성 교수와 우리들은 백마부대 29연대 의무중대 소속이었다. 의무병들은 치열한 전투 속에서도 현장에 뛰어들어가 부상자들을 구출해 내어야 할 의무가 있다. 작전 중에는 부상자들을 치료하느라 늘 온몸이 벌건 피투성이다. 소대장 등 지휘관들과 함께 늘 적들의 표적이 된다.

그래서 칼빈총을 들고 총을 쏘면서 시급하게 치료도 겸해야 했다. 피 흘리는 환자가 지체될수록 위험이 많기 때문에 재빨리 처치하여 후송하지 않으면 골로 간다. 그래서 밤낮으로 모가지부터 만져본다. 순간순간 목숨이 오락가락 하기 때문이다. 목숨을 건 전우들이어서 지금도 만나면 반갑다.

이제 분기별로 만나는 월남 의중전우회는 반세기 5십년이 훌쩍 넘었다. 가장 고참은 홍종진 하사와 김철남 하사 그리고 왕삼조 병장도 있다. 그들은 재파월해서 다시 월남으로 날아왔기 때문에 우리들 기수 앞뒤로 잘 아는 우체통이다. 특히 김철남 하사는 신상성 병장의 은인이다.

왜냐하면 그 유명한 구정공세 백마부대 '박쥐3호 작전' 때에 신상성 병장을 들쳐업고 야전병원으로 후송해 주었기 때문이다. 반닌.반쟈 읍내 시가전 때 신 병장은 불에 타고 있는 금은방에 뛰쳐들어 가다가 쓰러졌다. 소대장의 돌격! 명령에 따라 뛰어든 것이다.

그 금은방에서 계속 총알이 날아오자 소대장은 베트콩들이 그 속에 숨어서 총질한다는 판단으로 최후에 돌격! 명령한 것이다. 불 타는 전봇대가 쓰러지면서 신 병장을 덮쳤다. 그의 뒤를 따라가던 김철남 하사가 쓰러진 그를 어깨에 들쳐업고 겨우 뒤로 돌아나왔다. 자칫 집중되는 총탄 속에서 김 하사도 맞을 수 있기 때문이다.

이런 전투가 어디 한 두번인가. 약1년간 작전지역에 뛰어다녀야 교체가 되어 귀국할 수 있다. 당시 채명신 월남 한국군 사령관은 동작동 국립묘지 사병묘역에 누워 있다. 장성묘역이 아닌 사병들 곁을 지키겠다는 유언이었다. 참 군인이다.

그는 월남전에서도 공격적 작전을 벌이기보다 가능하면 방어쪽으로 군령을 자주 내렸다. 군인들에게도 그 뒤에는 가족이 있다. 쌍방의 사람을 서로 죽이기보다 현 전선을 유지하면서 미국과 베트남의 평화협정이 빨리 체결되기를 기다렸다.

물론 한국군도 자발적으로 월남전에 참여한 것이 아니고 미국의 군사동맹에 의한 파병요청 때문에 어쩔 수 없이 박정희 대통령이 응한 것이다. 6.25 때 미국 또한 자유우방의 국경선을 유지시키기 위해 수천명의 미국청년들을 희생시켜 가며 한국을 지켜주지 않았는가.

동시에 박정희는 월남참전에 대한 댓가로 미국으로부터 막중한 경제적 지원을 다각적으로 받아내었다. 그 달러로 경부고속도로, 포항제철, 여수화학단지 등을 조성하여 한국 근대화의 산업기반을 다진 것이 아닌가.

전장은 의리와 용기만 남는다. 의무병이 의무병을 구출한 셈이다. 그때만 해도 중상자들은 야전병원에서 처치를 못하기 때문에 대구 동촌 비행장으로 해서 한국으로 귀국 시키거나 급할 때는 미군병원으로 후송시킨다. 그래서 신 병장도 야전병원을 거쳐 필리핀 미군병원에 입원했다.

나중에 우리 의무중대 행정반으로 날아온 소식은 참담했다. 신 병장의 양쪽 귀가 나갔다는 것이다. 즉 양쪽 청신경이 마비되어 큰 수술을 해야 한단다. 어쩌면 수술을 해도 여 귀머거리가 될지

이제는 약 20여명이 되었다. 그중에는 서울 북부지원 원장(장관급) 출신인 김목민 판사에서부터 이용상 충청북도 경찰청장, 신상성 용인대 교수 그리고 영성인쇄소 사장인 필자, 택시기사인 김정길, 왕삼조 현 회장 등 다양하게 한국사회 곳곳에서 열심히 활동하고 있다.

특히 신 교수는 귀머거리였지만 보청기 덕분에 되살아났다. 꾸준히 노력하여 소설가에다 교수까지 된 것이다. 그는 늘 쾌활하고 잘 웃겼다. 우리 모임에서 신 교수가 없으면 재미가 없다. 십여년전 KBS '신고합니다!' 프로그램에 출연 때도 기발한 유머로 폭소를 유도하였다.

지금도 그 테이프를 손자들에게 보여주면 어깨가 들썩인다. "얌마, 너거 할아부지 어때 용감하제?" 하면 또 "아느냐아, 그 이름 백마부대 영감 땡감들아앙..." 다시 폭소가 터진다. 우리 모임은 이제 부부들 모임으로 확대되어 남은 여생을 즐길 수 있는 또 하나의 배터리가 되었다. 이제 우리네 나이 8십 고개를 넘으면서 되돌아 본다.

늘 푸른 청춘으로

한 일 동
(용인대 명예교수)

일본의 소프트뱅크 그룹 회장(재일교포 3세) 손정의 씨는 "인생을 얼마나 오래 살았느냐가 아니라 얼마나 불태웠느냐가 중요하다"라고 했으며, 영국의 신학자 조지 휫필드(George Whitefield)는 "나는 녹슬어 없어지기보다는 차라리 닳아 없어지기를 원한다"라고 했습니다.

우리가 세상을 살다 보면 주변에서 '젊은이 같은 노인'들을 자주 발견합니다. 얼마 전 일본에서는 100세의 할아버지가 대학에 입학해서 노익장老益壯을 과시하는가 하면, 조지 도슨 George Dawson은 98세의 나이에 학교에 들어가서 101세 되던 해에 『인생은 아름다워(Life Is So Good)』라는 책을 냈다.

일본의 시바타 도요 할머니는 99세에 『약해지지 마』란 시집을 출판해서 지구촌 전역에 파문을 일으켰고, 세계적인 첼로 연주자인 파블로 카잘스 Pablo Casals는 90세의 고령高齡에도 불구하고 바흐 Bach를 연주하면서 하루를 시작했다고 합니다. 「청춘 Youth」이란 시도 사무엘 울만 Samuel Ullman이 78세 되던 해에 썼습니다.

그런데 지금까지 언급한 사람들과 비교해서 조금도 손색이 없으신 분이 바로 신상성 교수님이십니다. 제가 신 교수님을 처음 뵌 것은 지금으로부터 35년전 용인대학교 캠퍼스에서였습니다. 당시 교수님은 저보다 몇 해 앞서 부임하셔서 보직으로 스포츠문화연구소장을 맡으셨고, 저는 교수님 밑에서 간사직을 수행하면서 함께 연구소를 키워갔습니다.

돌이켜보면, 교수님께서는 지금도 그러시지만, 당시에도 늘 시대를 앞서가셨고, 새로운 것에 도전하셨으며, 주위 사람들에게는 인생의 멘토이자 청량제 역할을 하셨습니다. 시쳇말로 10년이면 강산도 변한다고 하니까, 이에 따르면 교수님을 처음 뵌 이후 강산이 세 번 반이나 바뀌었습니다.

교수님께서는 예나 지금이나 세월에 아랑곳하지 않으시고 매 순간 인생을 열정적이고 다이나믹하게 살아가고 계십니다. 벌써 팔순을 맞이하신다고 것이 전혀 믿기지 않지만, 제가 확신하건대 교수님께 나이는 정말로 숫자에 불과합니다. 따라서 지금껏 살아오신 것보다 더 강건하시고, 더욱 왕성한 활약을 펼치시면서, 늘 푸른 청춘으로 살아가시길 기원하며 사무엘 울만의 「청춘」이란 시를 교수님께 바칩니다.

청춘

사무엘 울만

청춘이란 인생의 어느 한 시기가 아니라
마음의 상태를 뜻한다.
청춘이란 장밋빛 볼, 붉은 입술, 유연한 무릎이 아니라
강인한 의지, 풍부한 상상력, 활기찬 감정,
그리고 인생의 깊은 샘으로부터 솟아나는 신선함을 뜻한다.

청춘이란 두려움을 물리치는 용기,
안이함을 뿌리치는 모험심을 의미하니
때로는 스무 살 청년보다 여든 살 노인이 더 청춘일 수 있다.
누구나 세월만으로는 늙어가지 않고
이상理想을 잃게 될 때 비로소 늙어간다.

세월은 피부를 주름지게 하지만
열정을 잃는 것은 영혼을 주름지게 한다.
또한 근심, 두려움, 자신감을 잃는 것은
우리의 기백氣魄을 죽이고 마음을 시들게 한다.

여든 살이던, 스무 살이던 가슴속에는
경이로움을 향한 동경과
아이처럼 왕성한 미지未知의 것에 대한 탐구심과
인생에서 기쁨을 얻고자 하는 열망이 있다.

그대와 나의 가슴 속에는 무선국無線局이 있어
인간과 신으로부터
아름다움, 희망, 활기, 용기, 힘의 메시지를 수신하는 한

언제나 청춘일 수 있다.

그러나 수신 안테나가 고장이 나서,
기백이 냉소의 눈雪과
비관의 얼음으로 뒤덮일 때,
그대는 스무 살이라도 이미 노인이라 할 수 있다.
하지만 수신 안테나를 다시 세우고
희망의 전파를 수신하는 한
그대는 여든 살이라도 늘 푸른 청춘이다.

신상성 명예회장과의 인연

고 광 덕
(목사. 화천 예술인농장대표)

2022년 5월 강원도 화천현장귀농학교에서 귀산촌 교육이 있다는 소식을 들었다. 한치도 망설임 없이 참가신청을 해서 교육받기로 작정하고 화천으로 향했다. 2018년도에 귀농귀촌 교육을 받은 곳이라 낯설지 않았다. 현장학교 박기윤 교장 선생님이 반겨 맞아 주셨다. 8박9일 교육이라 합숙하며 교육을 받는 일정이었다.

배정된 방에 가보니 이미 두 사람의 룸메이트가 있었다. 한 사람은 젊은 귀농 희망자였고 한 분은 연세 지긋하신 노년 신사 한 분이 계셨다. 조금 의아해했다. 저 연세면 노후를 전원주택에서 즐기실 나이인데 농사짓겠다고 강의받으러 여기까지 오시다니…

우리는 결코 짧지않은 기간동안 같은 방에서 지내야 하기에 자기 소개하고 교제를 시작했다. 연세 지긋해 보이던 그 분이 소개를 하는데 용인대학교 교수를 지내셨고 문학가라고 소개하셨다. 그리고 직접 쓰신 소설책도 한 권 선물로 받았다. 내 생애 소설가를 만나게 되는 사건이 일어나고 말았다.

검색창에 이름을 검색하면 프로필이 나오는 그런 사람을 직접 본 적이 없었다. 그야말로 첫 경험인 셈이다. 내가 작가를 만나게 되다니 놀라운 일이었다. 그런데 참 묘했다. 우리 둘은 나이도 차이가 많이나고 살아온 교육적 문화적 경험도 사뭇 다르고 심지어 종교도 다르다. 도저히 공통점이 없는 두 사람이었는데 묘한 기류가 흘렀다.

매일 밤 늦게까지 진행되는 교육을 마치고 방에 들어오면 피곤했다. 그런데 교수님과 살아온 이야기를 하는 데 끝이 없었다. 나도 목사요 선교사라고 소개하고 선교사로 필리핀에서 30년 넘도록 선교활동을 했던 일, 선교지에서의 어려움등 우여곡절을 겪으며 살았고 지금도 편치 않은 생활을 하고 있다고 속마음까지 털어놓게 되었다.

교회도 안 다니는 어르신한테 선교지 이야기 필리핀 산지를 다니며 교회를 건축한 이야기 외국에서 아이들을 교육하던 이야기 등 많은 대화를 나누게 되었다. 이제는 한국에서 농사를 지으며 살고 싶다는 바람을 나누게 되었다. 농장을 할 수 있는 땅이 있었으면 좋겠다고 말씀드리며 지금은 조그마하게 청계를 기르고 있다고 했다.

그런데 교수님은 이미 화천에 야산 5,500평을 구입해 놓고 혼자 할 수 없어서 누군가의 도움을 받을 기회를 찾기 위해 귀농교육에 참여하셨다고 하셨다. 얼마나 나를 치켜세우시는지 몸둘바를 몰라라 할 정도였다. 지금껏 만난 목사 중에 진실된 목사는 처음이라고 하시면서 비행기를 태우기도 하셨다. 살아있는 예수라는 말도 서슴치 않고 하셨다.

그리고 지금까지 선교지에서 있었던 일들을 글로 써서 달라고 하셨다. 고등학교 때 문학의 밤 행사를 하면서 습작을 했던 기억뿐인 내가 수필을 쓴다고 생각하니 웬지 가슴이 벅차 오르기 시작했다. '한반도문학'(한반도문인협회) 수필부문 신인상에 응모해 보라고 해서 5편을 냈다. 전국에서 응모한 문학지망생들의 치열한 경쟁 끝에 결국 경선에 통과되었다.

그리고 어느 날 갑자기 농장을 함께 하지 않겠냐고 조심스레 제의를 하셨다. 아무 준비도 없어 막연하게 농장을 하고 싶었던 나와 농장부지는 있는데 농사를 지을 수 없어서 동역자를 찾고 있던 교수님과 묘하게 맞는 부분이 많았다. 서로를 위해 좋겠다는 결론을 내리고 농장부지를 가보고 구체적으로 계획을 세우기 시작했다.

교육기간 동안 나는 가슴이 뛰고 설레여서 제대로 교육에 임할 수가 없었다. 마음은 언제나 나무가 가득한 아직은 쓸 수 없는 산에 가 있었다. 시간나면 노트에 농장을 설계하고 품목을 정하기 시작했다. 청계와 산마늘, 산양삼, 도라지, 그리고 더덕과 잔대 등 마음은 벌써 농장이 시작되고 있었다.

우리는 농장이름도 정했다. 원래 목적이 문인들이 노후에 모여서 글을 쓸 수 있는 작은 공간을 마련하고자 했던만큼 이름은 '화천예술인농장'으로 하기로 했다. 화천군청과 산림조합, 설계사무실을 찾아다니며 각종 허가문제를 알아보며 본격적으로 농장을 준비하였다.

산천어 축제로 유명하고 토마토 축제로 유명한 곳, 산 좋고 물 좋은 천혜의 조건을 지닌 화천. 파로호의 전설이 흐르는 곳, 귀한 분을 만나서 화천의 시대가 열리게 되었다.

화천현장귀농학교에서의 8박9일! 공통분모가 전혀 없다고 생각한 두 사람의 의기투합으로

나는 작가가 되었고 화천예술인농장이 탄생되었다. 내 인생에 가장 복된 일은 명예회장님을 만난 것이라고 감히 말하고 싶다. 신상성 용인대 명예회장님과의 만남은 이렇게 시작되었다!

– 화천예술인농장에서 고광덕

영원한 노소년 신상성 교수님과의 만남

고 안 나
(시인, 시낭송가)

중국동포문인협회 서울 행사에서 뵈었다. 많은 문학인들이 참여한 자리여서 제대로 인사도 드리지 못한 채 그냥 헤어진 것이다. 한참 후에 동포문인들 단톡방에서 한반도문학에 원고를 올리라는 교수님의 메시지를 보고 한반도문학 단톡방을 찾게 된 것이다.

교수님의 얼굴이 행사 때 조명 아래서 잠깐 뵈었기에 자세히 떠오르지 않아 프로필 사진을 보게 되었는데 몽골초원에서 말을 탄 늠름한 청년이 붉은 상의에 백색 바지를 입고 있는 모습이었다. 이래보고 저래 보아도 긴가민가 도대체 가늠할 수가 없었.

분명 연세가 많았던 것 같은데 내가 잘못 기억하고 있는 것인지 궁금하기도 했지만 달리 확인하지 않은 체 원고만 보냈다. 사진 속에 말 탄 모습으로만 기억한 체…

2020년 5월 어느 날 교수님으로부터 전화가 왔다. 개교 114주년을 맞은 동국대학교에서 본인 영상을 촬영하시고 싶다고 하셨다. 물론 퇴직을 하셨지만 추억으로 남아있는 현장에 가서 본인이 몸 담았던 연구실과 학생들과 수업하셨던 강의실 및 캠퍼스

곳곳을 영상으로 남기고 싶다고 하셨다.

　부산에서 다소 먼 거리였지만 반가운 마음으로 약속한 날짜에 맞춰 동국대학교 서울 캠퍼스로 달려갔다. 불교 최대종파인 대한불교 조계종이 재단으로 있는 종립대학교였다. 양주동 교수의 의견으로 '햇빛 밝은 동쪽의 아침 나라'라는 '동국'으로 채택되었다는 동국대학교, 흰 코끼리상이 있는 곳에서 만나자고 하셨다.

　시인이자 독립운동가이신 만해 한용운 선생님께서 1회 졸업생이었다는 것과 국문학이나 문학계의 유명한 분들이 많이 배출되었다는 것을 알고 있었기에 호기심이 더했다. 불교계 대학이라서 특성답게 전체적으로 연등이 많이 달려 있었고 오월의 아름다운 장미터널과 더불어 화려한 색체의 향연이었다.

　먼저 도착하여 두리번거리고 있을 때, 멀리 오시는 모습은 말 탄 청년의 모습이 아닌 모자를 눌러 쓴 노소년이 해맑은 웃음을 활짝 터트리며 한 손을 번쩍 들고 가볍게 걸어오시는 것이었다. 하하 호호 그렇게 정식으로 만난 것이다.

　연세에 비해 밝은 모습은 홍안의 소년 같았다. 자연스러움이 베인 미소와 맑은 목소리는 나이를 가늠할 수 없었다. 약간 비음이 섞인듯한 소리는 개구쟁이 소년의 들뜬 목소리처럼 들렸다.

　이곳저곳을 돌아보면서 영상 촬영을 시작하였다. 연구실과 강의실의 문을 열고 들어가셨다가 나오실 때에 만감이 교차되는 느낌을 받았다. 기쁘게도 슬프게도 했을 많은 기억들... 손때 묻은 교탁과 창문에 얼비치는 얼굴들도 있었으리라. 장미터널을 지나가기도 하고, 연등이 매달린 잔디밭에 서서 이야기도 하고 더 좋

은 영상을 담기 위해 몇 번을 다시 포즈를 취하기도 했다.

 그때마다 유쾌하게 웃어 주시는 모습이 참 순수하고 맑은 분이시구나 생각했다. 여러 가지 이야기 중 내에來世에 대해 묻기도 하셨고 나의 답에 대해 되묻기도 하셨다. 시간 가는 줄 모른 채 오월의 하루는 저물어가고 있었다.

 벤치에 앉아 어딘가에 신 교수님이 어딘가에 전화를 했다. 조금 있으니 윤재웅 교수님이 달려 나오셨다. 반가운 마음에 인사 드리니 신 교수님의 제자라고 하셨다. 미당 서정주 시인 행사에서 여러번 뵈었기에 얼마나 반갑던지… 기념으로 사진 몇 장을 찍고 헤어졌다.

 촬영기사분과 함께 교내식당에서 간단한 점심식사와 카페에서 커피를 마시며 자연스럽게 촬영을 마치게 되었다. 참 다정하고 정이 많으신 분이구나 생각하며 교수님의 시를 낭송하여 영상에 삽입하는 것으로 하루 일정을 마쳤다.

 교수님과의 인연은 '멀리 있어도 가까운 사람'으로 항상 한반도문학을 통해 이어져갔다. 2022년 제15회 청마문학제에서 청마문학연구상 수상하심을 진심으로 축하드린다. 한반도문학의 영광이며 큰 기쁨을 함께한 것이다. 올해 팔순기념 축하드리며 백세시대 늘 건강 평안하시길 기원드린다.

제2부

권태주
양재성

신상성 수상작 〈목불〉
(2019 한국문학상)

고승철
이근일
최명환
김수언
이명세
백재연
박성은
김정희
박서희
김인희
류재순
남태일
주홍
박영진

중국 문인들 축사
신상성 작가연보
김귀순
신수연
후기

인연 因緣
– 내 생애 가장 소중한 사람들

발간준비위원장 **권 태 주**
(시인, 한반도문인협회 회장)

이번에 신상성 명예회장님의 '팔순기념문집'을 우리 임원들이 발간하며 기리기로 했다. 또 2022년 겨울이면《한반도문학》12집을 발간하게 된다. 2018년부터 벌써 5년의 세월이 흘렀다. 일 년에 4회에 걸쳐 시선집과 수필선집, 종합지 형태로 신인 발굴과 문학상 수여, 전국과 해외문학인들이 회원으로 참여하여 활동하고 있다. 진보나 보수를 떠나 순수문학으로서의 정신으로 발간하고 있다.

나는 회장으로 4년을 이어왔지만 신상성 교수님은 발행인으로 함께 보조를 맞추며 한반도문인협회를 이끌어 나가고 있다. 이제 팔순을 맞이하게 되는 신상성 명예회장 겸 교수님, 이 인연이 계속 이어져《한반도문학》이 이 땅의 문학지로서 우뚝 서 있기를 기대 해 본다.

가을바람이 살갗에 서늘하게 다가오는 9월 하순, 태풍도 지나가고 들판에는 오곡백과가 무르익으니 저절로 풍성함이 느껴진다. 지금은 농촌 곳곳에도 아파트와 빌라들이 성채처럼 산등성이나 들판에 우뚝 서서 위압감을 주고, 나의 유년 시절에는 서울 같은 대도시에 나가야 볼 수 있었던 건물들이었다. 고추를 팔러 아버지를 읍내 시장에 복잡스러움과 장사치들의 외침 소리를 들으며 혼란스러운 기억도 생생하다.

아버지는 말수는 적으셨지만 육 남매의 맏이로서 책임감이 투철하셨던 것으로 기억된다. 평생 한학만 하시던 할아버님의 유지를 받들어 농사꾼으로 평생을 살다 가셨다. 성인이 돼서야 안 사실이지만 조부님은 막내 숙부의 서울 유학비용을 대시느라 대농이었던 간척지의 농토를 파시면서까지 가족들의 피땀 어린 희생이 있었다. 할머니는 시집오셔서 고생하신 것이 '소설책 세 권은 쓰고도 남는 이야기'라며 어린 손주에게 말씀하시곤 하셨다.

안면도의 밤

이 섬은 언제나 편안하게 보인다.
늘 푸르른 해송과
둥글둥글한 산등성이
변함없이 출렁이는 감빛 바다

그러나 이 섬 어딘가

보이지 않는 곳에 웅크리고 있는
아픔의 덩어리들
나의 가족사들 뇌리에 박혀
녹슬고 있다.

한 줌의 모를 논에 꽂는 봄날부터
한겨울에 이르기까지
쉽게만 찾아오는 제삿날들.
처마 밑 서까래 썩어 넘어지듯이
병마로 사고로 불귀의 객이 된 분들을 위해
죽음 냄새 배어 있는 향을 피울 적마다
나는 안면도의 밤을 생각한다.

별들이 지붕 위로 내려앉기 시작하는 새벽녘까지
불 꺼지지 않고 정담 나누시던 할아버지의 사랑방
그 곰방대 연기 속의 이야기들을
내 유년의 창고에서 꺼내어 제사상에 펼쳐놓으면
불귀의 객들 토방 위에
발자국 서성이는 소리 내다가
떠나간다. 노를 저으며
무욕無慾의 세계로.

— 첫 시집 『시인과 어머니』(북토피아)

나는 이러한 유년의 인연들을 뒤로 하고 안면도에서 중학교를 졸업하고 공주로 유학을 떠났다. 아버지는 중학교 2학년 때 위암으로 돌아가신 터라 오 형제의 막내였던 나와는 짧은 인연에 그치고 말았다. 하지만 동네 어르신들에게 늘 인정받으시고 성실하셨던 아버지는 가정환경이 그분의 꿈을 펼치기 어려운 상황에 내적 방황을 많이 하셨던 것으로 기억된다.

하늘타리

가을
빈손으로 하늘을 탄다.
거친 벼랑도 심연도 아닌
무공無空으로 무심히 떨어졌던
하지만 필연이었던 한 톨 씨알

날마다 야위어만 가던 병든 아버지
햇빛보다 더 고운 삶의 물을 주던
양지쪽 하늘타리
하늘 타고 먼 시공時空으로 가려 했던
아버지의 마지막 소망

오늘은 석류 붉게 타는 저녁
아버지의 하늘이 주렁주렁 달렸다.
오르지 못하는 나무는 멀리서 푸르더니
노을 지는 산자락
저 홀로 피어난 그리움
하늘을 타고 있다.

－첫시집『시인과 어머니』(북토피아)에서

    나는 공주에서 고등학교 3년을 공부하면서 또 다른 인연을 맺게 된다. 상고머리에 검은 교복과 가방을 들고 하숙집에서 학교로 또 공주사범대생들에게 영어와 수학 과외를 받으며 실력을 쌓아갔다. 그래서 성적은 항상 상위권이었고 선배들이 주는 봉황장학금을 받을 수 있었다. 하지만 고향에서는 아버지를 대신해 큰

형과 어머니께서 학비를 마련하기 위해 또 고생하셨다.

  나는 그 고마움에 보답하기 위해서라도 쉼 없이 공부에 열중했다. 안타깝게도 체력이 고갈된 나는 축농증으로 인한 편두통에 시달리며 고등학교 3학년을 보내게 되었다. 결국 서울의 대학입시에 실패하고 고향에 돌아와 재수의 길을 택하게 되었다. 어머니께서는 아들을 꾸짖기보다는 건강을 회복하고 새로운 도전을 해 보라고 격려해 주셨다. 고향 집에서 어머니께서 해주시는 밥을 먹으며 보낸 일 년의 세월을 마치고 교육대학에 진학하게 되어 교사의 꿈을 갖게 된다.

시인과 어머니

문밖에선 긴 겨울의 기다림이
흰 눈 되어 내리는 저녁
쇠죽을 끓이는 아궁이 앞에서
후끈한 시래깃국 냄새나는 시를 쓰는
아들에게 어머니는
— 애야! 시인이 되면 가난하다더라.
시는 뭐 하려고 쓰느냐.
근심 어린 눈빛으로 말했었다.

아궁이 속 타오르던 장작불도 꺼지고
이젠 어머니도 이 세상에 없다.
흰 눈 내려 가득 세상을 덮어도
어머니와 함께 보던 그 저녁
토방 위에 내리던 싸락눈만 못하다.

꺼져 가는 불씨 불어 가며 매운 연기 눈물 나던
그런 저녁이 아니다.
안방에선 동치미에 뜨끈한 숭늉
문밖에 소리 없이 싸락눈이 내리는
그런 시절은 다시없다.
다시 돌아갈 수 없다

이제는 혼자서 가야 할 길
내가 할 수 있는 건
끝날까지 시를 쓰는 일과
바람 한 줌씩 움켜잡는 일
그 저녁 가슴에 고이 묻어 두는 일
먼 훗날 내 아이에게 지울 수 없는
추억 만들어 주는 일

― 첫 시집『시인과 어머니』(북토피아)에서

공주에서 교육대학을 다니며 문학청년으로 새로운 꿈을 꾸고 있을 때 만난 시인 나태주, 나태주 시인(전 한국시인협회장)은 그 당시 공주교육대학교 부속초등학교의 선생님으로 근무하고 계셨다. 약간 웅얼거리는 듯한 말투였지만 사물을 바라보는 정확함, 시인으로서의 감성, 문학에 대한 탐구와 독서량은 학생인 내가 본받을 분이었다.

문학 동아리인'석초石草'모임에도 오셔서 함께 문학 토론과 시 낭송, 시화전 참여도 해 주셨다. 문학청년인 나의 롤모델이기도 했다. 나태주 시인이 맺어준 동문 선배들과 결성한 시동인《터》 시문학동인회는 1986년부터 1995년까지 10집을 발행할 수 있었다.

가야할 나라

아무것도 없어라
구월九月의 바다에는
고깃배도
배 따라 날던 갈매기 은빛 순수도
다만 쪽빛 바다와 맨살로 부서지는
파도의 함성뿐.

경고
태풍 베라 서해 통과 중
16시 30분 이후 해안접근 금지
하나둘씩 모래 위에 쌓이는
해초의 찢기어진 시신과
꺾어진 푯말만 비에 젖고 있다.

정말 못 가는 곳인가.
눈앞에서 흔들리는 섬
날개 잘린 새처럼 불안한 발걸음
다리에선 쥐가 나고 가슴마저 떨려와
꼭 가야 할 나라에 못 가는 아니,
더욱 못 가게 하는 것은
소돔성의 유혹
살다 보면 그럴 수도 있다고 자위하지만
그러다가 영영 제자리에서만 맴돌다
주저앉고 말면 어쩔 것인가.
　　　　　　　　　－《터》동인지『가야할 나라』에서

나태주 시인과의 소중한 인연을 뒤로 하고 나는 1988년 경기도 시흥의 장곡초등학교로 첫 발령을 받게 된다. 주소지가 과천이었는데 황당하게 소래포구가 있는 농촌의 6학급 학교로 배치를 받은 것이다. 발령 전 충남의 충무수련원에서 발령 대기자들의 시위를 주동한 주동자로 낙인이 찍혀서 그리된 것이라는 짐작밖에 할 수 없었다. 이곳에서 사랑하는 어머니께서 돌아가시고, 아내와 결혼하여 신천리에서 신혼살림을 시작하게 되었다. 그리고 첫 아들 영재를 얻게 되었다. 또한 한국교원대학교 대학원에 계절제로 진학하여 대학원에서 현대시를 전공하면서 성기조교수님(전 한국펜이사장)과 인연을 맺게 되었다. 강의실에서 성기조교수님의 해박한 문단사와 문학이론은 감동을 주기에 충분했고, 대학원생들을 중심으로 한 《청하문학회》동인으로도 활동하게 된다. 청하 성기조 교수님께서 직접 내려주신 호 '일초逸草'는 숨은 풀이지만 빼어난 풀로 명성을 떨치라는 의미로 받아들고 감동했다.

들꽃

이름 없이 산하에 피어나는 꽃
무더기로 피어서 외롭지 않게
감싸주는 사랑
누구 하나 툭 불거져 피지 않고
같은 꽃이라는 이름으로
흔들리는 아름다움
숨어서 피기에 더욱 고귀한
이름 없는 들꽃.

  －첫 시집『시인과 어머니』(북토피아)에서

이러한 경험을 바탕으로 1993년 충청일보 신춘문예에 박화목 시인의 추천으로 시가 당선되어 등단하게 되었다.

누군가 그리우면

나날의 삶이 메말라져서
외로움 가득한 날
기차를 타고 낯선 마을을 지날 때
새벽안개를 만난다.
안개는 호수의 수면 위를 가볍게 떠올라
들을 채우고 산을 막아서고
짧은 인사 속에 작별을 한다.

비켜 갈 줄 모르는 채
외길을 질주하는 쇠바퀴
끝없는 윤회의 마찰음 소리여.
외로운 자는 저 홀로 달려가는 기차의
고독한 질주를 보면
외로움의 깊은 뿌리를 안다.

누군가 그리울 때는
진홍빛 꽃잎 툭툭 떨어져 버리는
섬을 찾는다.
달려와 얼싸안고 반겨줄 사람 하나 없어도
말 없음으로 빈 가슴 채워주는
물결 혼자 밀려왔다 거꾸러지는 반복의 일상
계속되는 그 모습 좋아

작은 사랑 그곳에 있어
외로움도 삭막함도 모두 덮어주기에.
- 1993 〈충청일보〉 신춘문예 당선작

이후에 왕성한 문학활동을 전개하였고, 1995년 첫 시집 『시인과 어머니』(북토피아)를 발간하고 이 시집으로 《열린문학사》에서 주관하는 〈허균문학상〉을 수상하게 된다. 열린문학의 주관이던 김선 평론가는 "권태주 시인의 첫 시집 '시인과 어머니'에는 여러 가지 다양한 성향의 작품들이 수록되어 있다.

그중에서 필자는 서두에서 밝혔듯이 삶과 죽음의 문제에 대해 간략히 논급하였다. 그의 작품에는 투명한 눈물, 따스한 피가 흐르고 잃어버린 생의 아련한 메아리가 있고 상처 입은 꿈의 몸부림이 있다.

「금강」, 「길」, 「집배원 오기수씨」, 「해변 묘지」, 「시인의 무덤」, 「어린 영혼에게」, 「別離」 등의 작품에는 죽음의 문제, 「고향」, 「남도기행」, 「황포 어부」, 「별」, 「누군가 그리우면」, 「자유, 그리고 개구리」, 「낙지」, 「귀향일기」 등에는 생명의 본질에 대한 삶의 문제가 다루어지고 있다."라고 평하였다.

1995년 첫 시집 이후 큰아들 영재의 뇌수막염으로 인한 패혈증, 고관절 후유증으로 시인으로서의 외부 활동을 중단하고 2016년까지 교직자로서의 삶에 충실하게 된다.

마침내 긴 휴면기를 끝내고 2016년 안산의 본오초등학교 교장으로 발령을 받으면서 다시 문학의 길을 걷게 된다. 이때의 인연은《천년의 시작》출판사를 운영하는 이재무 시인을 만나고 나서 첫 시집 이후 틈틈이 써 두었던 시들을 정리해 22년 만에 제 2시집을 출간하게 된다. 이때 나태주 시인은 추천사에서

권태주를 학생으로 본 것은 꽤나 오래전의 일이다. 그가 공주교육대학교에 다닐 때 나는 그가 다니는 학교의 부속초등학교 교사였던 시절이다. 학생 시절 그는 문학도였고, 시를 쓰는 사람이었고, 매우 열정적인 사람이었다.

나태주가 시인이니 권태주도 시인이어서 좋지 않겠느냐는 생각을 가지고 있었고, 또 그런 생각 자체가 신비하다는 생각 또한 가지고 있었다. 그런데 그로부터 몇 년의 세월이 흘렀던가. 그는 어느새 초등학교 교장이 되어 있었고 시인이 되어 있었다.

공주의 중심을 흐르는 제민천 가에서 막걸리를 마시면서 나눈 약속을 이루어준 그의 삶이 대견하다. 칭찬해 줄만하다. 더불어 시를 읽었다. 사람을 닮아 시가 옹골차다. 허풍이 없다. 그런 점에서 그와 나는 다 같은 촌놈이다.

촌놈은 근본을 버리지 않고 사는 사람, 서두르지 않는 사람, 가야 할 곳이 어딘지를 분명히 알고 가는 사람, 목표지향인 사람, 그가 꿈꾸는 인간의 나라, 시의 나라에 언젠가는 그가 도달할 것을 믿는다. 부탁하고 축원하고 싶다. 부디 오래 참고 기다려 한국 시의 큰 바위 얼굴이 되시라. 나태주(시인)

2017년 제 2시집 『그리운 것들은 모두 한 방향만 바라보고 있

다』(천년의 시작)를 출간하여 새로운 인연을 만나게 된다. 바로 용인대학교 국문과 명예교수인 신상성소설가를 만난 것이다.

신상성교수님은 안산에도 사시면서 사이버대 설립 경력과 출판사도 운영하고 계시면서《통일문학》을 발간하고 계셨다. 신상성 소설가님과 교류를 하면서《통일문학》을 재외 동포문학까지 아우르는《한반도문학》으로 발전시키고자 의기투합하게 된다.

또한 실학의 중조中祖인 성호(星湖) 이익선생을 함께 연구하면서 성호 이익 선생의 일대기를 소설 10권으로 출간하고자 하는 계획을 세우고 만남을 이어갔다. 하지만 경기도문화재단이나 안산시 등에서의 미온적인 지원 태도로 인해 우리의 노력은 다음을 기약하고 끝내게 된다. 대신 제 3시집『사라진 것들은 다시 돌아오지 않는다』(좋은 땅)를 출간하여 전국 성호문학상 대상을 수상하게 된다.

굴뚝에서 나온 탈무드 소년

신상성(서울문예디지털대학 설립자)

시인 권태주는 알프스 언덕의 양치기 소년같이 순박한 눈매를 가졌다. 아니, 영국 수상 W. 처칠의 눈도끼같이 매섭다. 때로 곁눈질로 뒤따라 보면 수암봉 매의 눈, 메두사 같은 양면의 얼굴을 가졌다. 거기에 고구려 쌍영총 벽화에 나오는 삼족오(三足烏)같이 발이 세 개나 달린 괴물 같다. 즉 평범 속에 비범이라고 할까, 그는 지금도 새벽 4시면 일과를 시작한다.〈중략〉

 안면도 섬마을 산골 소년인 그는 스스로 세상을 헤쳐나가지 않으면 주변에 아무도 없다. 망망한 바다와 거친 파도뿐이다. 어부인 부모님, 그리고 가난한 형제들과 이웃뿐이다. 섬마을 소년이 교장이 되기까지, 신춘문예에 당선되기까지 오늘의 '권태주 시인'으로서 하나의 자수성가 롤모델이다.〈중략〉

 '성호 소설콘텐츠사업단'기획 문제였다. 마침, 한국고전번역원에서 약 10년에 걸쳐서 '성호전집'을 한글판으로 번역해 내었다. 조선조 중기 한국 대철학가의 사상에 대한 소중한 역사적 조명작업이었다. 따라서 안산의 뜻있는 문인과 교수들이 모였다. 우리도 남양주와 같은 '성호사상 테마작업'을 한번 해 보자고 모였다. 즉, 성호 일생을 10권의 대하소설로 제작하는 대기획이다.

 성호의 수제자 가운데 하나인 다산 정약용은 남양주에서 본격적인 '다산테마 관광사업'으로 확대하여 시 재정 확보에도 크게 기여하고 있지 않은가. 안산의 시장, 국회의원, 문화원장 등을 찾아다녔지만 코웃음 소리만 귓등으로 들었을 뿐이다. 이곳 시장도 남양주 시장같이 인문학적 소양과 역사의식이 좀 있다면 얼마나 좋을까, 그냥, 절망뿐이다.

 그러나 그때 큰 걸 잃었지만 더 큰 걸 얻은 게 '인간 권태주'였다. 내가 『조선문학』에 수필로 발표한 그에 대한 러브레터도 있다. 어쩌면 이 시인론도 그와 함께 깊은숨을 쉬면서 좀 더 가까이

에서 그의 내면을 들여다볼 수 있었던 게 계기가 되지 않았을까 한다. (신상성)

-제3시집 『사라진 것들은 다시 돌아오지 않는다』
(좋은 땅) 평론 중에서

거제섬에 부는 바람

양 재 성
(시인. 청마기념사업회장)

고 김문백 시인이 우리 곁을 떠난 지 벌써 두 해가 흘렀습니다. 고인께서는 거제문단의 큰 형님으로서 항상 우리들 곁에서 올곧은 지성으로 많은 가르침을 주셨던 분입니다. 마산출신인 김 시인은 마산고교 재학시 문예반장을 맡았고, 개천예술제 전국백일장에서 장원을 하는 등 일찍이 문학적 재능을 보였습니다.

연세대학교를 나와 월남전에 학군장교로 참전하였다가 육군 대위로 제대 후 현대그룹의 고위직에 근무를 했던 화려한 경력자입니다. 이후 직장과 사업을 죄다 접고 주위와의 연락도 차단한 채 거제도로 내려와 정착을 하기에 이릅니다.

초창기 거제문인협회 사무국장을 맡는 등 문학과 낚시로 반평생을 거제에서 함께 하였습니다. 두 번에 걸친 부인과의 이별과 가족해체로 인한 고통을 견딜 수 있게 한 것도 문학과 낚시였습니다. 그러다 자신의 유고시집 '거제섬에 부는 바람'처럼 훌쩍 귀천 여행을 떠났습니다. 대체 뭐가 그리 급해서 부랴부랴 떠나셨는지…

다행히 고인께서는 자신의 마산고교 친구이자 한국문단의 어른이신 신상성 교수님을 거제도로 모셔왔습니다. 장승포 항구에 정박한 선박의 밧줄처럼 질긴 인연으로 묶어놓고 떠났습니다. 그러니까 2012년 제가 거제문협 회장으로 있을 때입니다. 경남문예진흥원의 지원을 받아 거제도 최초로 '거제문예교실'을 운영하면서 고인을 통하여 신 교수님과의 인연이 시작되었습니다.

'거제시문학' 동인지가 발간될 때마다 신 교수님께 작품해설을 부탁드렸고, 교수님께서도 그 무렵부터 거제도를 자주 왕래하시면서 지역문인들의 가이드 역할도 마다하지 않으셨습니다. 이후 거제시문학이 제6집부터 '아시아예술출판사'에서 발간이 되기 시작하여 2022년 현재 제9집 발간을 목전에 두고 있습니다.

그동안 거제선상문학제 문학특강과 작가와의 만남, 청마문학제 문학특강 및 청마문학연구상 논문심사 등을 통하여 거제의 문인들과도 친분이 많이 쌓였습니다. 주변에 예비 문학도를 발굴하여 문인에의 길을 걷도록 교수님께 부탁을 드리곤 하였습니다. 한글을 처음 배우는 아동처럼 고만고만한 글들을 올리면 걸음마를 가르치듯 쓰다듬고 어루만지며 인도해 주셨습니다.

한반도문학도 권태주 회장님과 신 교수님 두 분의 멋진 공조로 짧은 시간에 지금처럼 전국에 우뚝 서게 되는 아름다운 과정을 곁에서 지켜보았습니다. 큰 느티나무 같은 교수님과 함대를 지휘하시는 권태주 회장님의 부단한 열정과 노력의 결과인 것입니다. 거제문인협회장과 청마기념사업회장, 거제시문학회장을 맡아 나름대로 이끌고 있는 저에게 반면교사의 큰 가르침이 되고 있습니다.

드디어 2022년 가을 제15회 청마문학제에 즈음하여 '청마문학연구상' 논문 당선자로 신상성 교수님의 함자가 청마 유치환의 '깃발'처럼 거제시를 비롯한 전국에 높이 펄럭이게 되었습니다. 이로써 교수님과 거제도와의 인연이 최고 정점에 달했습니다. 다시금 교수님의 '제15회 청마문학연구상' 수상을 진심으로 축하드립니다.

그간 청마는 간간이 친일문제를 들고 나오는 몇몇 사람들로 인하여 은근히 시달림을 당하곤 했습니다. 그 친일논쟁에 획을 긋는 굵은 쐐기를 박은 것입니다. 청마기념사업회장을 맡고 있는 저의 입장에서는 평소 불편한 청마의 친일논쟁에 있어서 신 교수님의 논문은 지축을 흔드는 천군만마의 말발굽 소리와도 같은 것이었습니다. 다른 어떠한 논문보다도 절실한 감동으로 다가왔습니다.

고 김문백 형님께서 생존하셨더라면 누구보다도 좋아하고 축하를 했겠지요. 아마도 밤을 새며 축하주를 마시고 또 마셨을 겁니다. 오늘따라 고인이 된 김문백 형님이 더욱 그립습니다. 고인께서 남기고 간 유고시집 '거제섬에 부는 바람'을 펼쳐들고 고인과 함께 했던 시간들을 추억해봅니다.

덕분에 저도 고인을 통하여 큰 형님이신 신 교수님을 만나 큰 가르침을 얻었습니다. 아울러 권태주 회장님을 비롯한 한반도문학의 좋은 분들과 귀한 인연을 맺게 되어 그저 감사할 따름입니다. 끝으로 팔순을 맞으신 총두령님의 무한한 열정과 정정하심에 거제도 산채의 소두가 합장하고 축하드립니다. 부디 내내 건강하시고 행복하십시오. 고맙습니다. 사랑합니다.

- 2022년 가을에 청마기념사업회장 양재성

제55회 한국문학상 수상작 (2019)

[단편소설]

목불 木佛

신 상 성

1.

법당 지붕 위에 핀 풀꽃들이 늦여름 땡볕에 졸고 있다.

뜬구름도 잠깐 멈추고 내려다보는 법주사 법당 뜨락엔 가사자락들이 바쁘게 펄럭이고 있다. 아무리 바쁘게 움직여도 움직이는 것 같지 않은 정적이다. 그 바쁜 동작이 산중의 고요와 고독을 더욱 깊이 가라앉히는 것 같다. 그것은 혼자 있는 고독보다 군중 속의 고독이 더 고독하다는 현장일까.

정오 공양을 위해 방장스님을 앞세운 감색과 회색의 가사 행렬이 가까운 듯 먼 듯 길게 이어졌다. 그 줄 사이로 파란 눈의 서양 승려가 빨간 보자기에 싸인 밥주발을 들고 법당 안에서 도량하고 있었다. 그 밥주발은 손 귀한 아들을 부처님께 팔러 온 어느 중년여인의 발원이었다. 그미는 간절한 동작으로 108배를 하고 있다.

읍내 병원장의 후처인 그 여인은 이미 100일 가까이 기도가 이어져 오고 있어서 법주사 대중들은 거의 다 알고 있었다. 혜운(慧雲)은 관음전 유리창 너머 그미의 가녀린 목덜미를 응시하다가 천천히 고개를 돌렸다. 중생들의 목숨 건 발원이 어디 이 여인뿐이랴, 다시 대웅전 지붕 위에 핀 노란 풀꽃을 올려다 보았다.

지난 주보다 잡초 풀꽃이 모두 123개로 늘어났다. 노란꽃 87개, 하얀꽃 21개, 잡색 15개 모두 123개 풀꽃 얼굴들이다. 얼마 전 쏟아진 폭우 덕분에 오랜만에 갈증을 풀었는지 확 한꺼번에 피었다. 그들의 소곤대는 말소리도 들렸다. "용머리 왕좌에 제일 높게 자리 잡았던 왕 민들레 가족들은 독수리봉 산까치를 따라 날아갔대?"

이번 하안거(夏安居)에서 얻은 것이란? 해마다 여름, 겨울 안거를 거른 적이 별로 없지만, 그때마다 이렇게 지붕 위의 풀꽃이나, 뒤뜰 장독대 위에 숨어 있는 잔설(殘雪)조각 숫자만 찬찬히 헤아릴 뿐이다. 해제 법문도 벌써 끝났지만, 한나절 이렇게 바위 끝에 앉아서 일어설 줄 몰랐다.

'고타마 싯달타 설법이란 잿더미 속의 똥 막대기일 뿐이다....스스로 무릎 치지 못하면 ...' 스승인 통도사 조실의 할! 생각이 나자 순간 정신이 번쩍 들었다. 혜운은 할! 할! 할! 때마다 얻어맞은 등허리 죽비를 생각했다. 그 하안거 반장은 무슨 원수가 졌는지 다른 도반(道伴)들은 놔두고 혜운만 따로 불러내곤 했다.

방장도 아닌 일개 반장이 논산훈련소 내무반 반장같이 거쿨지다. 도량 밖 마루 끝에 무릎 꿇혀 놓고 등허리를 갈겼다. 그 밤나무 몽둥이는 혜운과 몇 명에게 피튀기는 찜질 전용물이었다. 하필이면 밤나무람? 나중에 안 사실이지만 벼락 맞은 밤나무는 고승들의 할! 신주(神柱)로 쓰인다고 했던가.

저녁 공양까지 잊은 채 위험천만의 벼랑 끝에 가부좌를 틀고 앉아 명상에 잠겨 있다. 잠깐 졸았다간 천길 낭떠러지 아래로 떨어진다. 더러 어설픈 초짜 수행자들이 해까닥하여 자살 아닌 자살로 뼈가루를 추려내기도 했다. 뜬금없는 빗줄기가 민머리통을 때리자 혜운은 비로소 어깨를 폈다. 부동의 자세로 굳어진 관절과 등뼈가 시큰하게 저려온다.

선방(禪房) 뒤쪽 연못으로 갔다. 데억진 연꽃 속의 황금빛 금붕어들이 보이는 듯 보이지 않게 지느러미 파도치고 있었다. 대낮 법당 뜨락과 같은 야밤의 연못 속 정중동이다. 연꽃 잎. 앞뒤에는 이미 어두움이 엉겨 있었고, 대웅전 한복판을 태극무늬로 휘돌아 흘러나가는 물소리가 귓가를 잡아당겼다. 잦은머리와 휘몰이가 반복되는 판소리로 절규하며 떠내려간다. 봉사 아베 눈 뜨는 심청가 장면 절정 가락이다.

혜운은 날캉. 법매 스님 생각이 났다. 그 물소리는 도반인 법매가 즐겨 뜯는 클래식 기타의 A쎄븐 떨림 같았다. 법매는 이미 하산했을지도 모른다는 생각이 들자 서둘러 요사채로 내려갔다. 역시. 법매는 없었다. 혜운은 걸망을 둘러메고 일주문을 급히 나섰다.

같이 하안거에 동참했던 행자승 몇 명이 일주문에 비친 달그림자를 어지럽히고 있었다. 그들도 화두에 불면에 화엄에 지금 치를 떨며 환란을 겪고 있을 것이다. 사문의 승려와 보살들이 저녁 공양을 하고 나오며 밤하늘에 대고 무작정 합장을 하는 모습도 보였다.

'무무명'(無無明)... 빛이 없다는 생각 그 자체도 없어야 한다? 사부대중들은 대관절 밤 허공에 대고 뭣을 염원하는 것인가? 이 머꼬? 혜운은 불이문(不二門) 근처에서 법당에 그리고 그들의 등 뒤에 마지막 합장을 하고 돌아섰다. 깊은 산자락에 덮친 두꺼운 그림자로 인해 사찰 전체가 뜬금없이 바다 밑으로 가라앉는 적막강산이 되었다.

선대고승들의 비석들을 휘휘 돌아 또 하나의 자기 그림자를 따라 층계를 내려섰다. 그 노란 풀꽃은 하필이면 썩어가는 지붕 위에서 필게 뭐람, 누가 봐주지도 않는데 왜 그렇게 여름이면 열심히 피우는 것일까? 풀꽃은 풀꽃대로 잔설은 잔설대로의 자연생태인데 자연은 또 왜 그렇게 열심히 살까?

또한 인간들은 왜 자기 멋대로 의미를 부여할까? 새는 울어도 눈물을 보이지 않고, 꽃은 피어도 소리치지 않는다. 왜, 왜, 부질없는 짓이다. 금강경에선 결국 키워드가 '인생은 결국 허망한 것'이다. 며 이마에 면돗날을 긋는다. 그런데 화엄경에선 '그래서 인생은 살아볼 만하다'고 정수리를 도끼로 때린다.

결제 때면 혹시나 하는 어떤 기대가 해제 때면 역시나 하는 더 큰 절망만 거듭 안겨준다. 거미줄 같은 기대가 쇠사슬 같은 절망으로 왼 몸을 칭칭 감는 것이다. 우주 같은 허무? 허무 같은 우주? '무무명(無無明), 세상에 처음부터 빛이 없었으며, 빛이 없다

는 생각조차도 없는 것이다'

 이제 결제 같은 것은 다시는 안하리라고 또 다짐해 보지만, 이번 겨울 폭설이 내리면 또 번복하고 말리라는 것을 스스로 잘 안다. 현재로서는 결제 이상의 어떤 가학적 구속이 없기 때문이다. 그렇다고 또 법매같이 토굴 속에 마냥 잠겨 있기만은 세월이 아깝다.

 사하촌(寺下村) 입구 마을에서 법매를 겨우 만났다. 고목나무 아래에서 스스로 멍 때리고 앉아있는 법매의 모습은 근처의 바윗돌과 같이 견고하면서도 무상한 애상감을 던져준다. 한참만에 시체가 눈을 뜨듯 멀뚱하게 빈 하늘을 훑었다.

「인자, 임자는 워디로 간당가?」

「글쎄, 탁발승이 갈 데가 따로 있능감?」

 법매가 한참만에 운을 떼었다. 다시금, 깊은 침묵에 잠겼다.

「글쎄, 자네가 찾으려는 그 생짜 '자연음'은 포충망에 잡혔나?」

「참말로, 자네는 그 목불(木佛)을 체포했능가?」

「글쎄세, 이 걸뱅이 짓도 이제 열 손가락 하고 또 시작하는 판 아잉가. 자네나

 나나... 손바닥에 잡은 게 머야. 손금 사이로 빠져나가는 바람 뿐이잖아?」

「안 그런능가? 내사 이제 4차원 신선세계에 입단하는 거 같긴 한데...이자, 그 진실한 자연음이란 외부에서 찾는 기 아이라, 내 내부에서 얻어야 한다는 걸 이번 하안거에서 무릎을 쳤네!」

「뭔 쌩과부 쏘시지 씹는 소리여? 나한테 사기치는 겨?」

「그 지극한 지상의 '소리'란 실제로 듣는 청각음이 아니고, 내 마음 깊이 숨어 있던 심각음(心覺音)같은 거! 마, 상징음 같은 거라 이기야...암튼 화두를 잡아봐야 안 되것나 잉?」

「대단한 일야, 십여 년 만에 시각에서 청각으로 다시 심각으로까지 도달했응께 말야...대오각성 발전이니?」

「발전이 아니라, 실패일지도 모르능 기라, 성공이니 실패니 카는 것도 머시 성공이야 앵? 다 마음먹기에 달린 거 아이라, 관념, 관념일 뿐이니...」

누가 먼저랄 것도 없이 산모퉁이를 접어나오며, 둘은 핏줄 쓰이는 우정으로 서로 눈동자를 눈도끼로 찍어냈다. 10여년 송광사 동안거에서 처음 만난 이후 벌써 열번 이상의 여름과 겨울을 놓쳤다. 삭발 이후, 가장 오랜 도반이지만 실제 같이 지낸 적은 거의 없다.

동-하안거 결제 때나 100일간 한방에 기숙해 보긴 하지만 만나도 별 말이 없었다. 단지, 서로 발원하는 대상이 우주적으로 묘하게 일치한다는 데에서 오는 막연한 동질감 같은 거 뿐이다. 혜운이 나무로 된 목각 '괴불'(怪佛)을 간절하게 보고 싶어하는 반면, 법매는 천상의 '자연음'을 듣고 싶어하는 것이다.

시각과 청각, 즉 구상과 추상의 차이일 뿐 어떤 가장 치열한 미학성을 갈구하는 것은 똑같다. 그 지상적인 것이 어떤 해탈이나 열반일지 모르지만 다른 스님과 달리 그 둘은 어떤 '추상적 구상' 이미지에 목숨 걸고 있다.

'구상적 추상?' 아직도 수양이 덜된 탓일까. 집착을 갖지 말라고 했는데? 인연을 두지 말라고 했는데? 불립문자(不立文字)! 혜운은 다시 치를 떨며 자괴하는 눈빛으로 법매를 돌아보았다. 4개의 눈동자가 허공에서 부싯돌로 튀겼다. 그 때문일까, 법매가 먼저 어둠 속으로 사라졌다.

법매는 '소리에 소리판'에 신들린 선무당 같다. 그의 손에 무슨 악기든 들려주면 그 악기 자체의 원재료 음을 냈다. 피리든 퉁소나 키타든 그 재질이 소나무면 소나무 소리를, 박달나무면 박달 바람소리를 원음으로 내었다. 그는 이 세상에 없는 소리까지 들려준다. 원래의 생태음으로 가곡에서부터 팝송까지 가살스럽게 불어준다.

달밤에 그가 부는 하모니카 소리를 들을라치면 발끝이 시리다 못해 환각에 빠진다. 나이롱 끈이건 팬티 고무줄이건 그의 손가락 끝에서 튕겨졌다 하면 세상에서 처음듣는 환상의 신비음으로 생산되었다. 혜운이 법매와 같이 행자승으로 전국 사찰을 도량할 때에 그 '원래의 생음소리' 때문에 숙소에서 쫓겨나기도 했다.

요사채에 숨겨져 있는 가야금이나 관광객이 들고 온 키타를 법매가 치면 주지승이나 공양주스님에게 땡초라며 쫓겨나기가 일쑤였다. 법매는 자기가 튕겨내는 그런 생태음도 세속음이라며 진

저리를 쳤다. 이런 혼탁음이 아닌 어떤 지순한 '자연음'이 분명 존재해 있을 거라며 온 세상을 헤매어 다니고 있는 것이다.

산소리, 바닷소리, 우주의 숨소리, 그 생명음을 채집하러 다니는 것이다. 때로는 티벳 해골 골짜기에서, 때로는 갠지스강 화장터 잿더미에서 퉁소를 불고 있는 장면을 카톡이나 유튜브로 보내기도 했다. 그는 밤 소리, 낮 소리도 구분 할 수 있고, 지하수 물소리, 은하수 별빛 소리도 오선지에 옮겨 보냈다.

환청같이, 환상같기도 하지만 그가 실제로 창조해 내는 오선지 노랫가락을 따라 키타 등으로 쳐보면 뜬금없이 온 몸을 감전시키곤 한다. 섬뜩한 칼날 위에서 춤 추는 무당이 성교하다 울부짖는 절정의 신음소리 같다. 그 누구도 내지 못하는 묘법연화경 염불소리 같기도 하다. 미친놈이다.

신묘한 음계로 안국동 조계사 본사의 큰 스님 염제 때나 국가차원의 문화재 영산회상 행사 때 범패 등에 불려다니기도 했다. 그러나 영산회상 같이 여러 명의 합주에는 전혀 화음이 안 되어 독주만 했다. 요사한 괴음이 섞여 있어서 주위에 있는 고승들이나 보살들의 사타구니나 겨드랑이에 곰보 같은 소름을 돋게 만들었다. 갈대 잎이나 대나무 잎 등으로 풀피리를 만들어 불면 더욱 절묘했다.

그렇게 그가 한바탕 곱추춤과 함께 풀피리, 퉁소, 통키타 등을 불고 나면 남녀노소 누구나 아랫도리가 축축하게 젖어 있다. 남자들은 오줌을 싸거나 여자들은 질물이 흐른다. 그래서 그를 신돈(辛旽) 같은 괴승이라고도 또는 무당땡초라고 멸시하면서도 속으로는 기절하게 좋아했다. 대개 핸폰으로 녹음하여 밤이면 혼자 틀고 앉아 지랄 발광도 했다.

2.

혜운은 동네 한복판의 자동차 길을 버리고 길도 없는 산길을 택했다. 날카로운 아카시아 가시와 도둑놈 갈쿠리가 좋았다. 그리고 정적… 이따금 여우와 늑대의 울음소리가 빗기는 중국 신쟝 우루무치 아가들 공동묘지 애장터 같은 깊은 적막이 좋았다. 그냥 이대로 밤새도록 산기슭을 타기로 했다.

이번 법주사 해제 때 법어가 생각난다. '절하는 무릎이 얼음과 같더라도 따뜻함을 생각하지 말며, 굶주린 창자가 끊어질 것 같더라도 밥 생각을 하지 말라. 암굴에 조응하는 메아리로 염불삼고, 슬피우는 뭇 새들의 울음소리로 마음의 벗을 삼을 지어다… 아제 아제 바라아제 바라승아제 모지시바하.' 아, 갈공(喝恐) 스님, 아니 공갈 큰 스님한테 먼저 알현해야제?

벌써, 치매인가, 아니면 해제 전날 바로 이틀 전, 밤나무 몽둥이로 늑사하게 얻어터진 늑골이 아직도 기절해 있었는가? 스승이자 아버지이자 하나님인 갈공 스님을 깜박 잊고 있었다니? 해제 때면 문안 드리던 통도사 갈공 조실(祖室) 스님에게 일단은 인사를 드려야겠기에 골짜기로 바로 돌아서 내려섰다. 그 조실에겐 거의 십여년 문안 드리지만 늘 똑같은 문답의 반복이다.

「스님 혜운 문안입니다아!」그것도 대여섯번 반복한 뒤에야, 나즈막히「진작에 알고 있다. 이 땡초야! 그래 이번 안거에는 뭐 좀 얻었느냐?」

이럴 땐 대답을 안 하는 편이 차라리 낫다. 댓돌 위에 선 채로 몇 시간이고 합장하고 있어야지 눈썹이라도 꿈틀거렸다간 불호령이다.

「네에, 공갈 아니 갈공 큰 스님 아직도 공부가 미진한가 봅니다?」

「일월산의 괴불(怪佛)은 아직도 못 찾았느냐?」이 단어만 나오면 불알 끝이 찔끔거린다.

「이 땡초야, 이젠 백두대간 쪽을 찾아보거라. 몇 년 저에 돌던 동 서 남 해안선 끄트머리와 뭐가 닿을 것이다. 그것을 찾아오너라! 이 새꺄, 어서 꺼져!」

「네에, 분부대로 하겠습니다. 그럼, 소승은 물러갑니다아.」

해마다 이런 식의 상면이다. 얼굴 한번 못본 채, 댓돌 위에서 방안의 할베 조실과 대화이다. 지난 겨울에는 두어 시간씩 떨고 있어야 했다. 꼼짝없이 선 채로 비를 맞을 때는 슬그머니 도망치기도 했다. 발뒤꿈치를 돌리는 순간 몽니가 개새끼! 욕설과 함께 떨어진다. 강아지 훈련도 이 정도는 아니리라.

갈공 스님이 지시하는 대로 서해안, 동해안, 남해안 쪽의 크고 작은 사찰을 다 순례해야 했고, 이제는 지리산 줄기를 타고 소백산맥 등허리를 타는 내륙지방 육지를 돌 차례다. '생자필멸(生者必滅) 불생불멸(不生不滅)' 일진대 난 뭣 하러 태어나서, 쌍욕과

몽둥이 찜질만 반복적으로 당해야 하는가.

혜운은 눈썹 끝에 개새끼, 쌍팔자? 스스로 흔들어 보았다. 10여년 전 햇병아리 수행자 시절, 법매와 같이 갈공 조실에게 문안 드릴 때 혜운이 몰래 문틈으로 방안을 들여다 보았다. 갈공이 대관절 무슨 태평양 군사령관 같기에 그 많은 스님들이 얼어 있나? 하고 들여다 본 것이다.

"이 새꺄! 좃 까고 싶어 얼릉 드르와!"

벼락치는 소리와 함께 창호지 문짝이 날캉 열리며 그 둘의 코 끝을 날렸다. 크윽! '등 뒤에도 눈깔이 달렸나? 느기미?' 같이 도망치면서 법매가 욕을 했다. 그 공갈은 가부좌한 채 문 쪽으로 등을 보이고 있었는데 어찌 앉은 채로 문짝을 쾅 여닫는가? 느기미!

작년에는 그래도 갈공의 주선으로 혜운은 인도 일대를 순방하고 왔다. 그를 대면하기가 지극히 까다롭기도 했지만 지극히 자상한 면도 있었다.

덕분에 네팔의 오지까지 들어가서 불상순례를 했지만, 역시 그곳에도 혜운이 바라는 괴불은 없었다. 고통스럽게 이그러져 있거나 전혀 엉뚱하게 찌그러져 있었다. 생경하고 이질적인 불상들의 이미지만 안고 돌아올 수밖에 없었다. 어지럽고 분산되는 눈동자만 가슴 속에 딱총으로 찍혔다.

그런 절망 때문에 조실이 다시 주선한 파리 루불 박물관 탐사 등 포기하고 말았다. 그가 말하는 '괴불'의 보물찾기엔 이제 지쳤다. 한국의 동·서·남해안에도 네팔의 석가모니 탄생지에도 없었다. 혜운 자신이 덕수궁 국전 이후, 그렇게도 만나길 원하는 목불이 바로 갈공 조실이 말하는 괴불과 일치할 지도 모른다는 어떤 기대감이 자꾸 허물어지고 있다. 본국에 없는 목불의 이미지가 외국에 나간다고 있을 턱이 없다.

덕수궁 현대미술관에 전시된 국전(國展) 조각전 속에서 혜운은 그 운명적 '목불'(木佛)을 만났다. 혜운이 삭발하고 나서 다시 찾고자 하는 것은 부처의 이미지를 전혀 새로운 것이 아니고, 단지 그 국전에서 한번 만났던 것을 다시 한번 보고 싶다는 것뿐이다.
그 목불 자체를 볼 수 없다면 그 비슷한 이미지라도 한번 찾아보자는 것뿐이다. 그냥 그것 뿐이다... 거기에 무슨 거창한 종교적 의미나 존재론 논리가 있는 것도 아니다. 그냥 한번 만날 수 있다면 이 머꼬? 하는 어떤 실마리가 그로 인해서 풀릴 수도 있을 것 같다. 내가 왜 숨 쉬고 있는가? 하는 의문의 실타래가 단박 풀어질 수도 있을 것 같다.
의미를 어려운 데서 풀지 말라. 순간적이지만 충격적인 그 이미지에서 어떤 대오각성이 터질 것이다. 갈공의 조용한 법어도 생각난다. 혜운은 실존 자체의 어떤 비의(秘意)같은 것에 눈도끼가 찍히면 정말 무릎을 칠 것 같다. 우선은 그런 기대로 숨 쉬고 있다.
덕수궁 국전 당시에 보았을 때는 별로 느낌을 받지 못했는데, 재수 끝에 대학에 입학하고 난 뒤부터 우연히 보았던 그 목불에 대한 집념이 이상하게 독버섯마냥 뻗어나더니 암세포 같이 혜운의 뇌수를 지배하기 시작한 것이다. 단두대의 이슬을 생각하며 시시각각으로 다가오는 죽음 앞에서 닫다가 한밤 중 잠이 깬 사형수는 달빛의 소리를 처음 깨달았다는 어느 조폭 사형수의 일기도 생각났다.

그날 혜운은 홀어머니와 가을 국전을 더듬고 있었다. 대학강사인 어머니는 5십 줄을 넘어섰는데도 늘 소녀와 같은 감상과 감각을 갖고 있었다. 국전뿐이 아니다. 음악회나 발레 심지어 최신 째즈 쇼 같은 것도 일부러 보여주었다. 당시 혜운의 애인도 같이 동반해 주었다.

6·25때 경찰인 남편을 일찌감치 여읜 어머니는 남은 혼자만의 여생 시간을 그렇게 잘게 쪼개어 즐겼다. 그날따라 약속시간이 두 시간 지나서도 나타나지 않는 애인을 포기하고 혜운은 어머니와 단둘이 토요일 오후 덕수궁 분위기에 취했다. 어머니는 추상회화 쪽을 주로 감상했고, 혜운은 조각들의 숲에서 존재론적 이미지들을 찾았다.

해마다 비슷한 조형과 색(色), 선(線), 형(形) 등에 짜증이 났지만 일부 작품은 구상과 제목이 대담하고 반어적 실험성이 강한 것도 있었다. 소재나 이미지에 비해 필요이상으로 크기만한 추상, 반추상의 목각들 속에서 뜻밖의 반팔 크기 입상(立像) 목불(木佛)을 발견한 것이다. 그것도 그곳을 두어 번 반복했던 걸음 끝에 눈에 띄었을 정도로 별로 주목할 만한 것도 아니었다.

그러나, 단박 발걸음을 옮기기에는 무엇인가 아련한 호소력이 발뒤꿈치를 잡아끌었다. 뒤돌아와 다시 자세히 뜯어보아도 그렇게 정치(情致)하다거나 예민하지 못했다. 여름 장마철엔가 언뜻 얼굴을 내밀다가 가없이 허물어지는 구름 같은 이미지의 불상(佛相)이었지만 전체적인 영감이 강렬하고 날카로왔다.

그러나 그뿐, 어머니와 다시 대한문(大漢門)을 나서면서 까맣게 잊어버렸다. 그 후, 재수 때 학원 강의실 책상 앞에서 졸 때면 그 이미지가 선뜻 나타나곤 했지만 의식화까지는 못 되었다. 그런데, 그렇게도 원하던 동국대 인도철학과에 합격하고 본관 앞 캠퍼스 잔디밭에서 뒹굴기 시작하던 6월 언젠가부터 그 목불의 이미지가 집요하게 뒤통수를 다시 공중 폭격기로 출격하기 시작했다.

그것은 석조관 앞 한복판에 서 있는 청동입불상(靑銅立佛像) 부처의 깊은 음영 때문일지도 모른다. 나른한 오후 게으른 낮잠 속에서 청동 부처는 이따금 핵 미사일로 법문을 했다. 무슨 방언인지 산스크리스트어 원어인지 묘법연화경 귀절을 목탁소리를 배경으로 때렸다.

아아, 덕수궁 목불! 한쪽 귀가 잘려나간 괴불? '신랑의 미소' 기왓장 절반이 잔인하게 잘려나간 나무조각상이다. 강의실을 나들명거릴 때마다 청동입불상 앞을 지나치려면 벼락이 떨어졌다. 이 머꼬? 귀창이 짖어질 정도로 칼질을 해댔다. 목을 조이는 답답함과 갈증이다.

그렇다고 목불을 찾기 위해 중(僧)이 된 것은 결코 아니다. 어머니는 혜운에게 무슨 귀신 눈알이 씌었느냐며 무당까지 불렀다. '그런 쇠꼬리 고집불통은 어찌 네 아버지를 꼭 닮아 결국 자식까지 나를 버리느냐'고 어머니는 몇 번 기절도 했지만, 혜운은 결국

산 속으로 뒷걸음 쳐 버리고 말았다.

6.25 때, 의정부 미군 후송변원에서 한쪽 팔을 갈쿠리로 대신하고 나온 아버지는 또 다시, 자원 입대하여 설악산 공비토벌에 나선 것이다. 당시 설악지구 경찰경비대 대장이었던 아버지는 의병 전역임에도 불구하고 퇴원하자 곧바로 백의종군하겠다며 다시 산 속으로 들어갔다.

붕대로 칭칭 감은 한 손을 높이 쳐들고 오색약수터 골짜기로 뛰어 들어갔다. 어머니는 남편의 목숨을 건 조국애를 사랑했기 때문에 젊은 나이에 수절할 수 있었고, 유복자인 혜운을 위해서도 평생을 바칠 수 있었다고 했다. 그러나, 지금은 아들까지 산으로 올라갔다. 그때 남편의 뼛가루는 동해안 백두대간 태백산 꼭지에 묻었단다.

혜운은 어쩌면 이번 해제 문안 걸음이 갈공 조실의 마지막 모습을 보는 것일지도 모른다는 불안이 조여왔다. 지난 겨울 동안거 해제 때 뵐 때는 그 쩡쩡하던 평소의 몸집이 지푸라기처럼 무너져 있었으니까 말이다. 한번 넘어진 황소마냥 다시 일어나기 힘들어 보였다.

3.

요요한 달빛과 황황한 산 속, 새벽공기와 이슬로 몸과 맘을 씻어내며 팔공산 계곡 쪽으로 내려섰다. 멀리 새벽 첫 버스가 졸면서 다가왔다. 눈 못 뜬 새끼 강아지 같이 버스 안내양은 졸고 있고, 운전기사는 줄담배로 졸음을 끄집어내고 있었다. 앞 자리에 앉아 있는 손님들을 피해 뒤로 갔다. 절망을 선반에 얹고, 눈썹 아래까지 내려 쓴 밀짚모자를 벗었다.

「어머? 혜운스님 아니세요? 아니이, 이런 데서 만나다니… 아까 손을 들어 버스를 세울 때부터 어쩐지 어깨짓이 낯익은 모습이라고 생각했어요.」

혜운이 천천히 옆 좌석을 돌아다 봤을 때는 백합 같이 창백한 웃음이 환하게 다가왔다. 그 눈꼬리 끝에 연결되는 것은 '새미'라는 오랜 이름이다. 시커먼 토굴 속에 개똥참외같이 노오란 영양실조의 소녀 얼굴이 떠오른 것이다. 그러고 보니, 이 버스가 막다른 그 마을로 들어가는 노선이란 생각이 얼른 스쳤다. 행길 반대편에서 타야 하는 걸 깜박 잊었다.

「아니, 새미 보살 어쩐 일이세요?」

「보살이 아니라 숙녀아잉교, 나까지 처녀귀신 만들끼라요? 내사 어제 밤에 기차타고, 오늘 아침에 이 버스를 탔다 아이라예? 이거 아부지 약이라예…」

「아참, 달노인께선 편찮으시단 말 들었습니다만 요 몇 년째 못 가 뵈었군요. 그래 좀 어떻습니까?」

「글씨로 아부지는요? 정신이 사는 건지 혼령이 사는 건지 모르것다 안 카요. 맹물만 생키고 일주일이고 열흘이고 누워 있다가도 펄떡 일어나 또 칼질을 안 하능교. 무시라이…」

해안선을 따라 전국 사찰순례를 하던 어느 해인가, 산세가 유난히 돋보이던 지리산 쪽에서 몽유병자마냥 헤매던 적이 있었다.

산 새와 산 꽃에 취하여 저녁 해를 놓쳤다. 애장터 속을 뒤지다가 멀리 불빛을 발견하고서야 밤이란 걸 알았고, 비가 억수같이 쏟아지고 있다는 걸 느꼈다. 닫다가 오한과 공복이 엄습했다. 그 불빛에 자석 끌리듯 다가가 보니 암자 같은 토굴이었다. 낮이었다면 발견되지도 못할 오두막인데 야밤의 광솔불 때문에 발각이 된 것 같다.

이튿날 아침 공양시간에 습관적으로 눈이 떠졌다. 질척하고 냄새 나는 토굴 밖으로 나오니 나무조각 파편들이 어지럽게 동산을 이루고 있다. 나무결을 보니 참나무, 향나무, 오동나무 들이었다. 새벽 잔별 빛을 모아 오솔길을 따라 나섰다. 그 길목 끝은 낭떠러지였고 아침안개가 강을 건너오고 있었다.

토굴 뒤로 해서 올라갔다. 고개를 하나 넘자 어린애들의 돌무덤들이 재잘거리며 누워있었고, 그중에는 여우와 늑대들에게 파헤쳐져서 찢기워진 어린애 시체들이 드러나기도 했다. 어젯밤 폭우로 하얗게 씻기워진 뼈다귀들이었다. 공동묘지 한복판으로 해서 산중턱에 올랐다. 어디선가 폭포수 소리가 가슴 속을 냉갈령하게 씻어 내렸다.

혜운은 가부좌를 하고 앉아있던 바위를 손바닥으로 때리며 '화엄경'을 소리쳤다. 신비하면서도 음습한 분위기가 가슴 속으로 뱀 또아리 틀 듯 파고든다. 반나절을 그렇게 앉아있다가 다시 토굴로 돌아왔다. 나무조각 더미 위에 앉아있던 소녀가 혜운을 보자 손을 덥썩 잡고 토굴 안으로 끌었다.

「스님요, 공양 안 하능교? 울메나 기댜렸는디요…여게선 사람이 되기 그리운기라예…」

토굴 맨 안쪽 벽에는 촛불이 가물거렸고, 이끼같이 배인 향 냄새 뒤로 개금을 한 불상이 노려보고 있었다. 암자라기보다 폐광 같은 암울한 공기가 어떤 살기마저 띠었다. 미완성 목불상들이 여기저기 아무렇게나 어지러웠고, 크고 작은 조각칼들이 날을 세우고 있었다.

개미굴같이 뚫려있는 방 가운데 맨 안쪽에는 어느 백발노인이 등을 돌린 채 밤나무를 조각칼로 뜯어내고 있었다. '울 아부지 아잉교!' 그 소녀가 울가망하게 말하며 아버지를 몇 번이나 불렸지만 노인은 들은 척도 안 하고 통나무만 밀가루 반죽하듯 열중하고 있었다. 거의 어둠 속인데 관솔불이 불상(佛相)의 개금에 반사되어 칼날에 섬광을 일으켰다. 도깨비 놀음 같은 반사광이 벽을 난자하게 어지럽혔다.

「울 아베는 언캉 안 저렇능교, 몇 달 가도 말 한마디 안 할 때도 있능기라예, 무시라…」

그 소녀가 약5년전 처음 만난 새미였다. 나는 무엇인가 강렬한 호기심에 끌려 며칠을 그 토굴에서 묵기로 했다. 걸망을 불상 옆에 밀어놓고 우선 부삽과 곡괭이를 들고 애장터로 갔다. 파헤쳐진 돌무덤을 원상대로 다스려 주었다. 곧 끝날 것 같은 애장터 작업이 며칠 걸렸다. 돌밭이라 어렵고 힘들었다.

거의 일주일 남짓 되도록 달 노인을 정면으로 만나지 못했다. 벼랑 위에 위태롭게 뚫려있는 토굴엔 길 잃은 산바람이나 몰려다니는 낙엽들이 유일한 방문객이었다. 이따금 겨우살이에 쫓긴 산토끼나 다람쥐들이 스며들기도 하고, 밤이면 야수들이 토굴입구를 어정거리며 울부짖기도 했다.

혜운은 산 속의 칡이나 열매를 따다 새미에게 주기도 하며, 토굴의 겨우살이 준비를 거들어 주었다. 새미는 경계하면서도 몹시 따랐다. 혜운이 벼랑에서 염불하거나 폭포수에서 목욕할 때면 느닷없이 나타나 벗어놓은 옷을 가지고 도망치기도 했다. 같이 돌아오는 길목에서 새미는 토굴생활의 신비를 하나씩 벗겨가며 옛날얘기를 해주었다.

처음 산에 들어와서는 화전민 같이 옥수수를 비롯하여 고추, 참깨, 고구마 등 오밀조밀 엮어서 자급자족 했단다. 일부는 달 노인 마을에 내려가서 곡식이나 소금 등 일용품과 바꿔오기도 했다. 산새 울음소리며 풀꽃, 여우 얘기 그리고 어머니 얘기도 늘어놓았다.

산자락을 휘감고 넘어가는 애장터 돌무덤도 많았지만 무엇보다 토굴입구의 찬바람이 마음에 걸렸다. 겨울나기 대비는커녕 식량준비도 속수무책이다. 예전 같으면 달 노인이 달랑 마을에 내려가 필요한 곡식이며 소금 성냥 등을 준비하는데 작년 겨울부터는 거동에 불편하여 그만큼 늦어진단다. 이제 목불상 조각일만 겨우 지탱하는 정도라고 했다.

새미는 도망간 어머니 얘기를 할 땐 눈물 같은 걸 적셔내기도 했다. 찢어지는 가난과 아버지의 고집으로 어머니는 3번째 가출을 했고, 4번째 나간 이후는 여태 돌아오지 않고 있단다. 한때 집승의 젖이며 동네 아주머니의 동냥젖도 얻어먹었던 새미의 오빠는 5살 때 애장터에 묻혔다.

 부산으로 다시 나가자는 어머니의 주장을 아버지가 고집으로 맞서자 어머니는 결국 가출했단다. 어머니도 부산 동아대 동양화과 출신이란다. 새미는 아버지의 영혼이 배여 있는 그 조각들을 어머니가 파는 걸 보지 못했다. 아들이 병 들었는데도 시내 병원에도 데려가지 않았다. 아무리 가난해도 아빠의 영혼을 팔 수는 없다고 했다.

 이따금 안국동 화랑 주인들이나 화가 스님들이 찾아와선 푼돈을 놓고 가기도 했다. 혜운은 우선 이 가을 추수라도 해주고 떠나자면 여기저기 일궈 놓은 콩, 고추, 고구마 등을 거두어야겠다고 생각하고 서둘렀다. 새미와 출세간에 묘한 인연의 업보 같은 걸 헤아려 보다가 혜운은 머릴 저었다.

 한밤 중 달만 뜨면 미친 듯이 나무를 파내는 달 노인의 모습이 거통스럽다. 달빛을 등지고 능엄경을 읊조리며 나무를 떡 주무르듯 하는 그의 모습 자체가 하나의 조각 같았다. 거문고 타는 듯이 물결쳐 나가는 그의 손끝에서 불사출의 음양 윤곽이 드러나기 시작했다.

 마치 그 불상이 바닷 속에서 천천히 떠오르는 듯 황금빛으로 내비쳤다. 그것은 그가 조각을 하는 것이 아니고 파도가 요동치면서 자연스럽게 불상을 만들어 내는 것 같다. 그렇다고 달 노인의 작업이 꼭 밤에만 이루어지는 것이 아니었다. 어떤 때는 밤낮으로 몰두하기도 하고, 또는 계속 며칠을 눈 한번 안 뜨고 잠에 빠지기도 하고, 모가지만 내놓은 채 계곡 물 속에서 그대로 며칠을 뜬 눈으로 지새울 때도 있었다.

초인인지 귀신인지. 어쨌든 미쳐 있는 것만은 분명하다. 이제는 정말 떠나야겠다. 혜운이 양잿물에 염의(染衣)를 빨고 있는데 달 노인이 뜬금없이 나타났다. 세탁하는 모습을 말없이 지켜보던 달 노인이 앞장서 나갔다. 처음으로 그의 비밀한 작업실로 안내했다. 지나면서 훔쳐보던 그 작업실 안쪽에는 또 조그만 토방이 있었다.

그 아뜨리에는 크고 작은 불상들이 어지럽게 널려있었다. 입상, 좌상, 와상 또는 웃는 모습, 찡그린 모습 등의 불상들이 많았다. 불상 외에 독수리, 호랑이, 늑대 등 야생 동물들도 있었다. 깜짝 놀랐지만 태연하게 그가 안내하는 대로 따라갔다. 느린 그의 동작 속엔 격렬한 몸부림 같은 게 흘렀다. 강한 것이 약한 것이고, 약한 것이 강한 것이라는 초극같은 거?

그의 미쳐 있는 눈빛에 혜운은 어떤 전율을 감전 받으며 불상들을 찬찬히 훑어나갔다. 맨 안쪽 구석에 얼굴이 반쯤 잘려나간 목불을 발견했다. 아아, 손바닥 위에 올려보았다. 덕수궁 국전에서 보았던 그 목불이다! 기절할 것 같은 충격을 참아내며 등 뒤에 있는 달 노인에게 눈으로 물었다.

그는 웃는 건지 우는 건지 꺼억! 호랑이 울음소리를 내더니 가지라고 손짓했다. 그 목불을 가지고 토굴 밖으로 가지고 나왔다. 갑자기 천근무게로 압박되어 도저히 발이 움직여지지 않았다. 겨우 제자리에 놓고서야 발뒤꿈치가 띄어졌다. 이상한 일이다. 목불을 전혀 움직이지 못하게 하다니?

혜운은 식은땀을 훔쳐내며 달 노인의 뒤를 다시 따라나갔다. 멀리 간절곶이 보이는 바다를 내려다보며 혜운은 달노인과 오랜만에 다시 마주 앉을 수 있었다. 농주병을 달게 비워가며 달 노인은 엉뚱한 심청가 창(唱)을 읊었다. 별빛 사이로 핏덩이가 흘러나오듯 응어리진 한 같은 것이 그의 목구멍에서 터져나왔.

달 노인은 자기의 무엇인가를 절규하며 몸부림쳤다. 도망간 아내에 대한 한일까, 시집 못 간 새미에 대한 한일까. 세상 사는 게 어디 한이 한 두 가지이겠는가. 더구나 예술에 미친 사람들은 마네 같이 모두가 자기 귀를 도끼로 찍어내고 싶을 것이다.

「혜운 스님이 찾아다니는 그 불상이란? 그냥 그림자에 불과합니다. 또 설사 그 괴불을 만난다 해도 또 그 이후 어떻게 할 것입니까?」

「글쎄요? 그 다음은 생각해보지 않았군요? 전 그냥 만났으면 좋겠다는 것 뿐이었습니다.」

「스님! 이 순간 그냥 만났다! 고 한번 생각해보십시오. 옛날 덕수궁 국전에서 보았

던 그 불상을 지금 이 순간에 여기서 이렇게 보았다고 생각해보십시오. 여기 그 괴

불이 분명히 여기 놓여 있지 않습니까?」

혜운은 하늘 끝을 올려보았다.

「내 얼굴을, 내 눈을 피하지 말고, 똑바로 보십시오. 대관절 당신은 무엇을 찾고, 무엇을 원하는 것입니까? 세상은 그림자일 뿐

입니다. 목불도 한낱 이미지이지요. 돌아서면 인생 자체가 그림자 아닌가요?」

4.

그날 밤, 혜운은 반쪽이 날라간 목불이 언뜻 표범이 되어 자기의 얼굴을 물어뜯는 악몽에 시달렸다. 동이 트자마자 혜운은 걸망을 찾아매고 도망치듯 그 토굴을 빠져 나왔다. 그런지 거의 오륙 년쯤 되었을까, 다시 새미를 만나게 된 것이

다. 그 때의 소녀가 지금은 숙녀로 싱싱한 물이 올라있다.

첫 번째의 인연과 같이 이번의 해후도 다소 엉뚱하다. 우연이 필연이고 필연이 우연 아닌가. 태어나는 것은 죽어가는 것이고, 죽는 것은 다시 태어나는 것이다. 차를 이쪽에서 타든 건너편에서 타든 한 바퀴 돌아오는 원점은 같은 것이다. 동서남 해안의 끄트머리는 어디에 닿는가 태백산 꼭대기인가?

갈공 큰 스님이 내준 보물찾기는 어디에서 끝날 것인가? 갈공한테 해제 문안 드리러 가는 길에 엉뚱한 곳에 잡힌 셈이다. 우연히 새미를 만난 게 아니고 이미 새미가 혜운의 법주사 하안거 해제 일에 맞추어 와서 몰래 뒤를 따라온 것이다.

「아부지요. 지가 안 왔능겨, 퍼떡 일어나 보이소. 혜운 스님도

안 왔능겨?」

새미가 토굴에 들어서자마자 작업실로 달려갔다. 반듯이 누워 천장을 노려 보고 있는 달노인은 요동도 하지 않았다. 눈꺼풀이 푹 내려앉은 달 노인을 내려다 보고 있던 혜운은 합장을 했다. 곧 열반에 들 것 같은 해골이었다. 애장터 옆에다 다비식 준비라도 해야할 것 같은 생각이 들었다. 그러나, 달 노인은 그렇게 쉽사리 숨 넘어가진 않았다.

새미가 얻어온 한약 뿌리 때문인지 조금씩 화색이 돌더니 사흘만에 자리를 차고 일어났다. 어디서 그런 철사줄 같은 힘줄이 뻗어나간 것일까? 달 노인은 목불 작업장을 아예 야외로 옮겼다. 폭포수 옆 절벽 밑은 평소 그가 폭주에 폭음에 폭소에 스스로 기절하곤 하던 곳이다.

새미가 가리켜주는 바위굴 속에서 혜운은 밤나무 박달나무, 오동나무 등을 그 폭포수 절벽 밑 작업장으로 옮겨주었다. 그 속에 재여 있는 나무들은 간절곶 앞 바다 물속에서 3년을 재웠다가, 다시 햇볕에 말리기를 3년 그리고 이 바위굴 속에서 3년 도합 9년을 재이면서 달 노인이 하나씩 꺼내 쓴다고 했다.

달 노인은 새미의 눈물 섞인 깨죽이나 밤죽도 날캉 물리치고, 바위틈에서 나오는 정하수만 받아 마시며 작업에 열중했다. 벼랑 끝 위험천만의 바위 위에서 가부좌한 채 명상에 잠겨있다간 미친 듯 나무를 파내곤 했다. 불안했지만 누구도 접근하지 못했다.

어쩌면 그가 이 세상에서 마지막 염원하던 불상을 남기려고 용을 쓰는 것 같기도 하다. 혜운은 새미의 손목을 이끌고 애장터를 올라가 손질해 주었다. 새미의 동생 5살짜리 무덤에 법주사 대웅전 지붕 위에 피던 노란 풀꽃들도 꺾어다 심어주었다. 산 속의 일이 끝나면 달 노인의 작업장을 멀리 들렀다가 내려오곤 했다.

 혹시 시체로 드러누워 있을지도 모르기 때문이다. 그가 깡술에 취해 있을 때는 몰래 숨어들어가 작업진행 상황을 살펴보기도 했다. 무엇이 그에게 죽음 이상의 혼불을 지펴놓는 것일까. 마지막 피맺힌 이슬 한 방울이라도 아껴 열중하고 있는 그의 불상조각들을 돌아볼 적마다 나는 왜 내가 직접 조각하는 것마냥 이렇게 흔들리고 있을까?

 괜히 새미를 따라 온 것이 후회가 되기도 한다. 덕수궁 목불상 이후, 뼛속으로 스미는 전율 같은 것. 황혼 대 낮과 밤의 갈림길에서 던져주는 환희와 환멸과 법열이 춤추는 관솔불과 향 내음이 함께 악패듯 살아나온다.

「스님! 무엇을 그렇게 들여다 보십니까? 아무리 찾아도 그 속에는 괴불이 없습니다. 괴불은 어디에도 없고 스님 마음 속에만 있는 것입니다.!」

「네에? 나는 중이 아니고 땡초일 뿐입니다.」

「용서하십시오 스님! 나는 당신이 통도사 갈공 조실의 수좌라는 걸 진작에 알고 있었습니다.」 네에? 혜운은 자칫 헝클어지는 실타래 같은 낭패감으로 달 노인의 눈을 올려다 보았다.

「그 목불상이 덕수궁 국전에 입상하지 않았더라면 나는 이곳에서 이렇게 썩지 않았을지도 모릅니다. 나는 금상에 자만했습니다. 대작을 꿈꾸고 주위의 모든 것을 포기했습니다. 아내도 아들까지도… 나는 한국 최고의 조각가, 목불 무형문화재 승계자로 꼭 될 수 있을 것이란 거통을 가지고 있었습니다. 그러나 지금 이렇게 시간도 예술도 인간도 다 잃어버렸습니다.」

「무슨 말씀이신지요? 지금 이 작품도 제가 이제껏 보아 온 보물들 가운데 가장 생명감 있는 대작입니다.」

「아닙니다. 이 작품도 샐패작입니다. 벌써 며칠 전부터 부정 타고 있습니다. 일전에 스님이 보신 그 반쪽 목불상이 바로 덕수궁 국전의 내 입상작이었습니다.」

먹구름 속의 그믐달이 숨바꼭질하고 있었다. 달 노인의 낮은 음성은 입술에서 나오는 것이 아니고 눈동자에서 소리 없이 소리치는 것 같았다.

「나도 한때 통도사 조실에게서 시퍼런 삭발도 하고 불침도 받으며 용맹정진 했습니다. 그러나 인간세상 인연이 뜨거워선지 실패했습니다. 조각쟁이로서 진실한 부처상(佛相)을 찾아 전국 절간을 찾았지만 결국 맨 처음 떠났던 이곳으로 다시 돌아오고 말았습니다. 지금 당신이 나와 비슷한 전철을 밟고 있는 것입니다.」

「네에 나도 한때 탱화와 전각에 좀 미쳐서 인도철학과를 다녔지만 쳤지만 지금은 다 버리고 그저 땡초일 뿐입니다.」

「아닙니다. 나는 사람들의 눈썹만 꿈틀거려도 척 압니다! 여기는 혜운 스님 외에도 서울에서 모모한 미대 교수들이 몰려오곤 합니다. 그리곤 여기 이미지들을 훔쳐다가 국전에 비슷하게 내밀곤하지요… 우습지요. 인간의 욕망이란게.」

새미가 칙 즙을 짜낸 한약을 즤 아버지에게 드렸다.

「그러나, 스님, 나는 이제 한계점으로 주저 앉았습니다. 어떤 진상(眞像) 이미지를 승화시키지 못하고 있습니다. 그래서 도끼로 찍어버렸습니다. 그런데, 그 남아있는 그 반쪽이 오히려 시퍼렇게 살아서 나를 계속 몰아부치고 있었던 것입니다.」

통도사 갈공 조실의 오도송(悟道頌)이 바람결에 들리는 것 같다. '보현보살 털구멍 속으로 깊이 들어가 문수보살을 붙잡아 패배시키니 대지가 한가하더라. 동지에 볕이 나니 소나무는 스스로 푸르고 석인(石人)은 학을 타고 청산을 지나가네.'

이제서야 까마득하던 그 의미를 조금 인지할 것도 같다. 혜운은 다시 합장했다. '아제아제 바라아제 바라승아제 모지사바하…' 그런 일이 있는 후 며칠이 지났다. 새벽 공양을 위해 새미를 앞세우고 폭포수 절벽에 갔던 혜운은 그 자리에 멈춰섰다. 달 노인이 평소의 가부좌 자세로 열반에 든 것이다.

가벼운 사람가죽 타는 비릿한 기름냄새가 코끝을 스쳤다. 달 노인은 나무에 기름을 먹일 때 쓰는 기름통을 머리끝에서부터 거꾸로 붓고 스스로 관솔불을 당긴 것이다. 새미는 이미 예견한듯이 흐트러짐이 없이 등신불(等身佛) 아버지 앞에 합장을 했다.

달 노인의 육신은 쇠붙이 같은 기름 덩어리로 남았다. 신라 왕자가 중국 산동성에 등신불 지장보살로 남아있다. 근처 폭포수 바위에는 달 노인의 혈서도 빨간 구렁이 같이 살아서 기어가고 있었다. '木佛不渡火 土佛不渡水 金佛不渡爐' 가소롭다. (木佛은 불에 갈 수 없고, 土佛은 물에 갈 수 없으며, 金佛은 용광로에 갈 수 없으니…)

결국, 나무는 불에 타고, 흙은 물에 무너지고, 쇠붙이는 용광로에 녹아버리고 마는 게 아닌가. 뒤돌아서면 그냥 한낱 그림자에 불과한 걸… 무엇을 바라고 목숨을 걸고 욕망을 헛되이 해왔는가. 혜운은 등신불 달 노인 앞에 꿇어 앉았던 무릎을 폈다. 먹구름이 다시 하늘을 가렸다.

--- 내가 그렇게 찾으려던 목불이란 바로 달 노인의 그 반쪽이었구나. 목불을, 목숨을 밖에서 찾는 게 아니고, 바로 내 마음 안에서 찾아야 하는 것을! 아니, 그 이미지를 마음 속에서 스스로 만들어 내야 한다는 것을! 영원한 목불이란 없다. 세상 모든 게 사물이 아니고 정신이 아닌가?

혜운은 달 노인의 다비식을 끝낸 다음 애장터를 마지막으로 돌아보았다. 갈공 조실이 몰아부친 '괴불'이 바로 그곳에 있었다. 정수리가 번쩍 번개를 쳤다. 아찔하다. 때마침 쏟아지는 폭우로 달 노인의 육신과 목불상과 혈서는 냉갈령하게 씻겨져 골짜기 폭포수와 함께 떠내려갔다.

혜운의 마음 속엔 오히려 달 노인의 혼령이, 진언(眞言)이, 깨달음이 시퍼렇게 살아서 배꼽에 꿈틀거렸다. 혜안(慧眼)이 뻥 뚫렸다. 새벽 별, 이슬 같은 삽상함이다. 다음 날, 혜운은 걸망을 메고 토굴 앞에 섰다. 새미가 따라 나왔다.

「혜운 스님, 이제 저도 머리를 깎고 다시 통도사 뒤 가사암(袈裟菴)으로 들어가겠습니다. 용맹정진 후, 돌아와 아버지의 흔적을 제가 다시 일으켜 볼 생각이에요. 이 토굴을 지키고 싶어요. 아프리카 수단에서 아직도 그림 그리고 있는 엄니도 모시고 올 거예요.」

혜운 스님은 골짜기를 내려가는 새미의 걸망 뒤를 한참 내려다 보았다. 아, 맞았어!

내가 목숨 걸고 찾았던 '목불'은 바로 달 노인의 얼굴이었어! 아니 내 마음이었어! 혜운은 무릎을 쳤다. 모든 게 공(空)이 아닌가?

목불이란 허상도, 달 노인이란 실상도 뒤돌아 서면 한낱 '그림자'이다. 새미의 흔들며 내려가는 크나큰 엉덩이를 보고 대오각성하다니? 통도사 갈공 조실에게 이번에는 무엇이라고 인사를 드려야 할까? 어금니 새로 웃음이 삐져나왔다.

문무겸전文武兼全한 청년 신상성

고 승 철
(소설가, 전 문학사상 사장)

2017년 초여름 어느 날, 낯선 분의 전화를 받았다. 고등학교(마산고) 선배란다. 그런데 말씨가 경상도 사투리가 아니고 서울 표준어여서 어리둥절했다. 으레 고교 선배는 지독한 사투리를 구사하는 분이라는 고정관념이 내 머리 속에 깊이 박혀있기 때문이었다.

"22회 신상성입니다."

"예? 예…."

'신상성'이란 문명文名은 익히 들었기에 얼른 알아채긴 했지만 주인공이 나에게 직접 연락하실 것이라곤 전혀 예상치 않았기에 반색하는 데엔 약간의 시차가 있었다. 나는 32회이므로 딱 10년 선배이다.

용건은 한·중 작가 공동작품집을 내는 일이었다. 나는 장편소설 몇 권을 내긴 했지만 그런 프로젝트에 낄 만한 깜냥이 못 되는 무명작가에 불과했다. 신 선배는 마산고 개교 80주년 기념문집에 실린 내 작품이 수작秀作이라며 칭찬했다. 나도 그 문집에 게재된 신상성 작 단편〈탈춤〉을 읽고 깊은 감명을 받은 바 있다.

나는 작품집 발간에 동참하기로 하고 참가 문인 10여 명이 모이는 첫 회합에 나갔다. 서울 역삼역 부근의 식당에서 신 선배를 처음 뵈었는데 악수를 할 때 뭔가 묵직한 느낌이 드는 게 무인武人의 기운 같았다. 선배는 무술 분야에도 꽤 정진한 것으로 나중에 알았다. 선배는 초록색 무늬가 화려한 하와이풍 상의를 입었는데 꽤 '패셔너블'하게 보였다.

이 프로젝트에 나는 '전경련회장 실종사건'이라는 단편을 제출했다. 추진 과정에서 선배는 여러모로 헌신적으로 앞장섰으나 우여곡절 끝에 출판 건은 무산되었다. 그래도 훗날〈한반도문학〉에 이 작품은 게재되었다.

그날 첫모임에서 만난 문인 가운데 소설가 윤혜령 선생은 탁월한 감수성과 날카로운 관찰력을 지닌 분인데 그때 인연으로 내가 몸담은 나남출판사에서 『꽃돌』 『가족을 빌려드립니다』 등 윤 선생의 작품집 2권이 나왔다.

신상성 선배는 1960년 봄에 마산고에 입학해 1963년 초 졸업하고 동국대학교 국문학과에 진학했다. 1960년 3월 15일이 어떤 날인가? 제1공화국 정부와 집권 자유당이 합작으로 대규모 부정선거를 치른 날 아닌가. 이른바 '3 · 15 부정선거'이다. 이때 마산의 열혈 청년들과 시민들은 분연히 일어나 부정선거를 성토하며 이승만 대통령의 하야를 촉구했다.

  마산고 신입생인 까까머리 소년 신상성군도 시위대에 들어가 목청을 높였다. 마산상고 신입생인 김주열 군도 시위에 가담했는데 김군은 경찰 최루탄이 눈에 박힌 시신으로 4월에 마산 앞바다에서 발견되었다. 참담한 모습의 이 발견으로 제2차 마산의거 로 터졌다.

  분노한 신상성군은 신마산 반월동 같은 동네 마고 동료와 선배들과 함께 마산경찰서로 몰려가 경찰서장 지프차를 마산역전 앞으로 끌고갔다. 지프차의 휘발유를 빼내어 불질러 버렸다. 이때 신상성군 등은 휘발유 폭발로 목 아래로 심한 화상을 입었다. 누군가 사전에 예고도 없이 갑자기 휘발유 통에 불을 던져버린 것이다.

  마고 선배가 기절해버린 신상성군을 급히 업고 반월동 언덕빼기 김완길 병원으로 뛰었다. 그 병원 지하실에는 마산고교와 성지여고 등 몇 명의 학생이 극비로 치료를 받았다. 중화상 소문이 교내에 쫙 돌았다. 신상성군은 그때의 흉터가 지금도 일부 그대로 남아있다.

  결국 마고 교장이 마산경찰서장을 직접 만났다. "이제 더 이상 어린 학생들이 희생되어선 안 된다"고 강변하여 경찰서 유치장에 잡혀 있던 학생들을 인솔해 오기도 했다.

  마산의거 제1차는 3월15일 전후부터 시작되어왔다. 그리고 제

2차 4월 11일부터 더욱 폭증되었다. 마산시내는 매일 뒤집어지고 여기저기 불에 탔다. 서울의 국회의원과 중앙검찰단 그리고 해외 기자들의 카메라까지 몰려들었다. 아직은 어린 고교 1학년 김주열군의 시신이 언론에 보도되자 격분한 국민들이 전국에서 대규모 시위를 벌여 마침내 4·19 혁명이 일어났으며 이승만 정권은 무너졌다.

신 선배의 고교 동기생들은 한결 같이 "신상성군은 의협심이 강하고 문학적 감수성이 뛰어나 문무겸전文武兼全한 소년이었다"고 증언한다. 지역 언어인 사투리를 쓰지 않는 언어소수자로서 신상성 소년은 아마도 적잖은 고충을 겪었으리라. 촌놈들의 터무니없는 텃세가 심했을 때였으니…. 그래도 소년은 특유의 친화력으로 이겨냈으리라.

6·25 전쟁 때 마산으로 피난 갔다가 마중-마고까지 다닌 것이다. 마산도 부산처럼 북한 인민군에게 점령당하지 않아 피란민들이 몰린 도시다. 문화예술인 다수도 마산으로 갔는데 김춘수 시인, 김남조 시인은 마산고에서 국어교사로 근무했다. 마종기 시인은 서울중학교를 다니다 마산중학교에서 학업을 이어갔다.

신상성 소년이 고교생일 때 마산고는 문학전성기를 맞았다. 그 몇 해 선배인 이제하군은 고교생인데도 이미 스타 시인이 돼 있었다. 천상병 시인도 마산고 재학 때 문재文才를 드러냈다.

나는 신상성 선배의 1979년도 동아일보 신춘문예 소설 당선작 '회귀선'을 찾아 읽었다. 월남전 참전체험을 핍진逼眞하게 그린 명작이었다. 이 밖에도 다른 여러 작품을 일별하니 치열한 구도求道의 길을 걷는 불제자에서부터 깡패, 사기꾼까지 다양한 인간 군상을 등장시켰다. 그만큼 작가의 발품 범위가 넓고 사유의 깊이가 심오함을 알 수 있었다. 소설뿐 아니라 문학박사답게 여러 문학이론서를 냈고 시, 수필도 다수 발표했으니 그 열정과 성실성에 머리 숙여 경의를 표한다.

청년의 악력握力, 호걸 같은 목소리, MZ 세대의 언어감각을 지닌 신상성 선배가 팔순이라니! '나이는 숫자에 불과하다'는 상투적인 표현을 들먹이지 않을 수 없다. 앞으로도 오래오래 거침없는 문필로 광대무변한 우주와 복잡다단한 인간을 묘파描破하시기를 기원한다.

신상성 교수님과의 인연

이 근 일
(용인대 부총장)

　1992년 연초에 안산 모처에서 고인이 되신 김병수 교수님과 남덕현 교수가 함께 떡국을 먹었는데 그 떡국이 맛이 좋아한 그릇 더 먹었던 기억이 납니다. 첫 만남은 이렇게 이루어졌지요. 그때 참 재미있게 의미 있는 말씀을 해주셨는데 그 기억이 지금도 생생합니다. 교수님께서도 기억하시지요?
　교수님께서는 격의 없이 임의롭게 그리고 장난기 있게 농담 잘 하시고 쾌활하신 분이지만 일하실 때는 멀리 보면서 신중하시고 철저히 하시는 모습을 곁에서 많이 보았습니다. 또 유쾌하시고 젊게 생활하셔서 저희들과 비슷한 나이로 착각을 한 적도 있었습니다.
　교수님께서는 공수부대 출신에다가 월남전 전투군인이어서인지 강인한 정신의 정서가 우리 체육인들과 잘 통했습니다. 그래서 본바닥 체육학 전공인 저하고 형님 동생 관계가 쉽게 만들어졌고 함께 직장생활을 하는 동료 교수로서 교내문제와 세상의 삶에 대한 이런저런 일들을 함께 의논해 왔습니다.

[용인대 35년사] 발간집필위원장으로서 연도별로 꼼꼼하게 자료수집을 하심은 물론 편집위원들을 격려해 나갔습니다. 학교에 없는 자료는 졸업하신 선배 동문들과 재직 고참 교직원 여러분을 수없이 찾아다니며 자료를 하나하나 증언을 통하여 모으셨던 모습이 지금도 선합니다.

또한 본교 출신으로서 생생한 현장역사 기술을 위해 저를 집필위원으로 선정해 주셨고 어려움이 많았지만 성공적으로 집필할 수 있도록 도와주셨습니다. 본관에서 모여 집필에 대해서 의논하고 방향을 고민하던 그 모습이 생생하고 최초의 본교역사의 집필이라서인지 보람도 컸습니다.

그렇게 어려운 학교 일들을 함께 참여하면서 서로 알고 이해하게 되어 기회 될 때마다 함께 식사하고 의논하면서 학교생활을 재미있게 하던 중 신교수님께서는 정년퇴직을 하셨습니다.

퇴직 후에도 제가 상의드릴 일 있으면 찾아 뵙기도 하고 기회 될 때마다 조촐하지만 식사하고 서로의 안부 대화 나누어 오고 있습니다. 그때마다 교수님께서는 그동안 집필하셨던 책들을 빠뜨리지 않고 꼭 챙겨주셨습니다. 저의 '체육생리학' 등 전공서적의 머리말 등도 유쾌하게 써주었습니다.

특히 국내에 사이버대학이 개교하면서 한국 최초 84개 대학의 컨소시엄으로 만든 '열린사이버대학교'(OCU)이 탄생되었습니다. 그 OCU 강의제목을 정할 때 많은 고민 속에 결정하지 못하여 교수님께 의견을 구한바 '살빼기 운동과 영양조절'이란 제목을 즉

석에서 작명해 주셨습니다.

　탁월한 그 강의제목으로 OCU 수백개 강좌 중 22년째 최고의 수강생을 자랑하는 베스트 수강과목이 되었습니다. 또한 제 자식이 외국에 공부하러 갈 때에는 자기소개서도 교정해 주시는 등 여러 가지로 가까이 모시게 되었습니다. 제 자식은 며느리와 함께 미국 하버드대학교에서 석사와 박사학위를 취득하여 현재 교수가 되었습니다. 이렇게 도움을 많이 받으면서 살아왔으니 교수님은 저에게는 등대이고 나침판이셨습니다.

　교수님! 어느덧 세월이 흘러 저도 이번 학기를 끝으로 저도 정년퇴직을 하게 됩니다. 앞으로 교수님과 함께 펼칠 삶이 더 의미있고 재미있는 삶이 되도록 노력하겠습니다. 교수님의 좋은 가르침을 잘 받은 결과 저는 그동안 학교생활 하면서 교육대학원장 때는 전국 교육대학원(138개)평가에서 1등(A)을 받아 교육부에서 59명의 학생을 증원해 주었습니다.

　제가 부총장 재임 때는 용인대가 국가재정지원 제한 대학에 묶여서 대학의 운명이 기로에 서기도 했지요. 그때 저는 부총장의 책임을 다하기 위해 목숨 걸고 학교 안팎으로 뛰었습니다. 덕분에 발묶인 쇠사슬 해제가 되었고 오히려 지원금 2억7500만원을 국회교육위원회와 교육부의 경제적 지원을 받는 등 좋은 결과를 이루기도 했습니다.

　이러한 돈독한 관계는 또, 아드님 신경환 교수대에로 이어져 신교수 주변분들과도 자연스럽게 좋은 관계로 지내게 되었고 생활 반경도 넓히게 되었습니다. 제가 교수님께 가끔 드리는 말씀이 있습니다. 저는 부러운 사람이 없는데 글을 잘 쓰셔서 교수님이 참 부럽습니다! 라고 말씀을 말씀드린 적이 있습니다.

 이제 팔순이 되시는데 나이 80에 진입하는 비율은 동년배의 30%정도 라고 합니다. 최근 교수님께서는 화친에서 청계닭 키우고 버섯재배, 채소재배 등을 준비하고 있다고 들었습니다. 건강하게 제2의 전성기를 위한 전원생활이 성공하시기 바랍니다. 최고의 걸작들을 배출하시는 황금기를 맞이하시고 항상 건강하십시오. 형님! 90, 100, 120세까지 만수무강하십시오. 늘 감사드립니다.

- 용인대 이근일 올림

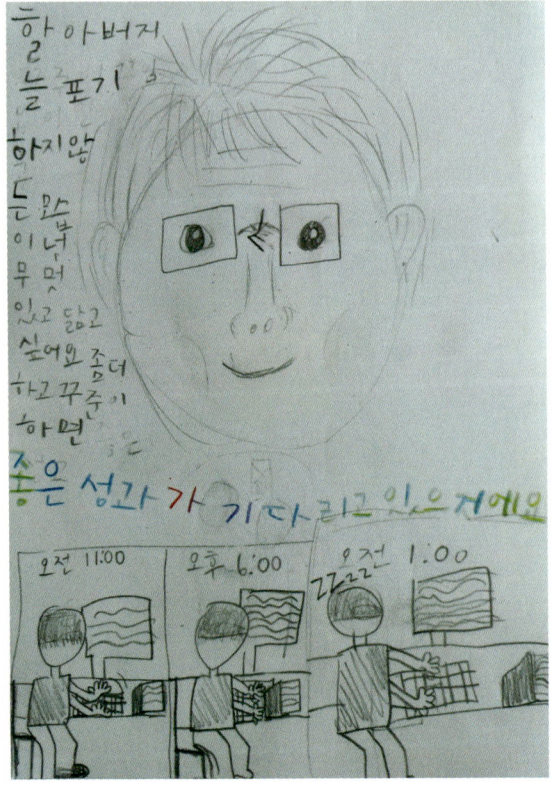

동악(東岳)에서 닦고
《한반도문학》에서 놀다

최 명 환
(문학평론가. 공주교대 명예교수)

사람들은 언제 어떻게 동문임을 느끼게 될까요? 학술 행사, 동문 모임, 축하 현장, 모교 방문에서 반갑고 기쁘고 즐겁고 흐뭇한 가운데 동문의식이 다져질 것입니다. 나는 동국대학교에서 석사학위를 받았습니다. 그 뒤 두 차례 동악 학술 행사에 참여했으나 동문 모임에는 거의 나가지 못하였고, 축하할 일은 알지 못해서, 축하받을 일은 아예 없어서 멀어지고 말았습니다.

내 공무원 신상카드 경력란에는 해를 거른 빈칸이 있습니다. 1968년에서 1970년 3월까지 9사단 백마부대와 주월한국군사령부 근무를 마치고, 월남에서 현지전역하여 1970년 4월부터 1971년 2월까지 주월 미군속 PA&E회사에 근무하고, 그해 3월 귀국했습니다. 그리고 1973년 10월 평택 한광중학교 교사가 되기 이전까지 3년 6개월 동안 사회적응 과정을 거쳤습니다. 당시 회사의 신입사원 응모 자격은 4년제 대학 졸업예정자였습니다. 초급대학(2년제 교육대학 졸업)을 졸업하고는 기업체에 취직할 수 없었습니다. 그래서 이런저런 일을 해보다가 사회적응이 거의 불가능하다는 판단에서 1972년 서울시 중등교원 자격검정고시에 합격해 국어과 교사자격을 취득하고, 1973년 10월 평택 한광중학교 교사가 되어 빈칸을 채우기 시작했습니다.

한광중학교가 경기도 평택에 있어서 1973년 제1회 서울시 순위고사에 합격하고, 임시교사를 거쳐 1975년 5월에 서울특별시 광희중학교 발령을 받았습니다. 여기서 국제대학(현재 서경대학교) 국문과에 편입하여 1979년 학부 과정을 마치고, 같은 해 8월에 성동기계공업고등학교로 옮겼습니다. 그리고 근무 학교에서 가장 가까운 동국대학교 국문과 석사과정에 입학했습니다. 나는 석사과정에서 신상성 학형을 만나기까지 빈칸 경력을 채우기 위하여 맨발로 뛰었습니다. 동갑내기인 신 형도 뒤늦게 대학원에 등록했던지라 우리는 곧바로 동지애로 가까워졌습니다.

1981년 봄, 신 형은 대학원생 중심의 수필집을 기획하고, 나에게 꼭 원고를 내야 한다고 강권하였습니다. 처음으로 원고 청탁을 받은 셈이어서 뿌듯했지만 석사논문 준비하며 다른 주제에 사로잡히기는 버거워 사양했으나 신 형은 끝까지 고집하며 내 원고를 받아내었습니다. 나는 중고등학교에서 국어교과서의 여러 갈래 담문(談文 text)을 가르쳤습니다. 그런데 내가 필자가 되어 창작 과정에 몰입하게 되자 '글가르치기'와 '글쓰기'가 완전히 딴판이라는 사실을 처음 알게 되었습니다. 국어 수업은 분석에 재미를 곁들이면 학생을 사로잡을 수 있습니다. 분석은 독해 방법에서 터득한 원리 적응이 효과를 내었고, 재미는 월남 최고의 격전이었던 구정공세 때 잡혀 온 포로 취급 경험담을 들려주어 흥미를 돌웠습니다. 그런데 신 형이 던진 수필 한 꼭지는 왜 써야 하는가, 무엇을 쓸 것인가, 어떻게 써야 하는가로 집필동기, 존재이유, 사고방식으로 고민스러웠습니다. 이때의 소태 씹은 맛을 뱉어낸 결과가 〈꿈동이들의 이야기〉였습니다. 신상성 형은 그때부터 나를 놓지 않고 오늘에 이르렀으니 가장 질긴 학연이 아닐 수 없습니다.

신상성 교수님은 1980년대 내가 냉천동에 살 때 우리집 마루에 쌓아놓은 책 가운데서 월간지는 버려야겠다고 하자 그 가운데 월간 《세대》를 챙기셨습니다. 신 교수님은 내가 갖고 있던 월간지에도 애정을 보여주셨습니다. 그럼에도 나는 《인도의 향》(채운재, 2010)을 받아 읽고 소감을 써야 한다고 생각은 하고도 손이 따라 주지 않아 12년이 흘렀습니다. 창작 목적, 소재, 방법으로 소태맛을 보았지만, 우리집 마루를 가득 채웠던 책더미에서 읽었던 참고문헌을 찾아내기만큼 어렵고 힘들었습니다. '글쓰기 원리 탐구'로 나아가는 길은 그렇게 가파르고 험난했습니다. 손이 따라주지 않는다는 진술은 진통과 난산을 함축한 표현이라 하겠습니다.

2011년 12월 2일 낮 12시에 인사동 '여자만(汝自灣)'에서 시인과 소설가와 자리를 함께했습니다. 신경림 시인은 동국대학교 석좌교수이고, 신상성 소설가는 동국대학교에서 같이 공부했습니다. 이진명 시인은 아내의 동덕여고 단짝이고, 김기택 시인은 이진명 시인의 남편입니다. 이경자 소설가는 신경림, 이진명 시인과 만나면서 아내도 친해진 사이였습니다. 이 자리에서 신경림 시인의 한마디가 폭소를 터뜨렸습니다. "《글쓰기 원리 탐구》를 받긴 받았는데, 지은이가 오늘 만나는 최명환인 줄 몰랐다." 책을 읽지 못한 시인의 면피 전술에 모두 통 크게 웃었습니다. 그 뒤 신상성 형은 《글쓰기 원리 탐구》를 받아 본 지 2주 만에 3쪽 서평을 써주었습니다. 내가 원리를 터득하기까지 30년 동안 앓은 체증을 그는 보름 만에 시원하게 뚫어 주었습니다. 역시 글쟁이는 달랐습니다.

그런데 신상성 작가님은 소설 창작도 뛰어나지만 다른 갈래 담문(談文 text) 쓰기에도 탁월하다는 사실을 《신상성팔순기념문집》에서 밝힐 때가 되었습니다. 신 교수님이 쓰신 《글쓰기 원리 탐구》〈서평〉은 이 갈래의 전범을 보여주었습니다. 선택, 확장, 배열의 원리를 체계와 논리로 평가해 저자를 놀라게 하였을 뿐만 아니라 3대 원리에 주제 통합, 전이 기법까지 체계를 세우고자 함께 고뇌한 동행자처럼 해설해 주셨습니다.

《글쓰기 원리 탐구》〈서평〉
받은날짜 : 2019-12-05 (목) 00:09
신상성 〈writer119@naver.com〉

최명환 교수님, 부탁하신 글쓰기 〈서평〉 보내드립니다.
여전히 활발한 저술, 동악의 학맥을 빛내 주셔서 든든합니다. 우리 《한반도문학》 단톡방에도 들어와 좋은 글 올려주세요. 늘 즐거운 나날 빕니다.

용인대 신상성 드림

〈서평〉

훈민정음 창제 원리와 글쓰기 원리

신상성 (문학박사, 서울문화예술대학 초대총장)

　최명환 교수의 《글쓰기 원리 탐구》(2011. 지식산업사)는 '글쓰기' 원리에 대한 이론에서부터 실제 창작에 이르기까지 체계적으로 잘 정리해 놓았다. 그는 글쓰기 원리를 의외로 '훈민정음 해례'(訓民正音解例)에서 찾았다. 정음에 숨어 있는 숫자 어제서문(御製序文) 54자와 언해(諺解) 108자 그리고 정인지 발문(跋文) 28개 문장의 비의(秘義)를 찬찬히 풀어내었다.

　관련 국어학자들조차 한글은 창제원리 정도의 해석만으로 끝내었다. '천·지·인' 삼재(三才)와 '원·방·각' 그리고 '아설순치후' 5음에 대한 음양과 입 모양의 과학적인 접근 정도로 넘어갔다. 그러나 최명환 박사는 정인지의 '해례'에 천착하여 '글쓰기'에 대한 숨은 원리와 철학을 끈질기게 다잡아 이끌어냈다. 그의 독특한 논리와 집념의 결과이다. 여기에 세종의 어제[원리]와 정인지의 해례[발문]를 정전(正典)으로 하여 알기 쉽게 현대적으로 풀이해 낸 발상이 참신하다.

　우리는 지금 극초단파 시대에 살고 있다. 극초 스피드 시대의 스마트 폰 기기에 실현되는 한글도 아래 아(.)를 이용하여 획수를 첨가 확장하기도 한다. 이것은 한글이 영어나 한자보다 얼마나 과학적인가를 반증하는 것이기도 하다. 전 세계에 트위터(twitter)로 한순간에 전파되는 언어의 속도도 한글보다 더 빠른 것이 없다. 이런 한글창제 원리 제시와 함께 이 저서의 생명은 '글쓰기'에 핵심 초점이 잡혀 있다. 곧 세종의 마지막 의지도 결국은 '글을 어떻게 써야 다른 사람에게 확실하고 감동적인 내용으로 전달할 수 있을 것이냐?'의 문제였을 것이다.

이 저서의 앞부분은 글쓰기의 전략(둘째 마당)과 글쓰기 표현의 미학(셋째 마당)에 할당되어 있다. 뒷부분 실제적인 글쓰기 훈련에는 공주교대 예비교사들이 실제로 쓴 '담문'(談文)을 재료로 하였다. 이 재료를 주제별로 나누었다. 둘째 마당에서 주제 설정, 글감 찾기, 단어 선택 등 8개 장으로 유형화하고, 다시 이것을 바탕으로 셋째 마당에서 좀 더 높은 수준의 글쓰기를 유도했다. 구체적으로 글씨쓰기와 사고의 확장, 글쓰기와 사고의 정교화 등 4개 장으로 짰다.

예비교사들은 일반 사람들보다는 어느 정도 문장훈련이 되어 있는 집단이어서 글쓰기 훈련 재료로서 아주 훌륭하다. 그리고 이런 실제적 글감들은 현장감이 있어서 독자들이 금방 이해할 수 있고, 또한 실제로 글을 쓰는 데 구체적인 도움이 된다. 감동적인 글을 쓸 수 있는 지름길로 가는 길라잡이가 되기에 충분하다. 시중의 작문 관련 교재들을 보면 대개가 이론을 위한 이론서여서 실제 글을 쓰려면 오히려 혼란스럽기만 하다.

현대적 '글쓰기'에는 그 전달매체가 혁신적으로 다양해졌다.

컴퓨터와 스마트 폰이 등장하면서 세계는 또 다른 초단파 통신기기 시대가 되었다. 기존의 오프라인 글쓰기가 2백자 원고지 위에 또박또박 쓰던 아날로그 체제였다면, 새로운 온라인 인터넷 세상이 병행되면서 혁명적 디지털 글쓰기로 바뀌었다. 여기에서 다시 압축적인 스마트 폰 글쓰기로 비약하고 있다. 단문의 '트위터 글쓰기'는 이제 전 세계를 단번에 하나의 공감대와 통신대로 묶어 간다. 진정한 대등의 시대, 초국경 시장으로 펼쳐진다.

첨단 정보통신 매체는 지속적으로 탈바꿈하고 있다. 그러나 그 전달매체가 아무리 다르다고 하더라도 그 근원이 되는 글쓰기 샘에는 변함이 없다. 글쓰기는 근원적으로 '정신적 영역'이기 때문에 그것을 표현하는 기구가 아날로그이든 디지털이든 상관이 없다. 그 그릇 속에 담는 필자의 정신과 영혼이 중요한 샘이기 때문이다.

최명환 박사는 '수입학'에 칼날을 갈며 경계를 하였고, 아리랑과 된장국 같은 우리의 전통문화에 대해 특별한 애착을 가졌다. 그래서 그는 순수 우리말 지키기에도 유난한 집착을 보인다. 아시쓰기(아시매기 어원) 충청도 사투리에서부터 여는말[서론], 틀보기[세상보기], 얼짜기[구성] 등 보석 같은 한국어를 골라 썼다. 정지용의 정통 모어 싯귀를 보는 애살스러움도 있다. 그는 자기 자녀 이름까지 '정음[딸], 훈민[아들]'이라고 지을 정도로 토종이다.

이러한 이 시대 '조선조 마지막 선비' 같은 그의 특유한 성격과 황소고집을 나는 이미 대학원 시절부터 잘 알고 있었다. 1980년도 동국대대학원 국문학과 석사과정을 나는 그와 함께 늦깎이 공부를 하면서 서로 좋아했다. 계미생(癸未生) 양띠에, 나이도 동갑이고 생일까지 열흘 차이로 비슷하다. 평생을 그는 공주교대에서 국어와 문학 교육 쪽에, 나는 용인대에서 문학교육과 소설창작 쪽에 헌신해 왔다. 그가 정년을 하면서 결국은 평생 교육 현장에서 터득한 글쓰기 대작을 세상에 내놓게 된 것은 후학들을 위해서도 크게 다행한 일이다.

요즘 정치권에서조차 '세종대왕' 다시 찾기가 경쟁적으로 일어나고 있다. 그의 통치철학과 치세방법에 대해서 새롭게 그 가치를 찾아 나서는 것이다. 그 뜻이 순수한 시민의 뜻이 아니고 정치권에서 설레발을 치는 것이기 때문에 다소 불안하기는 하지만 어쨌든 이런 세계적 '한류문화 아이콘' 전파 시기에 최명환 박사의 대작은 우리들 글쓰기에 매우 소중한 또 하나의 지침서이다. 여기에서 못다 한 내용은 '최명환의 글집'(네이버 블로그/baldchoi)에서 보석을 찾을 수 있으니 얼마나 값진 헌신인가.

그는 평생 한국어를 연구하고 또한 대학현장에서 예비교사들을 상대로 글쓰기 교육을 훈련시켜온 진정한 사표(師表)이다. 그래서 그의 글쓰기에 대한 교육방법은 이론과 실제 양쪽을 다 뒷받침하는 것이어서 더욱 의미가 있다.

정년퇴직한 지 3년 차임에도 한결같이 글밭을 가는 황소, 최명환 박사의 다음 저서 서평을 또 쓸 수 있기를 바라는 마음 간절하다.

'동악(東岳)'은 시문에 뛰어나 이태백에 비유되었던 조선시대 시인 이안눌의 아호입니다. 그가 《동악집》을 남긴 것처럼 동국대학교가 있는 동쪽 바위 뜰에서 시를 읊었고, 그곳 이름을 아호로 삼은 인연이 있습니다. 신상성 교수님은 40년 넘게 내 이력의 빈칸을 채워 주려 애쓰십니다. 80년대 그 엄혹한 시절, 동악의 뜨락을 거닐며 뜨겁게 어울렸고, 2020년대에는 '한반도문학'의 벌판으로 나를 이끌었습니다. 신 교수님은 서사로 풀어 감동을 자아내고, 최명환이 원리로 글길을 밝히면 동악의 단짝다울 것입니다. 동악의 바위처럼 구순을 바라는 신상성 박사님의 문운이 더욱 빛나기를 빕니다.

30년전 지리산 국선도

김 수 언
(국선도 법사)

우리는 화천 방천리 야산을 타고 있었다. 각각 시퍼런 낫을 하나씩 들고 잔가지를 쳐내며 임시 도로를 내는 것이다. 맨 앞에는 고광덕 목사님이 앞장을 섰다. 필리핀에서 약30년간 선교사업을 하다가 정년이 되어 귀국했단다.

그냥 혓바닥 선교가 아니라 필리핀 빈민촌만 찾아 다니며 자립기반을 만들어 주는 살아있는 선교사업이다. 과학적 영농법으로 닭, 소, 돼지 기르는 법을 주민들과 같이 몇 년씩 훈련시켜서 어느만큼 공동사육이 성공하면 또 다른 빈민촌을 찾아 부부가 낮은 곳에서 '살아 있는 예수'로 30년을 보냈다.

그래서 그는 유약한 목사라기보다 건축현장 노가다 같이 노련하게 일을 해냈다. 오늘 집합한 것도 고 목사님의 청계 닭장을 만들기 위해서 가까운 친구들이 집합한 것이다. 그러나 나의 눈에 들어온 것은 닭장 터보다 조그만 계곡 입구의 큰 바위였다. 그 바위 밑에는 동굴이 뻥 뚫렸다.

"엉, 이건 일본놈들이 금궤를 숨겨놓은 동굴 같이 잘 위장해 놓앉네?" 앞서 가던 김중원 사장이 중얼거렸다. 그러나 나는 바위 밑이 아니라 바위 위 넓은 등허리를 보고 무릎을 쳤다. 맞았어! 여기에다 국선도 야외 수련장을 만들어 끊어진 전통 기공술을 이어야제! 소리치자 뒤따라온 신 교수가 "똥개 눈엔 똥밖에 안 보인다니까" 맞아! 황금똥이제...

내가 신 교수와 인연이 된 것도 1990년초 약30년전인 것 같다. 국선도 수련도장을 방배동에서 할 무렵이었다. 회원 중 한 분이 어떤 친구를 소개했다. "이 친구 사람 좀 만들어 주게. 요즘 뽕 나간 것 같아" 농담을 하며 소개를 했다.

첫눈에 뭔가 나사가 하나 빠진 놈같이 엉성했다. 그러나 나는 이런 놈이 좋았다. 잘 난 척하며 육갑을 떠는 친구들은 질색이다. '야, 이건 색다른 물건이구나!' 내심 주변에 이런 사람 하나 두고 싶다는 욕심이 있었다.

마침 마지막 수련시간이 끝났다. 나는 우선 도장 근처 식당으로 그의 손목을 무작정 끌고 갔다. 막걸리로 저녁 식사 겸 한잔하며 처음 만난 당일부터 반말로 말을 텄다. 그때 만난 신상성 교수는 호탕하게 웃으며 악수를 청했다. 당시 그의 집은 안산이며 용인대 교수로 있었다.

그래서 집과 학교와 도장이 삼각지도였다. 그래도 그는 저녁이면 열심히 동장에 나와 국선도 수련에 전념했다. 총장선거 등 대학 내 파벌싸움 등으로 정신적으로 지쳐 있는 것 같았다. 그는 용인대 총장 후보로서 막강했으나 본교 출신들이 물리적인 행사로 진흙탕물을 만들었다.

그래도 그는 내색을 전혀 하지 않았다. 내가 아는 다른 친구로부터 전해 들은 이야기이다. 그래서 국선도로 마음을 가다듬는 것 같았다. 우리 방배동 도장이 서초동 법원과 가까워 판.검사들도 저녁이면 도장에 나와 머리를 식혔다. 골치 아픈 고급 두뇌급들이 많았다. 우리 집 마누라도 법사이어서 여성 회원들을 맡았다.

얼마 후, 우리는 지리산으로 국선도 수행을 떠났다. 오랜만에 가족 동반이어서 좀 특별한 수행이다. 그때 지공스님도 같이 산에 올랐다. "등산할 때는 전혀 다리 아프지 않게 오르는 법이 있디유. 바로 나 자신은 옆에 두고 올라가는 겁니다. 그 옆의 또 다른 내가 그를 쳐다보며 그냥 따라가면 되디유"

즉, 다리 아프게 올라가는 놈은 나의 그림자이고 옆에서 히죽거리며 따라가는 놈은 나 자신이다. 정말 그렇게 생각하며 오르니까 다리가 전혀 아프지 않았다. 이게 발로 국선도 정신수행 중 하나의 방법이다.

여기에서 어떤 영감을 얻었는지 신 교수는 서울대 뒤로 해서 관악산에 귀신같이 오르곤 했다. 진짜 도사들을 찾으러 밤12시면 산 정상을 헤매어 다녔다. 그때는 야간 통금제도가 있어서 잡히면 간첩으로 오인될 수도 있었다. "야, 증말 도사들이 연줄도 없이 밤하늘에 연 싸움을 하던데?"

귀신에 홀렸나? '불교' 잡지에 '바람은 어디에서 불어오는가'를 연재한 것을 보여주기도 했다. 국선도 수련 이론과 소설로서 당시 전국적으로 팽창하던 단학수련회 등을 긴장하게 만들기도 했다. 다소 영업적이어서 손가락질 받던 이곳과 우리는 한국 기공계에서 양대산백으로 대결 중이었다.

그래서 신 교수와도 정서적으로 잘 통했다. 그는 단군 이래 정통 국선도의 재건과 보급을 위해 '국민건강기공협회'를 만들었다. 우리민족의 토종 정신수련법을 체계화 시키고 국제화 시키자며 앞장섰다. 그러나 자금문제로 전국화 되진 못했지만 그의 불같은 열정은 지금도 여전하다.

며칠 전에 핵심 멤버였던 홍승동 회원의 아들 결혼식에 우리는 다시 만났다. 다소 어려웠던 그는 그의 아들이 서울대 교수로 임명되어 웃음끼를 되찾았다. 그 결혼식에서 홍승동의 조카도 우연히 만났는데 그 조카를 신 교수가 용인대 행정요원으로 채용했었다. 그 조카는 현재 인도의 사찰 골방에서 수행 중이란다.

인연이란 참 우습다. 신 교수가 주례를 섰던 우리집 아들은 지금 하와이에 갔다. 손자들 조기교육으로 일찌감치 해외로 나간 것이다. 이제 잠시 우리네 80인생 뒤돌아보니 약30년을 단전 돌리기, 배꼽 돌리기 내공을 해온 셈이다.

신 교수는 그동안 각 분야 논문만도 100편이 넘으며, 저서만도 약50권이 훌쩍 넘는다. 이번 8순을 계기로 전자책으로 재편성하여 약200권의 이펍 ePUB 3.0으로 정리한단다. 남은 여생을 같이 어깨동무하며 가는 길목에서 우리의 만남은 소중한 인연이 아닌가 한다.

신깨비뎐 申傳

이명세
(소설가, DALDAL Communication 고문)

나이가 팔순에 접어들면 신계인 신선에는 미치지 못해도 신계와 안간계에 한발씩 걸친 선인仙人쯤은 된다.

선인은 세상사에 초월하여 몸과 마음이 여유롭고, 시선은 만물에 달관하여 평온하고 맑아서 인간계를 반쯤 떠난 자유인답고, 일반적인 상식이나 규범에 얽매이지 않는 행동거지는 신계를 반쯤 벗어난 자연인답다.

자유인이나 자연인은 꼭 성인군자일 필요는 없다. 하여서, 선인은 얼굴의 표정이나 감정전달이 두껍고, 무색, 무취, 무념스러워지기도 하여, 어느 모임에 나가서도 이쑤시개만 물고 먼저 자리를 떠나도 뉘 뭐라 못하고, 인사를 받아도 고개만 살짝 까닥이면서 말을 가볍게 놓아도 탓이 없는 나이가 팔순이다. 그만큼 팔순의 세계는 거침이 없고 두려움도 없는 푹 익은 영물의 세계다.

흔히들 세월이 유수와 같다지만, 그보다 더 빠른 눈찔금새인 것 같다. 작년 이맘때 정원에서 본 낙엽 한 닢이 같은 곳에서 오늘 눈에 드니 말이다. 어림잡아 일 년 전인 것 같다. 도깨비를 보러

가자는 신교수의 괴怪문자가 떴다. 우리는 인천행 전철을 타고 서울을 벗어나 어느 한적한 역에서 내렸다.

  그리고 역 인근 지방도로 한편에 정돈되지 않은, 밤이면 도깨비들이 왔다 갔다 활보하기 좋은 샛길과 세월을 이겨낸 세대는 물론 도깨비들조차 정감스러워할 몇몇 상점들 사이에 있는 손맛 나 보이는 음식점에서 신교수와 함께 저녁 식사를 하며 도깨비를 만났다. 식당 주인이 도깨비 동거인이며, 도깨비에 몰입한 도깨비 전문가였다.

  조심스럽게 천과 부드러운 포장지로 싼 몇 겹의 허물을 벗기자 도깨비 자태가 번뜩인다. 도깨비 골동품이라고 해서 목재나 으깬 한지 또는 흙으로 빚어 구운, 값어치가 제법 튀는 양반물이 아니라 저잣거리 풍물패들이 소유했던 민속물 정도로 예견했던 나의 생각을 완전히 벗어난, 아무리 좁게 잡아도 육백년은 족히 묵은 순청자純靑磁에 속한 상형象刑청자였다.

  이마에 뿔 달고 큰 눈을 부릅떠 노려보는 꼴이 제법 웃기고 괴이해서 품에 꼭 품고 싶도록 정겹다. 심술 맞은 우리나라 토속 얼굴상이라 그런가 보다.

  젊은 시절 한때 골동품 감상을 즐겼던 나의 눈에 처음으로 다가오는, 박물관이나 민속관에서도 못 본, 진품이면 유리관 속의 좌대에서 한자리할 명물이다. 앞면과 뒷면이 너무 완벽한 데다 북한과 중국의 국경 부근에서 수집했다고 하니, 약간 미심쩍은 맛은 전문가의 소장품이고, 학술회에서도 발표했던 자료까지 있어

가려졌다.

　솔직히 말해서 도깨비에 문외한이고, 관심이 적은 나의 눈에는 탁자 위에서 야음이 다가오자 몸풀기 시작한 도깨비와 함께 골동품에 대한 식견이 전혀 없으면서도 도깨비와 눈 맞춰가며 더불어 춤추는 신교수가 신깨비로 보이기 시작했다.

　신깨비는 누구인가. 낮에는 지인들을 돕기 위해 자신의 일을 아낌없이 뒤로 미루기도 하고, 한번 맘먹은 일이나 곧은 일에는 망설임 없이 한껏 나대는 오지랖 넓은 낮깨비다. 밤에는 새벽까지 등불 밝혀가며 독서와 글쓰기에 매몰하는 밤깨비다. 잠이 모자란 그는 늘 붉게 채색된 눈자위를 번뜩이고, 야밤에 문득 문자를 날려 남들에게 부담스러운 호감을 잔뜩 베푸는 너그러운 선인이다.

　그는 일찍이 도깨비 방망이 메고 월남 전장을 누비다가 도깨비 방망이가 '회귀선'이라는 빗자루로 변하자 빗자루를 타고 날아 동아일보 신춘문예 마당을 쓸어 버렸고, 그후 팔순에 이르기까지 이백여 편의 저술을 한 노력형 천재다.

　가히, 그가 지닌 도깨비 방망이의 요술이 경이롭다. 어디 그뿐인가. 어느 날 안산에 대학을 세운다고 하더니 '서울문예디지털대학'이 탄생했고, 어느날에는 섬나라 피지(Fiji)에 유람가자더니 '피지수바외대'를 설립하여 쌍 총장이 되셨다. 가히, 그가 갖고다니는 도깨비 방망이의 위력이 신출귀몰하다.

　그러나 세상사는 순수한 열정만으로 이루어지는 것은 아닌 것, 과유불급過猶不及 먹을 것을 노리는 이빨 감춘 승냥이들은 기회를 엿보고 있었을 것이다. 본디 도깨비 놀이는 허깨비에 약하고, 메고 다니는 도깨비 방망이도 어느때는 빗자루로 변하는 변화무쌍한 세상의 이치를 염두에 두지 않고 온 열정과 인생을 한곳으로 몰아 바친 신깨비의 허탈이겠다.

보시게 신깨비,

즈음 듣자 하니 화천에 움막을 지어 농장겸 집필처로 말년을 이루겠다니, 삼가 경의와 진심 어린 큰 박수를 보내오며, 아울러 이루고자 하는 바가 안정되면 선인을 벗어나 신선에 이르러 빈 하늘에 일획 긋고, 밀려왔다 밀려가는 바닷물에 한 수 띄우고, 사시사철 변하는 한문도문학에 온 글 채색하기를 기원하며, 이 글을 팔순맞이에 바치오리다.

나의 스승님, 내 인생 깊숙이
- 신상성 스승님의 팔순을 축하드리며

백 재 연
(한국간호조무사협회 이사)

늘 잔잔한 미소로, 때로는 파안대소로 우리의 경직되고 초조한 고교시절을 지켜봐 주시고, 서라벌 고교졸업 48년이 되는 지금까지 가정사까지 챙겨주시는 신상성 스승님은 이제 친구처럼 늘 생각나는 사람이 되었다.

이런 에피소드들은 내 처와 자녀들까지 알려졌으며, 감사하는 마음 그지없다. 지금도 청년처럼, 간혹 재담을 카톡에 올리시고 글쓰는 기법을 사사해 주시는 등 제자 사랑은 한이 없다. 우리 제자들도 이제 7순 가까이 되었다.

가을단풍 낭보가 방송국에 전파되면서 팔순이라는 소식을 접하니 잠시 후 다가올 날이지만 경이스럽고, 오직 건강 건필하시기를 기원드린다. 그렇게 가난했던 시절 1970년대 오징어 선생님이라는 별호로 인기를 한 몸에 받으셨다.

스카이에 못 가는 공부 못하는 칠칠이들이었지만 스승님은 언제나 우리들에게 용기를 주고 친구처럼 대해 주었다. 따뜻한 큰형님 같았지만 한번 화를 냈다하면 미아리고개 텍사스촌이 떨었다. 사실 우리 서라벌 고교는 성북구에서 아이스하키로 유명하며 주먹으로 더 유명하다.

그래서 교내 안팎으로 불량 패거리들끼리 전쟁이 잦았다. 해당 경찰서에서 사고 친 학생들을 스승님이 인솔해 오면 그날 저녁부터 아이스하키 스틱이 밤새도록 춤을 춘다. 공수부대 출신에다가 월남전 전투병이어서 교실 천정을 날아다녔다. 그래서 지금도 고교 동창회나 소모임에서 자주 회자된다.

지금도 제자들의 자녀가 결혼을 하는 등 뜻 깊은 날이면 붓글씨로 시를 지어 주시었으며, 먼 길 마다하고 꼭 제자들을 챙기셨다. 벌써 서라벌 고교 졸업한지 약 반세기 50년을 가까이 지내서 제자들의 장단점을 다 꿰뚫고 계신다. 뉴욕타임즈에 나올만한 스승상이기도 하다.

지금도 간혹 뵈면 늘 청춘이신 스승님이 팔순이라니 좀 놀랍다. 험난한 인생 고비에서도 늘 여유롭고 인자하시다. 늘 가까이, 멀찍이, 적당한 거리에서 우리를 응원해주시는 모습은 과연 나도 팔순이 되면 그렇게 할 수 있을까 하는 소심성이 앞을 가린다.

한국문학계에 우뚝 서셨지만 때로 글의 재재와 아이디어를 젊은 제자들에게 물어 보시기도 하는 등 쌍방 소통기법은 타의 추종을 불허한다. 유난히 기억나는 것은 고교 졸업 후 처음 만났을 때 앞서서 씩씩하게 걸어가는 뒷모습이었다. 고교시절과 별다름이 없었다.

그때 내가 관계하고 있던 '간호조무사' 신문에 연재소설을 부탁하려고 모신 것이다. 지금 약25만 전국회원을 거느린 이 단체 간부들과의 대담할 때에도 잘 리더하시는 모습을 뵐 때는 제자로서 자부심을 느끼며 다행스럽게 생각했다.

연재소설 문제는 회사 사정상 비록 성사는 안 되었지만 관계자들과 지금도 논의를 하고 있다. 마음 같아서는 팔순기념으로 스승과 제자들과 함께 해외여행이라도 모시고 싶은데 모두가 사정이 여의치 않다. 내 인생에 많은 동기를 부여해 주시고, 한없는 응원을 해주시었다. 스승의 날이면 혼자서 스승의 노래를 부르기도 했다.

스승님! 고교 국어시간에 내용이 뭔지도 모르고 졸고 있다가 국어시험이 닥치면 자습서로 벼락공부하여 간신이 과락을 면했던 저 백재연입니다. 그래도 대한민국 경찰 정보관으로서 청 단위 보고서에서 2위를 한 것은 순전히 스승님 가르침 덕입니다.

스승님 댁 거실에서 사모님과 환하게 웃는 모습의 한 장의 사진을 보내주시었다. 사진과 같이 남은 여생 행복하게 보내시기 바란다. 제자들이 우리의 스승님을 챙기자며 카톡으로 동창들에게 이글과 함께 보냈다.

이젠 청년기를 지나 장년기에 오른 우리 제자들이여, 스승님을 따라 우리도 팔순이 될 즈음에는 우정과 의리, 믿음, 존경받는 친구로 살아가고 싶다.

친구들아! 내가 대표로 스승님의 팔순에 붙이는 글을 송고한다. 너희들도 마음이 똑 같겠지. 전화 한통 건강알현이 더 없이 좋은 보답이라고 생각한다. 너희들도 생업에 종사하며 안전 운전하고 가정 행복하기 바란다. 때로는 혼밥일지라고 스승님과 친구들이 있다는 것을 상기하고 멋지게 살아가자.

    나는 요즘 '노래가락차차차' 노래를 멜론으로 상시 듣고 있다. 가사도 그렇지만 우리도 팔순이 얼마 안 남았다. 스승님을 생각하고 우리인생의 멘토이신 신상성 스승님께 현시각 기립박수를 보내자. 늘 행복하십시오.

인연

박 성 은
(교사)

피천득의 〈인연〉이란 수필이 있다. 좋아하는 그 수필을 읽을 때면 목젖 부근이 뻐근하다. 아사코와 '나'의 이루어지지 않는 인연이 마음 아프고 사람과 사람 사이의 인연 맺음과 이어짐에 대한 성찰을 주기 때문인지도 모른다.

선생님과 나는 고등학교 시절에 만났다.

우리 학년을 가르치지 않았던 선생님이 우연히 보강 시간에 들어오셨고, 잡다한 문학 이야기를 늘어놓으시다가 중학교 때 글을 쓴 적이 있는 사람은 자기에게 꼭 가져오라는 말을 남기셨다. 중학교 때부터 낙서장에 글을 끄적거린 경험이 있었던 나는 장난삼아 몇 개의 노트를 선생님께 보여드렸고 그날 이후 선생님은 기꺼이 나의 멘토가 되어 주셨다.

단지 글을 쓴다는 이유만으로 그리고 같은 장르를 탐색한다는 이유만으로 선생님과 나는 한 팀이 될 수 있었다. 우리가 속한 문예부는 주말마다 산으로 들로 글감을 찾으러 다녔고 중학교 때도 문예반이었던 나는 고등학교 3년도 내리 같은 반에서 활동했다.

그 시절 문학은 나에게 어떤 의미였을까.

습작 기간이 길지 않았던 내가 내리 몇 개의 상을 휩쓸고 교내외로 조금 유명해졌을 때, 선생님은 내게 문학에 대해 말해주셨다. 문학은 목숨을 거는 어떤 것이어야지 액세서리가 되어서는 안 된다는 것을. 늘 사람 좋게 허허 웃어 주시던 선생님이 정색하고 하신 말을 지금도 잊을 수가 없다.

그 뒤로 얼마나 많은 세월이 흘렀는지 모른다.

수술을 받기 위해 병원에 입원했던 제자를 문병하기 위해 병실에 들르셨던 선생님. 밤늦게까지 병실에 머물러 무언가를 들려주시던 선생님. 그리고 야밤에 찾던 네 잎 클로버. 평생 소설 쓰는 일을 멈추지 않겠노라며 웃음 짓던 선생님은 그 이듬해 동아일보 신춘문예 소설 '회귀선'으로 문단에 등단하셨다.

선생님은 몇 년 후 대학으로 자리를 옮기셨고 나는 예전에 선생님이 그러하듯 고등학교에서 아이들을 가르쳤다. 전화로만 안부를 묻기도 하며 새해를 맞기도 했다. 내 결혼식장에서 선생님은 그 사람 좋은 웃음을 날리기도 하셨고 사이사이 쓴 글을 강평하고 받기도 했으며 시낭송회를 겸한 문학의 밤을 주최하기도 했고 문인협회 원고를 교정보고 책을 내기도 했다.

그러면서 시간이 흘러, 나는 어느새 나를 만나던 시절의 선생님보다 더 나이를 먹었다. 돌아보니 무척 빠른 시간이었다.

친구들과 선생님 댁에 세배 간다며 나섰던 어느 추웠던 겨울.
선생님 댁은 버스에서 내려서도 한참을 걸어 들어가야만 하는 곳이었고 한복을 맵시 나게 차려입은 우리가 견디기에 겨울바람은 매웠다. 삼십 분 이상을 걸었을까. 버선발은 차갑게 얼어들고 치마 속으로 기어드는 바람의 치근덕거림을 견디며 도착한 선생님 댁은 무지하게 따뜻했다.

이불 속에 언 발을 녹이고 떡국 한 그릇을 맛나게 먹고 우리는 사모님을 뵈었다. 김이 후끈거리는 방 안에 사모님과 한 아이가 있었다. 선생님의 둘째 딸이었다.

세월이 흘러 선생님의 머리 위에도 드문드문 서리가 내리던 날, 둘째 따님(현재 중국 북경대외무역대학 교수)의 청첩장을 받았다. 신부는, 모든 신부가 다 그런 것은 아니지만, 아름다웠다. 조금 일찍 간 나는 선생님께 다가가 인사를 했다. 안산에 있다가 학교를 옮긴 후로 몇 년 만에 뵙지만, 손을 잡고 반갑게 웃는 선생님의 미소에서 지나간 세월이 한꺼번에 묻혔다. 어느덧 나도 그때의 선생님처럼 나이를 먹었다.

그리고 선생님은 올해 팔순이 되셨다.

〈인연〉에서 작가는 아사코와 세 번 만났으나 세 번째는 아니 만나는 게 좋았노라고 말한다. 우리의 인연도 아마 그럴 것이다. 너무 넘치거나 모자라거나 아니면 너무 늦거나 빨라서 이어지지 않기도 하고 때로는 이기심과 욕심으로 좋은 인연을 저버리기도 한다.

나에게 한 가지 바람이 있다면 나와 인연을 맺은 지인들과 아름다운 끝을 보는 일이다. 아름다운 시작은 많지만 아름다운 끝은 그리 많지 않은 것 같다. 어느 여름날 밤, 내가 병원 마당 풀숲에서 가로등 불에 네 잎 클로버를 찾았던 것처럼 나는 아름다운 시작과 끝을 아름다운 사람들과 나누고 싶다. 그리고 귓가에 속삭이고 싶다. 선생님이 계셔서 내 삶이 빛날 수 있었노라고.

거제도에 펄럭이는
교수님의 깃발

김 정 희
(전 거제문협회장)

계절이 바뀌고 있습니다. 무성하던 여름을 접고 이파리를 떨구며 가을을 준비하는 가로수가 언제부턴가 여느 때와는 달리 보이기 시작했습니다. 아마 저도 나이가 제법 들었다는 뜻이겠지요.

신상성 교수님과 인연은 고 김문백 선생님을 통하여 시작되었습니다. 고인께서는 2천년대 초반 거제문협의 사무국장으로 온갖 궂은일을 마다하지 않으셨습니다. 때론 문협 문인들의 의견이 첨예하게 대립할 때는 촌철살인으로 정도를 얘기하시던 그 카랑카랑한 기백은 새삼 선명함으로 남아있습니다.

일찍부터 저는 거제문화예술회관을 직장으로 두고 거제문협의 크고 작은 일들을 맡아 분주하던 시절이었습니다. 양재성 시인께서 2012년부터 거제문협 회장과 거제문화예술회관 이사로 재직하실 무렵으로 기억합니다. 그때부터 교수님께서는 고 김문백 시인과의 친분으로 크고 작은 거제문협 초대행사에 자주 찾아주시곤 하셨지요.

거제예총의 초대 사무국장과 거제문화예술회관 건립위원회 사무국장을 맡아 동분서주했던 기억이 새롭습니다. 이후 거제문화예술회관의 마케팅 팀장을 거쳐 경영지원부장으로 정년을 맞기까지 약 30여 년의 세월이 흘렀습니다. 조선소와 철판문화로 대변되는 거제에서 문화예술의 싹 틔움에 일조했다는 자긍심도 있었습니다.

그리고 틈틈이 쓴 수필과 지역신문에 기고했던 칼럼, 공연물에 대한 기고문 등을 모아 지난해에 〈거리에 아버지가 펄럭인다〉(2021. 아시아예술출판사)라는 수필집을 발간하게 되었습니다. 원고를 정리하여 신 교수님께 작품해설을 부탁드리게 되었습니다. 교수님의 '김정희 의 수필문학론' 중 가슴에 각인된 일부를 다시금 되뇌어 봅니다.

〈'거리에 아버지가 펄럭인다' 과연 우리들의 아버지는 누구인가? 어머니와 여성 페미니즘 속에 움츠러들고만 있는 한국의 아버지들은 다 어디로 사라졌을까? 아버지에게도 새파란 청춘이 있었음을 우리는 잊고 산 것이다. 그미의 아버지는 6.25 참전용사로 지금 국립묘지에 잠들어 계신다〉

'결론적으로 수필가 김정희는 부드러우면서도 뜨거운 용암을 혼불로 가지고 있는 거제의 불꽃 작가이다. 한 가정의 현모양처로서 그리고 탁월한 공연기획자로서의 존재감이다. 큰 소리 내지 않으면서도 용암의 고열을 차분하게 호소하고 있는 감동적인 수필집이다. 폭풍의 언덕에 서 있는 에밀리 브론테 같은 김정희가

손을 흔들고 있는 여운이다'

　부족한 저의 졸고에 비단옷을 입혀주신 덕분에 30년 문학의 길을 금의환향으로 마무리할 수 있게 되어 너무도 기쁩니다. 금상첨화로 올해 한반도문학 대상까지 안겨주신 권태주 회장님께도 감사의 인사를 드립니다.

　나아가 수필집 〈거리에 아버지가 펄럭인다〉가 한국문협에서 시상하는 〈제8회 박종화 문학상〉 당선작으로 선정되는 영예를 안기까지 하였습니다. 이 모든 것이 교수님과 소중한 인연 덕분임을 생각하면 그저 감사할 따름입니다.

　그리고 이번 거제도에서 공모한 제15회 청마문학연구상 논문에 신상성 교수님께서 당선되심을 진심으로 축하드립니다. 청마에 대한 관심과 애정이 이 논문에 예리하게 논리적으로 전개되어 있음을 알 수 있었습니다.

　우리 거제 문인들에게도 또 다른 이론의 틀을 갖게 되어 청마에 대한 친일론 공격에 대한 반격 논리로 무장하게 되었습니다. 거리에 아버지가 펄럭이듯 거제도와 전국에 교수님의 명성이 깃발처럼 펄럭이고 있습니다. 덕분에 제가 청마기념관에 몸 담고 있음이 너무도 자랑스럽습니다.

　팔순의 연세를 망각하리만큼 정정하신 교수님을 뵈면서 많은 생각을 하게 됩니다. 항상 문학을 곁에 두고 치열한 창작활동을 통하여 지성과 건강을 관리하시는 듯하여 소중한 가르침으로 삼고 있습니다. 늘 정정하신 모습으로 오래도록 저희 곁에 함께 계셔주시길 부탁드립니다.

교수님의 멋진 삶의 여정에서 맞으신 팔순과 제15회 청마문학연구상 수상을 다시금 경하드리며 소중한 인연에 감사드립니다. 교수님, 사랑합니다.

- 2022년 가을 거제에서 김정희

안산문협에서의 인연

박 서 희
(수필가, 한반도문협 재정부장)

사람이 살아감에 수많은 인연들을 만나고 헤어지고 그래서 더 단단한 내가 되었나보다. 지금으로부터 5년전 나는 나의 인생에 있어 가장 힘든시기를 보내고 있을때 즈음, 그때에도 지금 처럼 국화꽃이 필때즈음이었다.

안산시에서 운영하는 평생학습교육관 현수믹을 보고 어릴때부터 하고싶었던 자그마한 소망하나!

막연하게 글을 쓰고싶었다. 먹고살기바빠 엄두도 못내었던 마음에 불을 지펴주는 역활을 해준 것이 현수막이 스승님과의 연을 맺어주었다.

먹고사느라 바빠서 친정집엔 갈 엄두도못내었고 아이들 연년생을 키우느라 허리띠 졸라매고 살때즈음 아버지 형제분들 둘도 없는 우애있으신 효자 아버지. 작은아버지 삼촌, 큰딸이라 그렇게 이뻐해주시던 따스했던 분들이 갑자기 사고로 병환으로 할머니를 앞질러 하느님 곁으로 가셨다. 허리띠 졸라메고 살다보니 영주인 고향엘 자주 가지도 못하고 그렇게 슬픈 이별을 연달아 했다. 말 많은 주변사람들은 할머니가 어떻게 한것처럼 할머니께서 너무 오래살아서 아들들 세명을 앞세웠다는 원망을 들으며 외롭게 사시는 모습에 너무 가슴이 아프다 못해 우울한 삶을 살았다. 이렇게 열심히 살아봤자 다 무슨 소용인가 낙담을 했었다. 손주, 며느리가 아무리 잘해 준덜 자식없는 하늘 아래서 버텨내시며 사셨을 할머니는 무척 힘든 세월을 죽지못해 사셨다. 그래서 나는 하고싶은것 하고 살아야겠다는 맘을 먹게 되어 옛날 혼자 긁적여 놓은것이 작품이되고 살을붙혀 시가되고 글이 되었다. 아무것도 모르는 일기밖에 쓸줄 몰랐던 내게 수필의 쾌.철.문이라는 아주 쉽고 머리속에 쏙쏙 들어오는 스승님의 가르침이 있으셨기 때문에 그 힘든 고비를 털고 일어서게 되었다. 다시 공부하게 했고 문학의 길로 갈수있게 되었고 용기를 얻었다.

팔순이라는 연세에도 쉬지않고 책과 가까이 하시며 열정이 넘치시는 스승님의 모습, 본받고싶다. 핵심만 꼬집어 주시는 스승님의 말씀에 다시 용기를 얻었고 언제나 칭찬과 더불어 첨삼지도를 해주셨다.

월남전 참전용사로 부상을 입고 잠드지 못하는 괴로운 밤은 책과 늘 함께 하셨다. 따뜻한 스승님의 마음과 배려, 용기는 정말 제게 커다란 힘이되었다 잘못된 판단엔 남들이 두려워 못하는 따끔하고 올바른 질책을 하시는 용기있는 스승님, 하지만 가정에서는 언제나 사모님을 따뜻이 챙기시는 분이시고 사랑스런 손주들에게는 더없는 따뜻한 할아버지셨다. 많은걸 나에게 가르쳐주신 분 신상성교수님이시다. 고운 인연으로 오신 스승님 연세가 되어도 스승님 처럼 말짱한 정신으로 글을 쓸수있을까? 그때를 생각하면 벌써부터 행복하다.

　스승님께서 챙겨주신 좋은 책들을 보면서 문학이라는 밭에서 중년을 불태울 수 있게 되어 감사하고 행복하다. 나에게 있어 스승님은 나무와 같으신 분이시다. 봄에는 파룻파룻한 새싹같으시고 여름엔 그늘 같으신 분이시다. 가을엔 황혼의 가을빛 아름다운빛을 주셨고 겨울엔 훌훌벗어 한치의 거짓없는 내면의 모습까지 보이신 진실한 스승님이셨다.

　요즘도 공부를 하다가 가끔 스승님께 궁금한 문제를 여쭙는다. 스승님이 계시니 너무도 든든하다. 나이들어도 뭔가 할 수있다는 것이 기쁨이고 그런 기쁨을 알게 해 주신 스승님, 그리고 신상성 교수님을 통해서 만난 훌륭한 권태주 회장님과의 인연도 특별하다. 전에 근무하셨던 안신본오초등학교내 학부모 단체가 적십자 봉사원을 결성하는데 적극 도와주신 훌륭하신 권태주회장님을 만난적이있다. 또한 한반도문협에 훌륭하시고 소중한 분들과의 인연에 늘 감사한 마음이다. 언제나 열정적이시고 본받고싶은 훌륭한 분들이시다.

　지는 노을이 너무나 아름다운 가을에 신상성교수님 팔순 진심으로 축하드리며 언제나 가족분들과 건강하시며 행복하게 오래오래 우리들 곁에서 든든하게 계셔주시길 기도드린다.

시인의 하늘에 뜨는 별 하나, 신상성 선생님!

김 인 희
(시인. 한반도문학 사무국장)

여름 한낮의 태양이 정수리에 내리꽂힐 때, 매미는 자지러지게 울었다. 그가 채 꼬리를 거두기 전에 하늘이 멀찍이 올라가고 푸른빛을 덧칠하고 있었다. 그 하늘이 토해낸 바람이 들녘을 노랗게 물들이고 초록색 나뭇잎을 오색으로 물들이고 있는 계절이다.

환절의 기로에서 몸살을 앓는 불치는 시인의 운명이다. 신열에 달아오르다가 차가운 이성으로 귀착하기를 반복한다. 도돌이표를 연주하는 악사가 따로 없다. 가을바람에 스치는 별을 헤노라면 하나씩 시인의 시야에 들어오는 별, 별, 별.

시인은 사람과 사람 사이 따뜻한 정을 흘려보내려고 몸부림친다. 맺은 인연 속에서 아름다운 사람들을 별이라고 이름 붙여 시인의 하늘에 띄우고 있다. 시인의 하늘에 뜨는 별 하나, 신상성 선생님! 그 별은 밝게 빛나는 큰 별이다.

그 별과 많은 시간을 공유하지 않았다는 것이 이토록 절절한 아쉬움일 줄이야. 천안에 있는 덕향문학회에서 문학특강이 있던 날, 그별은 명강사였고 시인은 수강생이었다. 강의가 끝난 후 식

사시간에 가벼운 인사를 나누었을 뿐이었다. 그러나 행운의 여신이 시인을 비껴가지 않았다. 최기복 시인의 시집 〈풍경〉 출판기념회에서 그별과 시인은 재회했다.

그 인연이 연결고리가 되어 '한반도문학'에서 사무국장이라는 막중한 임무를 부여받았다. 시인은 직장에 다니면서 주말에는 대학원에서 박사과정 공부를 하고 있다. 아무리 바쁘더라도 한반도문학의 소임에는 한치 어긋남 없이 수행하려고 최선을 다하고 있다. 바로 그별이 지켜보고 있기 때문이다.

그별은 카페에 있는 시인의 글을 모두 읽었다고 하셨다. 어쩌다 전화하셔서 "신문에 낼 기사문을 써서 보내주세요" "내가 이번에 쓴 소설인데 출판전에 미리 읽어 보세요" 등 이런저런 글을 쓰라고 하명하신다. 시인은 재주가 없음을 한탄하면서 낑낑대면서 혼신을 다해 글을 씨시 보낸다.

그별은 우선 칭찬이다. "김 작가, 기사문을 6하원칙에 의해 아주 잘 썼어요" "많은 분량의 글을 읽으면서 오탈자를 정리해 주어서 감동입니다. 소설에 대한 감상문도 감사합니다. 그 글에 대한 장단점을 써 주세요" 하여 시인은 장점을 유창하게 써서 보냈다. 감히 단점을 찾을 수가 없었노라 말씀드렸다.

그별의 충고다. 기성작가로서 능력이 출중하다. 단점을 지적할 수 있는 경지다. 겸손한 인품을 알겠으나 앞으로는 과감한 글을 쓸 수 있으면 좋겠다. 시인이 쓴 편집 후기에 대하여 아낌없는 조언을 주셨다. 편집후기 잘 썼다고 하시면서 다른 문학지의 편집후기도 읽어 볼 것을 권하셨다. 그 말씀을 듣고 시인은 자신의 글의 부족한 부분을 비교하여 발전시켜 나가게 된다.

 언젠가 그별은 제가 그동안 쓴 글의 분량을 하문하셨다. 시(시조포함) 176편, 수필(칼럼포함) 140편이 된다고 말씀드렸다. 책으로 출판할 수 있도록 정리해 두라고 하셨다. 우선 전자책으로 발간할 수 있는 기회를 주시겠다고 하셨다.

 그별은 통화할 때마다 수필 쓰는 문장력으로 충분히 소설을 쓸 수 있다고 하시면서 소설도 한번 써볼 것을 권면하신다. 시와 수필도 좋지만 세계적인 명작은 마지막 소설이라는 말씀을 하며 저의 어깨에 용기를 얹어 주신다. 감읍할 뿐이다.

 그별이 여든 개의 나이테를 간직한 큰 나무가 되었다. 시인이 두 팔을 벌려 그 나무의 둘레를 잰다면 몇 아름이 될까? 가늠할 수조차 없이 높고 깊고 넓은 별이다. 햇볕이 쨍쨍 내릴 때 뜨거워 견딜 수 없을 때 그 나무 속으로 들어가면 그늘을 드리우고 쉬게 하리라.

 갑자기 소나기가 내릴 때도 그 나무 아래로 달려가면 비를 막아 주시리라. 밤하늘에서 별을 보고 싶다고 투정 부리면 그 나무는 나뭇잎 무성한 가지를 열어 하늘을 보여주고 빛나는 별을 데려다 주리라.

 그토록 큰 나무라면 무엇인들 못하랴. 탁자가 필요하다면 탁자를 줄 터이다. 하늘까지 닿는 사다리가 필요하다고 떼 쓰면 어떨까. 강을 따라 여행할 뗏목이 필요하다면 분명 손수 뗏목이 되어 주실 게다.

 신상성 선생님, 시인의 하늘에서 찬연하게 빛나는 큰 별이다.

시인의 팔로 둘레를 잴 수 없는 큰 나무이다. 이 시인이 문학의 산맥을 등반하는 동안 길을 잃지 않도록 안내하는 빛이 되어주시기를 두 손 모아 기도드린다.

– 2022년 10월의 어느 멋진 날에

신상성 교수님의 팔순에 즈음하여

류재순
(소설가, 전 재한동포문학회 회장)

와우, 교수님 벌써 팔순이 되신다니 전혀 믿어지지 않습니다. 팔팔한 근력과 당당한 걸음걸이, 깔끔하고 멋진 옷차림, 더욱 중요한 것은 잠시도 쉬지 않는, 끊임없는 추구와 탐구 도전… 하루가 바쁘게 대단한 활동영역을 펼쳐 나가시는 젊은 팔순맞이 아닙니까, 참으로 우리들의 롤 모델이십니다.

제가 교수님을 처음 뵙게 된 것은 2016년, 중국 저명한 소설가 정세봉 선생님의 소개로 "국제문학" 잡지사였습니다. 그때로부터 우리는 몇 번의 행사와 커피숍 등에서 맥주를 마시며 커피를 마시며 담담히 문학인과 문학창작에 대해 많은 이야기들을 경청할 수 있었습니다.

제가 재한동포문학회 회장을 맡았을 때는 신 교수님 초청강의도 하고 연말연시 우리 행사 때에는 축사도 부탁하는 등 활발한 교류가 있었습니다. 아직은 한국과 한국문단에 대해서 잘 모르는 우리들에게 정확한 문학활동과 많은 상담도 잘 받아주었습니다. 그래서 우리 협회 문인들이 다른 곳에 헤매지 않고 정통 한국문학의 길로 올바르게 진행할 수 있었습니다. 잡다한 문학단체들이 온. 오프라인에서 아직도 횡행하며 상업적인 부분도 많이 있습니다. 한국정부에서 모국에서 일할 수 있는 특별한 기회를 주어 많은 중국 동포들이 고향에 돌아가 가게를 여는 등 경제적으로 어깨를 좀 펼 수도 있었습니다.

다소 어려운 건축현장 등에서 일하는 동포들이 그래도 모국에서 문학활동을 할 수 있다는 자긍심으로 정신적인 위안을 받기도 합니다. 중국문단과는 또 다른 자유와 글로벌 활동도 보장되어 있어서 행복하기도 합니다.

특히 교수님께서 "한반도문학"에 우리 중국동포 문학인들과 그리고 탈북문학인 등 여러모로 교섭과 창작 등단 발판을 마련해 주셨습니다. 덕분에 우리 동포문인들 가운데 한반도 회원들도 많습니다. 다시 한번 감사드립니다! 어느덧 칠팔년이 되었네요.

북경의 중국작가협회 또는 연변대 조문계 학과와도 오랜 교류를 해왔습니다. 특히 정세봉 소설가와 함께 '김학철문학상'을 제정하고 재정적 지원도 하여 오늘날 중국내 조선족 동포문학상으로는 가장 권위 있는 문학상으로 기반도 마련해 주었습니다.

김학철 소설가는 200만 중국동포들에게는 정신적 우상입니다. 지금도 그의 '해란강아 말하라' 등 장편소설은 조선족 문인들에게 하나의 귀감이 되고 있으며 매년 연변작가협회 주관으로 세미나 등이 지속되고 있습니다. 이렇게 교수님은 잠시도 멈추지 않고 부단히 앞으로 뛰어가는 모습이었습니다.

"신춘문예" 등단자답게 꾸준히 우리 문단의 새로운 도약을 위해 노력해 오셨습니다. 신상성 교수님, 지금까지 이룩하신 모든 성과에 큰 박수와 존경을 보내드리며 다시한번 보람 있고 건강하고 행복한 팔순의 새 기원을 축하드립니다!

– 2022. 10 18 서울에서

모국에서 문학하는 방법

남 태 일
(소설가)

나는 한반도문학에서 활동하면서 신 교수님과 가까워졌다. 그는 우리 동포문인들을 위해 각별한 애정을 쏟았다. 대림동 중국 거리에서 독한 빼갈도 마다 않고 문학에 취했다. 그는 동서양 문학에 깊은 소양이 있었다. 모국에 나와 있는 재한동포들 가운데는 중국에서 상당한 문학활동을 하는 친구도 많다.

내가 그동안 써 모은 약20여편의 수필을 신 교수님에게 멜로 냉큼 보내드렸다. 잘 알지도 못하면서 무조건 봐 달라고 보낸 것이다. 그동안 많은 한국문인들이 재한동포문인회에 와서 강의를 했지만 그중 신 교수님의 강의가 유난히 쏙 들어왔다. 다른 교수들은 이론만 잔뜩 늘어 놓아서 뒤돌아 서면 머리에 남는 게 없었다.

그래서 일단 내 원고를 불쑥 내지른 것이다. 얼마 후 신 교수님에게서 대꺽 회신이 왔다. 내 수필에 대한 장단점을 콕 집어서 정리해 주었다. 그러면서 내 글의 앞으로 방향과 개선책 등을 구체적으로 제시해 주었다. 내 수필의 특장은 소재와 문학적 결구라며 어깨를 쳐주었다.

신 교수님은 큰형님 같이 편하다. 연변에도 많은 친구들이 있단다. 모국에서 내 등허리를 긁어줄 따듯한 사람이 있다는 게 큰 행복이다. 그래서 나는 수준이 있는 조선족 동포들을 한반도문학에 추천해 주었다.

물론 다소 덜 익은 작품도 있었지만 신 교수님은 친절하게 지도를 해주었다. 사실 우리 동포들은 대개 식당이나 건축현장에서 매우 힘든 노동을 하고 있다. 주말이면 쓰러지게 마련이다.

그래도 문학하는 동포들은 문학이라는 창구가 있어서 그나마 스트레스를 잘 풀 수가 있다. 오히려 문학 때문에 자신감을 얻고 더 열심히 돈을 벌게 된다. 나도 상해에서 가까운 이우시에서 대형식당을 운영하면서 국제무역도 해왔다. 특히 백화점 납품용 가방을 주로 취급했다. 최근에는 코로나 때문에 움츠리고 있지만 내년이면 좀 풀릴 것 같다.

최근에 나는 핸폰 IT 기술에 빠져 있다. 기본 원리만 터득하면 아주 쉽다. 특히 시낭송 동영상 제작 등이 매력이다. 그래서 신 교수님의 시도 동영상으로 제작해 보여드렸다. 쎼쎼닌! 그는 언제나 칭찬부터 앞세운다.

유튜브 등은 인터넷 상에서 음악, 미술, 디자인 등 지나치게 저작권을 요구하여 조심스럽기도 하다. 물론 어느만큼 저작권은 당연히 보장되어야 한다. 그러나 지나친 제한은 예술발전을 일부 저해하기도 하는 것 같다.

신 교수님은 내가 잊을만하면 한번씩 전화가 온다. 한반도문학 등 원고청탁이다. 게으름 피고 있다가 깜작 놀래어 그날 밤부터 몸살을 앓기 시작한다. 그런 격려와 채찍질 속에 이제 수필만 약 50편이 넘는다. 제법 책 한권 낼 정도의 원고가 쌓인 것 같다. 벌써 초겨울 낙엽이 떨어지기 시작한다.

단톡방에 신 교수님의 8순 기념문집 원고 공지가 떴다. 부랴부랴 이렇게 신 교수님과의 많은 추억을 추스르며 긁어본다. 앞으로도 변함없이 노력하는 동포문인의 모습을 보여드리고 싶다. 내년에는 문학활동에 더욱 천착할 것임을 스스로 다짐해 본다.

문학적 항해법

주 홍
(시인. 문학박사)

1.

　신상성 교수님은 박학다식하시고 고귀한 인격과 한국문단의 학문적 업적은 한국문학의 명실상부한 거장입니다. 더욱이 문학에 대한 사랑하는 열정과 힘이 넘치는 신상성 교수님 너무 존경스럽고 깊이 탄복합니다.

　봄에는 꽃이 피고 가을에는 열매를 맺고 하늘은 부지런한 사람에게 보답하는 것입니다. 꽃이 피면 풍성한 열매를 맺는 법입니다. 교수님은 80년의 비바람 역경을 이겨내시고 인생의 희로애락으로 거쳐서 그에 따른 많은 문학 성과를 거두었음과 동시에 제일 귀중한 부를 마음에 쌓았습니다.

　그것은 바로 부지런하고 선량하며 소박하시고 모든 이들에게 너그럽게 대하는 인자하심입니다. 우선 축하와 감사의 말씀을 드리고 싶습니다. 첫번째는 교수님의 80주년을 축하하고 출판기념을 축하하고 두번째는 교수님의 은혜에 감사의 말씀을 드리고 세번째는 교수님께서 동해와 같이 복을 많이 누리시고 남산과 같이 장수하시기를 기원합니다.

약2년 전 우연한 기회에 생각지도 못한 일이 발생하였습니다. 그것은 바로 저에게는 문학이라는 길을 선택하는 계기가 된 일이였습니다. 바로 교수님의 옛 박사논문을 워드로 타자해달라는 미션이 있었습니다. 교수님의 박사논문을 타자하면서 논문의 초록과 서론 본론 결론 내용들이 누구도 넘볼 수 없는 깊은 내공이 담겨있음을 발견하였습니다.

그때 바로 교수님의 문학내공을 전수받을 욕심이 굴뚝같이 생겼습니다. 그때 교수님 문학 창작법 가르침을 받고 싶다고 말씀드렸습니다. 저는 학교에서 교학을 하는 교사직이어서 평일 행사는 쉽게 참석이 불가하여 주말행사가 아니면 꿈도 꿀 수 없는 상황이다 보니 교수님 뵙기가 쉽지 않았습니다.

신교수님은 저의 학교로 큰 박스의 문학서적을 보내온 것이었습니다. 혼자 들 수도 없는 무게였습니다. 과연 이렇게 많은 책을 어떻게…. 마음에는 깊은 감동 받았습니다. 교수님과 인연이 이렇게 2년이 넘고 3년을 바라봅니다

그리고 수필창작법, 소설창작법에 대한 교수님의 교수자료를 저에게 메일로 보내주셨습니다. 읽으면 읽을수록 수필과 소설 매력에 빠져드는 듯하였습니다. 교수님께서는 말씀하셨습니다 "문학은 지식과 경험을 바탕으로 문학에 대한 체계적 이해를 갖추어야 한다. 문학수용과 교학활동을 통하여 언어에 대한 통찰력을 기르고 창의적으로 사고하고 소통하여야 한다"

문학을 통하여 인간관계를 총체적으로 이해하고 문화의 가치와 아름다움을 누리며 체계적 안목을 기른다. 한국문학의 보편성과 특수성을 이해하는 것도 중요하다고 말씀하셨습니다.

시에 대해서도 말했습니다. 첫째, 시 문학의 특징은 상징적 기능적 태도를 학습하고 둘째, 이를 바탕으로 통시적 공시적 통찰력을 기르고 셋째, 자신을 둘러싼 사회에 대한 폭을 넓힐 수 있어야 한다. 많은 책을 읽으면 책에서 지혜가 나온다고 하셨습니다.

교수님의 가르침 덕분에 '한반도문학'에 신인상 당선되어 이제 등단 시인도 되었습니다. 교수님의 많은 지도로 권위 있는 문학지에 저의 시가 등재되는 행복을 누릴 수가 있었습니다.

2.

그러면서 인터넷에 들어가 교수님의 저서들을 찾아 읽기 시작했다. 방대한 약 약50여권의 저술에 깜짝 놀랐다. '회귀선'(1979년 동아일보 신춘문예 소설 당선작)에서부터 시집 '당신의 눈을 들여다보면'(1981년 경운출판사) 그리고 문학평론집 '한국소설사의 재인식'(1991년 아사달출판사) 등 분야별로 화려했다.

신성성 교수님은 시 소설 수필 등 대가로서 특히 한국소설에서는 최고라는 찬사를 받고 있습니다. 그는 자유분방하면서도 감성적인 시인의 기질의 소유자로 독특한 자신의 작품세계로 명성을 이루었습니다. 그러므로 한국문단의 주축으로 자리매김하고 있습니다.

특히 최근에 제55회 한국문학상을 수상한 '목불' 그리고 제15

회 청마문학연구상에 통과한 '청마의 만주체류 시에 대한 두 가지 시각' 등 소설과 학술논문을 넘나들면서 한국문단의 큰 영향력을 가지고 있음을 반증하고 있습니다. 동시에 중국, 미국, 일본 등 해외문학 전문지에도 지속적으로 번역 발표되어오고 있습니다. 이미 홍콩문예출판사와 출판계약이 들어왔답니다.

각 분야별로 수 많은 작품들이 신 교수님의 생얼굴 작품세계를 보여주었습니다. 그의 문학적 성공은 명문 사대부 집안에서 태어나 어렸을 때부터 문학교육을 착실히 받아온 것과 같다고 생각했지만 나중에 우연히 알고보니 전혀 다른 참담한 역정을 걸어왔더군요. 특히 도스또옙스키, 뤼신, 세익스피어 등 세계적 문학가들의 일생을 뒤돌아보면 파란만장한 과거가 많더군요.

교수님의 작품세계에서 보여주다시피 소재가 세계적이며 기발한 것이 많습니다. 그것은 해외문학 거장들과의 돈독하고 발전적인 국제교류를 지속해온 이유인 것 같습니다. 특히 '한중문예콘텐츠협회'는 북경의 '중국작가협회'와 공동으로 대표소설집을 발간하고 매년 국제 세미나를 서울과 북경에서 번갈아 개최해 왔습니다. 동시에 '한반도문학'(계간지)은 탈북문인들도 껴안아 꾸준히 작품발표 기회를 제공하고 있습니다.

끝으로 다시 한번 신교수님께 감사를 드립니다. 교수님께서 저에게 문학의 바다로 여행하는 항해법을 가르쳤고, 저에게 문학가로서의 덕목과 지혜를 열어주셨습니다. 생명의 빛으로 저의 문학 인생을 비추어 주셨습니다. 교수님 덕분에 시로서 바다에서 마음껏 인생을 느끼고 즐기는 법을 배웠습니다. 진심으로 감사를 드립니다.

祝申教授福如东海 寿比南山！교수님께서 복을 동해바다처럼 많이받으시고 사모님과 함께 남산과 같이 장수하시기를 기원합니다.

感谢您，敬爱的申教授。是您带我们遨游文学的海洋，是您带领我们打开智慧的宝库，是您让我们沐浴在知识与智慧的阳光下，是您用您的生命之光照亮我们的人生之旅，感谢您让我们把学习诗歌变成一种享受，一种快乐。千言万语也道不尽对您的感激之情，唯有真心的祝福您。

值此，申相星教授80华诞之时，我向申教授祝贺及感谢。首先祝贺申教授华诞喜庆并出版纪念，其次 感谢申教授恩深情重；再次祝申教授福如东海，寿比南山。申教授的生命是一团火，申教授的生活是一曲歌，申教授的事业是一首诗。那么，申相星教授的生命更是一团燃烧的火，申教授的生活，更是一曲雄壮的歌，申教授的事业，更是一首优美的诗。

申教授在人生旅途上，风风雨雨，历经沧桑80载，他的生命，不仅在血气方刚时喷烟闪光，而且也在壮志暮年中流霞溢彩。申教授的一生，视名利淡如水，看事业重如山。他度过了50个春秋，宵衣旰食，呕心沥血。申教授教我们怎样做人，如何做文。您的亲切教诲，恰如清粟粟的泉水，在我们心灵的河床里潺潺流动。从青年流到壮年。

申教授是富有博学多识，嗜书如命，具有学者素质，堪称韩国庆尚北道才子。申教授富有松柏气节。春花秋实，天道酬勤。鲜花的盛开孕育着丰硕的果实，老人家八十年的风雨历程，阅尽人间沧桑，品足生活酸甜，在八十年的生活中，您结下了累累硕果，积累了可贵的财富，那就是勤劳、善良、朴素的精神品格宽厚待人的处世之道。祝申教授福如东海，寿比南山！

아름다운 인연, 행복한 동행

박 영 진
(수필가, 재한동포문인협회 이사)

아름다운 인연으로 만나 행복한 동행이 되어 빛나는 꿈을 함께 꽃피워 가는 사람들이 있었다. 지난 8월 15일, 한중수교30주년을 기념하며 문학과 예술의 아름다운 꽃길을 걸어가는 중국동포 작가와 예술인, 그리고 한국문인 약 100여 명이 화기애애한 분위기속에서 뜻깊은 즐거운 시간을 보냈다.

구로시민공원에서 운치 있는 시화전과 다채로운 아트공연도 있었다. 정말 꿈을 꾸는 것 같았다. 재한조선족작가협회의 일원이 되어 이렇게 꿀벌 같은 사람들과 만나 달콤한 인연을 맺게 되리라고는 꿈에도 생각지 못했다.

'코리안 드림'을 안고 한국에 돈 벌러 와서 일찍 노가대판(건설현장)에서 재수 없이 쓰레기인간들을 만나 몸도 망가지고 마음도 황폐해진 나에게는 같은 문학의 꿈을 꾸는 점잖고 문명한 문인들은 가족이었고 행복한 동행이었으며 하늘이 주신 축복이었다.

어려서부터 책을 무척 좋아했던 나는 나 혼자 홀로 조용히 문학의 꿈을 키워오다가 목구멍이 포도청이라 생업에 열중하느라 한

때는 꿈을 포기하기도 했었다. 그러다가 고마운 고국에 와서 나의 꿈은 활짝 꽃피는 것만 같았다.

　우연한 기회에 중국동포문제연구소 김정룡소장과 인연을 맺어 그가 편집장으로 있는 중국동포타운신문에 수많은 글을 발표하였고 또 동포사회의 많은 활동가분들을 알게 되어 동포사회와 한국사회의 소통과 화합, 그리고 상생을 위한 많은 사회활동에 적극 참가하였다. 2016년 가을, 중국동포 역량강화를 위한 아카데미 남이섬 야외간담회에서 이동렬 대표님을 알게 되어 재한동포작가협회 회원으로 되었다.

　또 한반도문인협회 명예회장이신 신상성 총장님과 권태주 회장님을 만나 이 협회의 회원으로 가입했다. 해마다 대림동에 있는 구로도서관 4층 회의실에서 재한동포작가협회 특강이 여러 번 열린다. 특강에 참석하여 한국을 대표하는 작가인 조정래 소설가과 신상성교수의 특강도 들었고 전상국 작가님도 알게 되었다.

　'시 산맥' 발행인 문정영 시인과 식사도 함께 하면서 즐거운 추억도 남기었다. 수많은 한국의 교수와 수필가들도 특강에 오시여 한국문학의 정수와 본인들의 창작노하우를 아낌없이 전수해주었다. 그분들을 통해서 나는 고국에 사시는 아름다운 사람들의 인간애와 동포애, 지성인들의 아름다운 인연과 아름다운 동행이 무엇인지를 가슴 뜨겁게 피부로 느꼈다.

　재한조선족작가협회(별칭, 연변작가협회 지사 재한조선족문학창작위원회)의 전신은 2012년 8월에 설립된 재한동포문인협회인데 한 해에 한번씩 출간하는 '동포문학'은 그야말로 재한조선족문학의 얼굴이라고 할 수 있었다. '동포문학'에는 재한조선족작가협회 회원들 중심으로 한국문인 및 중국 조선족작가들과 재일본조선족 작가 포함 80여명의 문학작품이 실린다.

'동포문학'은 한국의 '한반도문학', '시 산맥', '시사랑', '숲 문학' 등 많은 문학지와 자매결의를 맺고 함께 '문학사랑'의 꽃을 가꾸어 가고 있다.

이날 행사에 한국문인협회 이광복 이사장, 서울서남권글로벌센터 김동훈 센터장, 구로구문인협회 장동석 회장, '시사랑' 서병진 회장 그리고 '시 산맥' 문정영 발행인과 '숲 문학' 장운기 명예회장 등 많은 한국사회의 유명인사들이 참석하여 자리를 빛내어 주셨다.

이광복 이사장은 축사에서 "중국조선족은 독립군 후손이고, 다른 나라 교포보다 한민족의 글과 풍속을 잘 지켜온 일원이기에 존경 한다"며, "동포문인들이 바쁜 와중에도 열심히 글을 쓰고 문학의 '성탑'을 쌓아가는 모습에 감동한다. 재한조선족문학이 한국문학과의 접목을 통해 한층 업그레이드되고 진정 '동포문학'다운 동포문학으로 거듭나기를 기원드린다"고 말했다.

김동훈 센터장은 "깊은 인연을 맺어 정말 한집 식구같이 정이 간다"며 "도움 주기 위해 최선을 다 하겠다"고 말했고 장동석 회장은 "두 협회 간에 더욱 돈독한 문학의 연을 맺어가기를 바란다"고 했다.

재한조선족작가협회 이동렬 대표는 인사말에서 "'동포문학'은 재한중국동포들이 한국에서 살며 겪어온 희노애락을 잘 보여준 문학작품들의 집대성이다. 끈질긴 집념과 피타는 노고로 불모지나 다름없는 재한조선족사회의 '문학'이라는 터전에 따뜻하고 감성적이며 너무도 인간적인 '사랑의 집'을 지어왔으며 돈만으로 만들 수 없는 세상을 만들어가고 있다"고 감회를 토로했다.

또 "앞으로도 재한조선족문학은 한국문단과 중국문단간의 네트워크를 잘 만들어가면서 장점을 흡수하여 디아스포라적이고 글로벌적인 문학으로 거듭나도록 노력하겠다"고 말했다.

혼자 가는 길은 외롭고 쓸쓸하며 힘들지만 아름다운 사람들을 만나 진정한 인연을 맺고 행복한 동행이 되어 서로 도우며 함께 가는 길은 즐겁고 행복하며 희망에 넘치는 법이다.

유유상종, 울타리, 끼리끼리 논다는 말이 있다. 악연은 악하게 끊어버리고, 스쳐가는 인연은 스쳐버리며 진정한 인연, 아름다운 인연들만 만나고 싶다. 심성이 착하신 신상성 총장님과 독실한 그리스찬 권태주회장과 행복한 동행이 되어 함께 꽃길만 걷고 싶다.

(2022. 09. 22 김제)

- 중국 문인들 축사

中国天津 武歆

　　申相星先生80华诞，向您表示真诚的祝福。多年前天津作家代表团出访韩国，与您相识，留下美好的记忆。是文学让我们彼此了解、相知，在未来的日子里，让文学继续成为友谊的桥梁，中韩两国作家友好往来，让我们彼此坦诚的交换"内心独白"，书写生活、书写尊严、书写良知。

　　再次祝福您杖朝之年，身体健康，幸福愉快。

中国 惟诚

　　难忘2017韩国之旅，暖暖的记忆，快乐的时光，历历在目。聆听中韩友谊的使者申教授讲文学，读诗歌至今在耳边回响。祝福申教授和夫人及热情好客的韩国朋友幸福美满，文采飞扬，心想事成！天津文友郭丽梅（惟诚）

中国 씨상

初识申相星先生是在中国，当时申教授在天津一所大学任教。有幸经尹金丹女士引见得以相遇。申先生性格爽朗、学识渊博，而且为韩国当代著名作家，作品甚丰。不禁钦佩不已。

其后，随天津作家代表团赴韩国进行文化交流，再度与申教授欢聚，虽时间短暂，聚散匆匆；但友谊增厚，依依难舍，尤其他那人格的魅力至今仍印象深刻。

欣闻，今年正值申相星先生80岁寿诞，真挚地送上祝福！尽管相距遥远，心则相近，请允许我用一句中国最有名的祝寿语：祝愿申相星先生福如东海，寿比南山！

● 신상성 작가연보

1. 빈 손에 '바람의 뼈'를 간추리며

부끄럽다. 살아 있다는 게 부끄럽다. 어구나 이런 서투른 창작집 〈처용의 웃음소리〉 엮음을 내 놓는다는 불안하다. 3.15때 먼저 떠난 고향의 동창들과 하늘에서 꽃처럼 떨어져 간 제1공수특전단 특수요원들과, 월남전 백마부대 29연대에서 의무중대에서 산산히 부셔져 간 전우들에게 부끄럽다. 그리고 어느 깊숙한 절간 질벽 앞에서 빈손에 '바람의 뼈'를 간추리고 있는 도반(道伴)들, 그들의 진실한 고뇌와 몸짓에 부끄럽고 부끄럽다.

1. 왜곡된 사회와 부조리

내가 1960년3월 마산고교 1학년 때 '마산3.15'가 터진다.

그날 3월 15일은 마산고교 신입생 합격자 발표날이었다. 마산시내가 발칵 뒤집혀지는 '마산의거'가 요동치는 바람에 우리는 합격자 명단을 시꺼먼 연막탄 연기 속에서 읽어내야 했다. 제1공화국 이승만 대통령의 부정선거에 반대하는 마산의거는 결국 서울 4.19의 기폭제가 되어 전국을 민주화 핵 폭탄으로 폭발시켜 버렸다.

　그 살벌하고 음산한 분위기는 동료 고교생까지 마산경찰서 지하실에서 무차별 체포 고문했다. 당시 현장에 있던 마산상고 신입생인 동료 '김주열'시체도 왼쪽 눈에 최루탄이 박힌 채, 합포바다 신마산 앞 부두에서 낚시꾼에게 극적으로 발견되었다.

　이러한 충격적 사건은 사춘기 내내 우리들을 반항아로 훈련시키는 계기가 되었다. 고교 2학년 때는 결국 박정희의 '5.16 군사혁명'이 촉발되었다. 그로 인해, 이승만 등은 경무대(청와대)에서 미국 하와이로 야반 도주하고 박정희 군사정권이 들어선다.

　1963년 3월 동국대 국문학과에 입학하여 정문을 나들명거릴 때도 공수부대 무장한 군인들의 냉갈스런 눈도끼를 받아야 했다. 결국 2학년 때 6.3사태가 발발하여 전국 대학가가 다시 연막탄 속에서 숨 막히는 항거를 해야 했다. '한일회담 저자세 반대' 등의 동국대 시위 주동자로 내 이름도 학생과 붉은 리스트에 오르게 된다.

학교정문 수위실에 앉아있는 중앙정보부 요원들에게 툭하면 불려가 내 책가방을 뒤집히거나 미행 당하기도 했다. 3학년 때는 국보 제1호 양주동 교수님이 강의실에서 '군사정권을 비판했다'는 이유로 학교에서 쫓겨났다. 국문학과를 비롯하여 인문대학이 다시 뒤집어졌다.

당시 동국대 '동국문학회' 부회장인 나는 인문대 소속 학생들에게 '양주동 교수님을 다시 강의실로 보내달라'는 연판장을 돌렸다. 학교본부 앞 시멘트 바닥에 우리들은 며칠 동안 드러눕기도 했다. 공수요원들이 포위하기도 했다. 그러다가 전국 수배 중에 나는 군대에 끌려가게 되었다.

고교 1학년 때 처음 맛보게 된 시커먼 연막탄은 대학에 가서도 내 청년시절을 숨 막히게 했다. 아이러니컬 하게도 우리를 억압하던 그 공수부대에 내가 배치된 것이다. 당시 중앙정보부에 붉은 명단이 올라가 있는 대학생들은 반강제로 특수부대로 배치한다는 사실을 나중에서야 알았다.

1966년 12월 제1공수특전단에서 나는 이를 악물고 특수훈련을 견디어 내었다. 우선 살아야 했다. 나 자신에 대한 '내 실존'의 실험이었다. 그 연막탄은 공수부대 특별훈련 중에도 이어졌다. 그 비상 신호탄이나 연막탄을 앞세워 한 달에 최소한 4회 이상 점프를 한다.

한겨울, 한밤중 약5천 피트 하늘에서 뛰어 내리려면 오줌이 마렵다. 야간 점프 때마다 사지가 병신이 되거나 시체가 되어 나가는 동료들을 부면서 다시 이를 악 물었다. 미국 존슨 대통령에 의

한'하노이 북폭' 결정으로 월남전이 확대되자 나는'공수부대 의무병'으로 차출되었다.

대구 의무기지사령부에서 위생병을 교육을 마치고 월남 백마부대 29연대 의무중대로 배치되었다. 내 젊음이 '위험과 죽음'의 연속이었다. 연막탄은 수시로 내 앞길을 덮쳤다. 월남전에선 삶과 죽음의 경계선을 가르는 몰강스런 신호였다.

연막탄이 터질 때마다 푸르고 붉고 누런 綠.赤.黃의 연기는 그대로 우리의 모가지를 안전, 위험, 비상으로 구분해 주었고 또 수시로 바뀌어졌다. 우리의 의지와 진행은 그 연막탄의 절대적인 저지를 받거나 차단되어야 하는 늘 수동적인 생명이었다. 우리의 젊음은 죽음의 활화산에 던져진 하나의 벌레일 뿐이었다.

3.15/ 4.19/ 5.16/ 6.3 그리고 공수요원에서 다시 월남전 전투병이라는 일련의 과정은 내 20대의 정신과 육체를 산산이 찢어발겼다. 초등학교 1학년 때 6.25를 만났다. 안델센 동화책을 읽어야 할 어린 나이에 피 칠한 시체들을 거리에서 만나야 했다. 초등학교 때는 어른들의 총칼 위협 속에서, 대학시절에는 내가 그 총을 들고 월남의 어린이를 위협해야 했다.

그 공포스런 전쟁시대의 무서운 세균은 백결百結 선생의 갈갈이 찢겨진 형겊이 되었다. 그 백 가지 형겊조각이 이제 다시금 기워져 내 몸을 감싸는 새로운 '나'의 모자이크로 되어 생환되었다. 그래서 지금 다시 '문학'이란 거울 속에 발가벗겨 세워져 있다. 내가 가진'세상의 거울'은 어떤 거울일까?

(1) 뿌리 뽑힌 삶

내 잔뼈가 통뼈로 자란 곳은 마산이며 나의 제2 고향인 셈이다. 나는 원래 서울 황학동(신당동)에서 태어났다. 나의 아버지는 함경남도 함흥이 고향인 피난민이다. 아버지는 서울 아현동 '서울공전'에서 유학하다가 어머니를 만나 결혼을 했다. 아버지의 피난살이'이 6.25로 인해 마산에 정착하게 된 셈이다.

이북 아버지의 혈육5남매 중 제일 맏형인 큰아버지가 이남의 아버지를 찾아 무작정 흥남 부두에서 철수하는 배를 타고 이남으로 내려왔다. 큰아버지는 거제도 포로수용소를 거쳐 우연히 마산에 정착하게 된 것이다. 당시 함흥 신상리 마을사람들이 마산에 몰려 살면서 같이 끼어든 것이다.

큰아버지는 지금의 삼성그룹 전신인 ㈜제일제당의 설탕과 밀가루 신마산 대리점을 하면서 함흥에서와 같은 장사수완을 보였다. 몇 년간 웬만큼 터전을 잡자 아버지를 찾기 시작했다. 당시 영등포역 근처에서 ㈜대한중기회사를 운영하고 있던 사촌 고모네가 처음 군산群山의 아버지에게로 연락이 왔다.

6.25 때 국방군으로 참전했다가 제대한 아버지가 군산에서 목공소를 차렸다. 곧 확장하여 집을 지어 파는 집 장사를 하던 때에 영등포 고모로부터 마산의 큰아버지 소재를 연락 받았다. 전쟁직후 빈털터리 피난민이었던 아버지 덕분에 한 때 전국을 떠도는'집시' 생활도 했다. 어머니의 외가인 익산益山과 가까운 군산에서 피난민 짐을 벗어 놓으면서 생활기반을 다지기 시작했다.

탁월한 솜씨의 목수木手였던 아버지의 기술 덕분이다. 몇 년 만에 집을 서너채 지어 파는 지금의 부동산 사업을 했다. 그때 고모의 연락을 받고 마산의 큰아버지를 찾아갔다. 함흥에서 헤어진 후, 실로 18년만의 해후였다. 아버지는 희색이 만면하여 돌아왔다.

　큰아버지가 삼성 이병철李秉喆의 ㈜제일제당 신마산 총대리점을 장악하던 때이며 점차 전 마산과 진주까지 도매상을 장악해 나가던 때여서 아버지는 즉시 마산으로 이사를 가서 큰아버지 사업을 도와주게 되었다. 아버지는 처음에 큰아버지 밀가루 사업을 도와주다가 8촌 조카가 우연히 찾아오게 되자, 자기 일을 그에게 넘겨주고 자신은 더 큰 규모의 '고철 쓰레기사업'에 뛰어들었다.

　진해鎭海 해군기지창에서 쏟아져 나오는 고철 쓰레기 등을 입찰 받아 영등포 고모네 ㈜대한중기회사에 납품하는 큰 사업이었다. 나중에는 전국의 고물상을 잡기 시작했다. 그 고철로 기차 등 국가인프라를 구축하던 시기여서 지금의 포철같이 대단한 국책사업이었다. 고철이 금값이었다. 아버지는 가정보다 사업에 대한 욕심 때문에 주로 전국을 뛰어다녔다.

　나중에는 부산 군수기지사령부와 연계하여 창원 39예비사단 등에 군납사업도 포함했으며 삼천포 일대 밀수에도 가담했다. 그만큼 통이 크고 야망이 탱크 같았다. 또한 그 만큼 가정생활의 굴곡이 심했다. 내가 마산고교 2학년 때 결국 아버지는 5.16 군사혁명으로 완전히 거덜났다.

　진해 해군기지창, 부산 군수기지창 등 군대를 상대로 한 대규모 사업이 하루아침 뒤집어 진 것이다. 거래하던 군 장성들은 혁명파와 반혁명파로 나뉘어 일부는 최전방으로, 일부는 감옥으로 가는 등 혼란시기에 아버지도 서울로 야반 도주하지 않으면 안 되었다. 전국의 고철상들과 거래하던 큰 돈들이 일거에 증발되었기 때문이다.

그 바람에 나는 큰집으로 가정교사 겸 더부살이로 들어가고 두 동생들도 뿔뿔이 흩어졌다. 친척들의 눈총 끝에 묻어나는 설움의 한증탕 속에서 나는 구석으로만 쫓겨 다니며 애살스럽게 입시준비도 해야 했다. 역마살이 끼었는지 아버지와 떨어져 있을 때가 더 많았던 어머니는 결국 이혼을 하고 서울로 달아나 버렸다.

지금도 이따금 어머니의 무당 같은 무지와 이기적 독선을 만나면 어릴 때의 배고픈 기억이 영화장면 같이 한꺼번에 찍혀나와 한동안 혐오감에 몸을 떨곤 한다. 어머니의 무지는 그냥 무지가 아니라 철저한 이기심이다. 어머니는 이화여전(이대) 출신이다.

어머니의 무지는 '아버지에 대한' 부정일 뿐이다. 자기자신을 위하는 일 이외에는 전혀 관심이 없다. 우리 어머니는 우리의 친어머니가 아닐까? 의구심이 날 정도로 식구들에게 매정했다. 다른 어머니와 전혀 달랐다.

(2) 몰락한 귀족가문

우리 외할머니(金蘭子)는 조선조 말기 세도가였던 민씨(関氏)

집안에 시집을 갔다. 그래서 씨가 다른 남매인 민영낙(閔永樂)을 오빠로 해서 태어난 기구한 운명이다. 어머니는 덕분에 마포 별궁(別宮) 안에서 귀족(?)의 외딸로 성장했다. 그 외할머니는 또 어찌 어찌해서 전라도에서 자전거와 자동차를 제일 먼저 굴렸다는 송춘식(宋春植) 대갑부의 세번째(?) 첩으로 또 들어간다. 어머니는 명절날 식구들이 모여 앉으면 이 얘기를 노래하듯 반복한다.

한때 TV 드라마에서 '민비시해'(閔妃弑害) 사건과 관련된 연속극을 할 때에는 매일 저녁 그 드라마 앞에 차고앉아 민영휘 민영달 민영낙 등을 얼굴을 가리키며 무슨 무슨 외삼촌들인데 그 후손 민인희는 무슨 출판사 사장 마누라가 되고, 홍능 이모는 국회의원 유해조의 부인이 되고, 김호영은 러시아로 유학갔다가 홍범도 장군 휘하의 독립군 부대장을 했다느니 떠들어댔다.

어머니는 말을 할 때는 무당같이 입술가에 허연 게거품을 뿜으며 자기도취에 빠진다. 내가 실제로 홍능 이모는 대학시절에도 몇 번 홍능에 가서 만나기도 했다. 어머니는 종로 3가에서 가전제품 수리를 하는 '종만'이 아저씨 집에도 일부러 이따금 데리고 갔는데 그는 월북한 내 삼촌 김윤호와 단짝이란다.

외할머니가 양자로 데려온 김윤호(金允浩 1925)는 어머니의 외사촌 오빠인 김주섭(金周燮 1919)을 따라 남로당 거물 박헌영 월북 때 같이 따라 갔단다. 서울농대 출신인 김주섭은 딸 하나를 남기고 올라간 것이다. 머리가 뛰어나 북에 가서도 큰 자리를 차지하고 있을 거라며 '남북적십자회담'이나 이산가족 찾기 프로그램에는 열심히 북의 사람들 얼굴을 찾아보기도 했다.

그의 부친은 경북 봉화 군수로서 선비집안 출신이다. 그러나 나는 지금도 어머니의 이런 기계家系를 반신반의 하고 있다. 어디까지 사실인지 감을 잡을 수가 없다. 그 정도로 어머니의 말솜씨는 청산유수 이기 때문이다. 어쨌든 어머니는 별궁 안에서 시녀들의 온갖 수발을 받으면서 자란 특이한 환경 때문에 그 성격은 매우 이기적으로 굳어 있었다.

지금도 매사에 당신 자신밖에 모른다. 양귀비 용모에 뇌꼴스럽고 신둥부러진 성격이다. 마산으로 내려와서 몇 안 되는 친척들조차 또, 몇 안 되는 몰락한 귀족들 조차 어머니라면 머리부터 흔들며 저만큼 도망친다. 그런데 참 이상하다. 그런 어머니가 팔뚝에 불침을 맞고, 불명佛名을 받은 철저한 보살이다. 부처에 향한 불심은 죽었다 깨어난다 해도 변함없이 표독하다.

내가 월남전에서 매달 목숨과 맞바꾸는 '전투수당'을 어머니께 송금했다. 어머니는 매달 약54달러에 달하는 그 쫄병 월급을 꼬깃꼬깃 모아서 저금하거나 하지 않고, 부처님을 모신 사찰의 유리창을 새로 하는데 불공 드리는데 썼단다. 또 아침 첫닭이 울면 개나리 봇짐 하나에 지팡이를 짚고 그 험한 팔공산 상상봉을 올라가 미륵보살에게 나의 생명을 보전해 달라는 고행苦行을 계속했단다.

어머니의 철저한 이기적 사고방식을 생각하면 알다가도 모를 일이다. 어쨌거나 어머니의 지성으로 내가 그 험한 전쟁터에서 살아 돌아왔다고 자위하지만 좀 씁쓸하다. 왜냐하면 다른 전우들의 부모들은 그 월급으로 시골의 집을 샀니, 논밭을 샀니? 하고 편지가 왔기 때문이다.

 그러나 나는 월남에서 귀국해 보니 무일푼이었고 대학 등록금 마련을 나는 건축 공사장 등에서 다시 중노동 아르바이트를 해야 했기 때문이다. 당시 육군 병장월급 약54달러이면 공무원들 월급 수준이었다. 나뿐이 아니고 내 남동생도 십자성 부대에 파병되었기 때문에 어머니는 매달 약 1백 달러가 넘는 돈을 챙기고는 그냥 담뱃재 마냥 날려버렸다.

 그때 이미 아버지와 이혼하고 혼자 사는 어머니는 그 큰 돈을 혼자 다 쓴 것이다. 남은 것은 어머니의 화려한 옷과 패물들만 잔뜩 쌓여 있었다. 지금도 생각하면 그 정글 속에서 눈만 감았다가 다시 뜨면 피아간의 시체가 초겨울 문지방에 떨어져 쌓인 파리떼만큼이나 산적하는 시체들 속에서 한쪽 귀의 부상만을 제외하곤 멀쩡하게 돌아올 수 있었던 것은 전혀 어머니의 불공佛供으로 생각하기로 했다.

(3) 아부지! 함흥 싸나이

아버지! 하면 눈물부터 명치끝에 치받힌다.

 3.1운동 이듬 해 태어나신 아버지는 식민지 치하에서 객지(서울)에서 서울공전을 다니며 고학했다. 함흥 영신중학교 다닐 때, 같은 반에 다니는 일본 놈 두 명을 양쪽 손에 하나씩 쥐고 허리돌려치기 유도로 메다꽂고 친구 두 명이 도망 나왔단다.

'죠센징'이라며 늘 놀려대고 툭 하면 담임에게 일러바쳐 얻어터지곤 하다가 어느 비 오는 날, 그들의 게다짝까지 벗겨 대갈통을 까발리고는 그대로 서울로 무작정 가출해 버린 것이다. 아버지는 함경도 싸나이 '아즈바이' 기질에 옛날 영화배우 '장민호'를 닮은 미남형이다. 그런 멋 있는 아버지가 어쩌다 '아내'를 잘못 만나 평생 고통스럽게 지내야 했는지 생각할수록 눈물겹다.

아버지는 8.15 광복직후에는 미美군정청 건설관계 총감독을 했고 마산에서는 큰아버지의 자금지원을 받아 진해 해군기지며 부산 군수기지 등을 목대 잡고 잘 나가던 시절도 있었다. 마산에선 '불정거리의 바바리 신사'라는 별명으로 구마산 번화가 일대를 주름잡기도 했으나, 5.16 등 몇 번의 정치적 변혁은 결국 아버지로 하여금 야간도주를 하게끔 몰아부쳤다.

다시 서울로 와서는 빵모자를 귀밑까지 눌러쓰고 약수동 친구의 목공소에서 다시 원래의 주특기인 목수木手일을 하게끔 만들었다. 아버지의 목공기술은 옛 중앙청 뾰쪽탑을 보수할 때도 그 진가가 한국 건축계에 정평이 나있었다. 9.28 서울 수복 때 해병대 요원들이 올라가 감격의 태극기를 달던 그 뾰쪽탑 말이다. 당시 서울 장안에서는 누구도 습기가 차서 부식되어 가는 그 탑을 보수할 사람이 없었다.

그래서 아버지와 이대 건축과 교수 등 몇 명이 다 들어내고 다시 복원했다고 한다. 약수동 산 꼭대기 판자집 사글세 방에서 배고픔에 아버지를 기다리다 못해 내가 동생 손목을 이끌고 장충단 고갯길 그 목공소에 가면 아버지는 대패질 하던 손을 멈추고, 미군 빵 모자를 훌렁 벗어서 눈썹이며 콧구멍, 귓구멍 등 구멍마다 허옇게 들어차 있는 대패밥을 털어내며 나오시곤 했다.

며칠 밤낮으로 철야 노동한 피로의 피빛 눈동자가 우리 형제를 보고는 말없이 앞장 선다. 아버지는 늘 말이 없고, 행동이 앞섰다. 풀빵 집에 앉아서 아버지는 줄 담배만 피웠고 우리들은 아버지 몰래 눈물을 훔쳐가며, 풀빵을 조금씩 뜯어 먹었다. 가난을 깨물어 목구멍에 삼켰다. 가출해 버린 어머니를 원망하며 눈물 섞인 풀빵을 맛있게 아주 꿀떡같이 슬픔과 함께 삼켰다.

가난한 대학생의 가난한 아르바이트 때문에 사실 매일 쌀 한 되 사서 집에 들어오기도 쉽지 않은 60년대 중반이었다. 왕년의'불정거리 바바리'가 고물상 빚쟁이들에게 들킬 까봐, 빵모자를 깊숙이 눌러써야 하는 일용직 목수로 추락한 것도 비참하지만 더 비참한 것은 어머니의 가출이다.

아니 그때쯤 법적으로 이혼하긴 했지만 가정이 가장 어려울 때에 혼자만 있겠다고 냉갈령하게 달아난 것이다. 한때 구마산'초월다방'일대 일류 요정마담들 치마폭에 돈다발을 나비물로 흩뿌리고 다녔고, 아버지 납품회사 가족들 가운데 생활이 곤란한 사람들에겐 쌀이나 연탄 등을 트럭으로 실어다 주었다.

또한 경쟁업자라고 하더라도 입원비가 없으면 즉시 수표를 끊어 주기도 했다. 아버지에 대한 이런 일화는 불정거리에 흔한 소문으로 나 있다. 그러면서도 정작 우리 집엔 밀가루 한 푸대 들여놓는 법이 없다. 우리들 교복이 닳아서 팔꿈치가 나와도 아랑곳없었다. 남에게는 그렇게 잘하면서도 왜 우리 집에는 그렇게 무신경했는지 알다가도 모를 일이다. 그건 어머니가 뇌꼴스러워서! 라는 이유만으로는 뭔가 나사가 맞지 않는다.

나는 이따금 아버지와 같은 속성을 내 안에서 발견하고는 고소苦笑를 머금을 때도 있다. 남의 일부터 먼저 발 벗고, 뛴 다음에 내 것을 처리하는 순서는 지금도 어쩔 수 없다. 그리고 남의 불의나 불공정을 보면 그대로 지나치지 못하고 혼자 고민한다. 그렇게 불만이 쌓이다가 어느 순간에 부딪히면 나 자신도 모르게 날뛴다. 럭비공이 어디로 튈지 모르는 다혈질이다.

(4) 사춘기 성장통

부모님의 가정불화가 고교1학년 때는 별거로 벌어졌고, 2학년 때는 아버지 고철 쓰레기와 군납사업의 몰락으로 어머니는 가출하여 가정이 파괴 되었다. 동생 둘은 서울 친척집에 각각 찢어져 얹혀 있었다. 설상가상으로 남한에서의 유일한 혈육인 큰아버지의 위암 사망으로 아버지는 더욱 절망에 빠졌다.

큰집에 얹혀살던 3학년 입시반 때는 나의 자폭시대였다. 결국 터져버린 내 정신의 사제폭탄은 나를 가출과 무기정학으로 내몰았다. 그 시절 입시라는 절박감은 '나의 난감한 불투명 장래'라는 낱말과 함께 내 일기장의 피눈물로 적셨다. 매일 밤 지옥과 천당 사이를 오갔다.

대학을 가고 싶었지만 그럴 가정환경이 못 되었다. 폭음, 흡연,

불륜, 실연, 패싸움은 나를 '문제아'로 채찍질했다. 입학 당시 전교 4등이 졸업반 때는 낙제점수 에서 오리걸음 걷기다. 느기미, 강원도 절간으로 뛰어들어가 삭발하느냐, 동창생 누구와 같이 일본으로 밀항하느냐. 아버지의 창고가 있던 선창가에 가서 사타구니까지 오는 긴 장화를 신고 생선 리어카를 끄느냐?

나는 하늘에서 쏟아지는 은하수 외에는 누구와 의논할 사람 하나 없었다. 결국 가출하여 부산 광복동 뒷골목을 배회하기도 하고, 한밤 중 신마산 앞바다에 뛰어 내리기도 몇 번 했다. 그렇게 툭하면 결석하는 나를 어떻게 간파했던지 3학년6반 '미친갱이' 우리 담임이 주선하여 나의 부정적 사건일체를 백지로 돌리고 무기징역(?)에서 1주일만에 복교시켜 주었다.

독일어를 열정적으로 가르치는 그 선생님은 지금쯤 미국에 이민 가서 어느 별 아래 살고 있는지 모르는 진정한 은사恩師이다. 지금 교단에 서게 된 나는 이따금 창 밖으로 얼굴 돌리면 그 안짱다리 걸음의 미친 듯 열강하는 선생님 얼굴을 만난다.

나는 담임 선생님의 전격적인 구제로 다시금 독하게 입시에 결심할 수 있었다. 부엌칼을 내 책상(큰아버지의 제사상) 위에 거꾸로 찍어놓고 먼지 묻은 참고서를 털어내 밑줄 긋기를 다시 시작했다. 그렇게 맘을 잡은 게 5월초, 학교 뒤 공동묘지와 경계를 이룬 철조망 근처의 무성한 아카시아 향기가 콧구멍을 현기증으로 휘감을 때였다.

그러면서 진주의 개천예술제 백일장 등에도 김문백과 같이 참여하기도 했다. 졸다가는 부엌칼 끝에 이마가 찍히는, 죽기 아니면 뻗기로 공부했다. 국어, 영어는 기본실력(?)으로 쉽게 회복이 되었으나, 이미 시간을 놓쳐버린 이공理工 과목 점수는 암기과목으로 보완해 나가야 하는 안간힘 이었다.

1962년 11월 제2회 국가고시에서 마산고교에서는 모두 16명만이 합격하였다. 그 속에 내 이름도 들어갔다. 약6백명의 졸업반 응시생 가운데 겨우 3%만 1차 합격자를 낸 것이다. 전국고교에선 단 1명도 합격을 못 시킨 학교가 수두룩 했다. 미칭갱이 담임은 서울대 국문과에 손수 원서를 사서 써주었다.

자기 모교의 후배가 하나 생겼다며 아직 학년말 시험도 끝나지 않았는데 서울로 미리 올려보내 주었다. 서울에 있는 학원 같은 데에서 '총정리'를 하라는 것이다. 나는 상위권 동창들 몇 명과 함께 서울로 왔지만 막상 있을 곳이 없었다. 도망간 야반도주한 아버지와 연결되어 영등포역 근처 고모네 집에 시험 칠 때까지만 얹혀 있기로 했다. 그러나 나는 낙방했다. 나중에 안 일이지만 '그럴리 없다며' 미칭갱이 담임이 즉시 올라와 서울대에서 내 답안지를 확인해 본 결과, 국어와 영어는 만점에 가깝고 수학과 물리 그리고 미술, 음악 등의 예능과목이 시베리아 벌판이라고 했다.

사실 서울대는 국립이라 학비가 싸다고 하지만, 합격을 해도 당장 숙식해결이 쉽지 않았고, 더구나 재수 같은 건 남의 나라 이야기였다. 그런데 세상은 알다가도 모를 일이다. 영등포 ㈜대한중기 재벌인 사촌 고모집 찬 마루방에서 눈치밥을 얻어먹으며 낙방 이후의 결단을 속앓이 하고 있었다. 무엇보다 아버지의 얼굴을 똑바로 볼 수가 없었다.

(5) 동국대 시절, 황량한 남산 밑에서

우연히 동국대에 7명이 미달이라는 정보를 알게 되었다. 동국대 국문과는 당시 국어담당 선생님이 동국대 출신이어서 선망을 하고 있긴 했었다. 그러나 서울대 낙방이라는 좌절감으로 곰삭이고 있는데 뜬금없이 어머니가 동국대 입학원서를 들고 나타났다. 동국대도 서울대와 같이 1차로 20명을 뽑았는데 미달이 되었던 모양이다.

얼마 후 합격통지서가 도착되었으나 나는 포기한 상태였다. 그런데 이번에는 등록금 영수증이 도착되었다. 알다가도 모를 세상이다. 그래서 살아야 할 이유가 생기는지 모른다. 다시 서울에 올라와 보니 아버지가 목수일로 알곡같이 모은 돈을 등록금 영수증과 바꾼 것이다.

5명의 식구가 뿔뿔이 찢어져 있으면서도 FBI 같은 비상 정보망을 갖고 있었던 모양이다. 덕분에 나는 세번째의 자살계획을 포기해도 좋았다. 문화촌 산비탈 빈민가, 아버지의 고향친구 김씨의 판자집에서 나는 염색한 미군 작업복을 입고 동국대 대학생으로 첫 출근을 했다.

인생의 가장 순수한 황금시기인 고교3년의 사춘기를 나는 이렇게 백결 선생의 누더기 가난과 자살미수 속에서 폭풍 같은 시간을 메꾸어야 했다. 정치 사회적으로는 3.15에서 시작하여 4.19, 5.16으로 이어지는 숨가쁜 군사혁명을 거쳐야 했다. 대학에 들어와서는 그 연장선상에서 6.3 사태와 양주동 교수복귀 시위 등을 주도해야 했다.

결국 그로 인해 전국 수배자가 되고 도피 중 잡혀서 공수부대로, 월남으로 청춘이 포탄 속에 찢겨져 나가야 했다. 나의 60년대 전반은 이렇게 굴절되고 모순된 '폭풍노도의 시간'이었다. 우습다. 이게 작가 노트라니 부끄럽다. 그러나 내 청소년 시기의 불행과 고난이 이런 '누더기 생채기' 속에서 진작 틈 들이고 있었던 것인가 보다.

연막탄의 시커먼 안개를 헤집고 톺아 본 마산고교 합격자 명단의 게시판 속에서 내 이름을 발견했을 때 나는 막연히 소설을 쓰고 싶다는 생각이 불현듯 일어났었다. 운명일까? 아니, 애초 마산중학교 어느 때부터인가 만화며 소설 나부랭이를 소중하게 가슴에 끌어안고 자면서부터 어떤 운명으로 스며든 것 같다.

나는 고교에 들어가면서부터 매일 소설 한 권씩 걸태질하지 않으면 잠이 오지 않았다. 그때 소설에 미치는 탈출구라도 없었으면 나는 '조폭회사'에 입사하거나 정신병원에 감금 되었을지도 모른다. 그때의 습작 원고들이 지금도 책상 속 가장 은밀한 곳에 일기장과 함께 엎드려 있다.

지금 내 곁에서 평화롭게 자는 아내의 여윈 뺨과, 침을 흘리며 곯아 떨어진 세 개구쟁이들의 얼굴을 내려다보며 또, 연전에 연전에 돌아가신 내 아버지를 생각하니 눈물이 다시 명치 끝으로 치민다. 목수로 시작하여 끝내는 남의 집만 짓는 공사현장에서 간경화 과로로 돌아가신 아버지! 아버지의 초혼(招魂)을 부르던 날, 아내가 정성스럽게 만든 시루떡을 무당이 선뜻 열어보았다.

거기엔 분명히 학(鶴) 발자국이 선명하게 남아있었다 " 늬 아부지는 이제 훨훨 학이 되어 하늘로 갔제라우 잉, 아주 편하게 가볍게 학이 됐승께 암 염려말더라구 잉" 동네 할망구 무당은 그렇게 짐짓 남아 있는 우리들을 안심시켜 주었지만 아직도 환갑도 못 넘기고 가신 아버지를 생각하면 눈물이 앞선다. 아버지는 간경화로 남몰래 피를 토하면서도 식구들에게는 끝까지 숨겨왔던 것이다.

이렇게 부끄러운 청소년기 과거를 작가로서 잠깐 발가벗겨 본다. 그리고 불황에도 굳이 순수 창작집을 엮여준 최봉식 사장님에게 또한 부끄러운 감사를 드린다.

― 작가노트1 〈처용의 웃음소리〉 동호서관 1981.

2. 이승이 저승이고 저승이 이승 같은 세상

1979년도 [동아일보] 신춘문예로 문단에 나온 지 딱 10년이 됐다. 그동안 천방지축 뛰어다닌 것 같다. 폭풍우 같은 월남전의 20대, 이 사회 전면에서 참담하게 맴돌던 30대, 그리고 생경한 언어로 몸부림 치던 40대를 지나고 있다. 아직도 내가 소설을 쓰는 낙서쟁이, 라고 할 수 있을까. 그 동안 장편 하나 못 쓰고 생활에 쫓겨 살아왔다.

먼저 생활도 시급했지만 그 동안 대학원 석―박사 과정을 완수하느라 사실 장편소설을 쓸 여유를 갖지 못했다는 게 솔직한 심정이다. 그것은 변명일 수도 있으나 나는 소설을 내 종교같이 사랑한다. 생명같이 소중하다. 소설은 나에게 있어 존재 의미가 되기 때문이다. 그 동안 쓴 중. 단편 50여 편도 장편을 쓰기 위한 습작이라고 하면 지나친 말일까? 소설창작집3권, 시집1권, 평론집 2권을 상재했다.

 그리고 대학원에서 미진했던 평론분야를 논문공부로 조금은 보충해 보았다. 다행히 대학원은 전면 장학생으로 선발되었다. 인문대 대학원 전체 성적 '톱!'이 국문학과에서 나왔다며 돌밭 이병주(두시언해 편저) 교수님이 나를 적극 추천해 주신 덕분이다. 그래도 모든 게 부족하다. 그러나 이젠 금년부터 조금씩 확실하게 내 개성적 목소리를 가다듬어 보아야겠다.
 － 작가노트2 〈목숨의 끝〉 고려원 1990.

3. 거북이는 토끼와 경주하지 않는다

(1) 꽃 진 자리에 꽃 피어나듯

 우리사회는 지금 I.M.F 소용돌이 때문에 국가기반이 다소 흔들리고 있다. 그러나 우리네 한국인이 어떤 사람인가. 또 우리민족이 어떤 민족인가. 거의 1만년 역사를 단일민족으로서 또한 세계에서 드문 고유어의 한글문자를 유지해 오고 있지 않은가. 한반도 전역에는 선사先史 유적지가 상당하게 발굴 되었으며, 대구 여수 안산 일대에서는 공룡알 또는 그 발자국이 발견되지 않았는가? 유구한 역사와 끈질긴 민족이다.

우리 백의白衣민족은 이미 오래 전부터 한반도에서 살아왔으며 백제-고구려를 전후해서는 만주벌판에서 지금의 베이징, 칭따오, 상하이 근접까지 광활한 강토를 유지하지 않았던가. 아직도 우리의 핏속에는 웅혼한 기상과 기백이 넘쳐 있다. 극한적인 문제는 언제나 슬기롭게 극복해 오지 아니 하였던가.

지금의 I.M.F문제도 사실 어려운 일은 아니다. 흔들릴 때마다 우리는 하늘로 뛰어오르며 여유 있게 주변을 정리해 보자. 세상의 모든 문제는 문제가 발생한 그곳에 바로 해결점이 있는 것이다. '꽃 진 자리에 꽃 피어나듯'이 어제나 해결이 안 되는 것은 없다. 문제는 슬기로운 지혜이다. 하늘로 뛰어오르는 방법은 알고 보면 아주 쉽다.

그러니, 사람들은 어떻게 하늘로 오르느냐고 아예 처음부터 단념을 하기 때문에 오르지 못하고 있을 뿐이다. 새들만 하늘을 날 수 있는 게 아니다. 사람들도 새와 같이 하늘을 비상할 수도 있고, 새가 못 가는 저승까지 얼마든지 넘나들 수가 있다. 문제는 확신이다. 나 자신의 능력을 믿고, 더 나아가서는 스스로 잠재해 있는 '초능력'을 확신하면 누구나 이승과 저승을 맘대로 비행할 수가 있다.

'거북이는 토끼와 경주하지 않는다' 이제까지 실제로 한번도 경주한 적도 없다. 인간들이 만들어 낸 우화일 뿐이다. 거북이와 토끼는 각기 그 나름의 존재방식과 삶의 가치를 가지고 있다. 경주 같은 것에는 처음부터 관심도 없다. 그러나 경주를 시킨 것은 인간이다.

안델센의 관념 속에서 또는 인간들의 욕망 속에서 강제로 시킨 것이다. 그러나 안델센의 교훈이 주는 가르침은 매우 진지하다. 꾸준히 노력하는 자에게는 언제나 그 대가가 반드시 온다는 것이다. 이 소설에서 〈바람은 어디서 불어오는가〉의 주인공 '도무지'道無知는 도대체 바람은 어느 방향에서 줄곧 불어오는가? 란 화두를 갖고, 그것을 해결하기 위해 세상의 많은 사람을 만나기도 하고, 바람 부는 끈데미를 찾아 끊임없이 각통질을 해대기도 한다.

도무지는 지금도 방배동 전철역 근처에서 수도하고 있는 김수언 법사이다. 그는 오늘도 하늘로 뛰어올라 가서 석가와 예수를 만나 I.M.F에 대해서 시국토론도 하고, 노자와 마호멧도 만나 포천 이동 막걸리로 한잔 축이고, 압구정동 노래방으로 이동하기도 한다.

또한, 다음 주쯤에는 단군 할아버지와 광개토대왕 그리고 이순신을 만나 21세기 한국의 만주벌판 회복을 논의하기로 약속하기도 했단다. 유체이탈有體離脫을 자유자재로 하며 천상천하를 주유하는 것이다. 우리 몸에는 누구나 부처와 같은 '불성'佛性이 있으며, 도사道士와 같은 초능력이 있다.

그리고 예수와 같은 '기적'奇蹟도 있다. 그런데도 사람들은 흔히들, 석가모니나 예수 또는 노자-장자는 나와 또 다른 별도의 신神이라고만 생각하고 있다. 그러나 그들도 처음부터 신이 아니고 분명히 인간이었다. 다만 오랜 고뇌와 수련을 했기 때문에 기적과 초능력이 나타난 것뿐이다.

그리고 무엇보다 타인을 위해서, 인류를 위해서 헌신했던 '지고지순한 정신'이 있었기 때문에 우리 인간과 다른 초능력에 접신이 된 것뿐이다. 우리 인간들도 이들 신인神人들과 같이 '확신'確信을 갖고 수행을 하면 얼마든지 초능력을 발휘할 수 있으며 '하늘로 뛰어오를 수'가 있다. 더욱 쉬운 것은 이들 선지자들의 '몸과 맘'을 조금만 흉내 내어도 하늘로 뛰어오르기는 공기 마시는 것만큼이나 쉬운 것이다.

이 정도는 이들의 초능력 가운데 아주 초보적인 것이다. 우리는 태어났기 때문에 어쩔 수 없이 죽음을 맞이해야 한다. '처음부터 태어나지 않았다면 죽지도 않을 것이다. 태어났기 때문에 죽는 것이다' 죽으면 영 죽는 것이 아니고 또 다음 세상에 다시 태어나는 것이다. 죽었으니까 태어나는 것이다. 만약에 죽지 않는다면 다시 태어나지도 않을 것이다.

(2) 윤회사상

이것은 어떤 불교적 '윤회사상'輪廻思想이라기 보다는 자연과 우주의 섭리이다. 생사生死라는 것은 달 지면 해 뜨고, 해 지면 달 뜨는 그냥 자연적 현상일 분이다. 우리에겐 누구나 태어나면서 자연과 인연의 끈을 가지고 있다. '업'業이란 것이다. 이것은 자기만이 가지고 있는 어떤 에너지의 덩어리, 생명의 덩어리이다. 자기의 고유한 영원불변의 유전자라고 할 수 있다.

업이란 영원불변의 것으로서 인도에선 이것을 '카르마'라고 하는데 기독교에서 말하는 '원죄'와 유사한 개념이다. 불교에서의 '업'이 기독교에서의 '원죄'가 되는 것인데, 수없이 생사가 반복되면서 환생이 되고 영생이 되는 것이다. 환생이 거듭된다는 것은 결국 영생한다는 의미가 아닐까. 산꼭대기로 올라가는 길은 달라도 일단, 꼭대기에 서 보면 그 귀결점 '진리'는 하나이다.

각 종교의 교리는 달라도 그 궁극의 목적지는 하나다. 그것이 바로 인류의 행복과 진실한 삶을 찾아가는 것이며 '하늘로 뛰어오르는 방법'이다. 여기선 9명의 주인공들이 각각의 초능력을 보여주고 있다. 물론 소설이지만 실화를 바탕으로 한 소설이어서 독자들도 이들 주인공들과 같이 진정으로 수행만 하면 아주 쉽고 간단하게 초능력이 나타날 수 있다. 그러나 여기에선 어디까지나 소설이란 것에 유념해 주기 바란다.

— 작가노트3 〈거북이는 토끼와 경주하지 않는다〉
명동출판사. 1997.

4. 바람은 어디서 불어오는가

이 소설에서 〈바람은 어디서 불어오는가〉의 주인공 '도무지 道無知'는 도대체 바람은 어느 방향에서 줄곧 불어오는가? 란 화두를 갖고, 그것을 해결하기 위해 세상의 많은 사람을 만나기도 하고, 바람 부는 꼰데미를 찾아 각통질을 해대기도 한다. 도무지는 지금도 방배동 전철역 근처에서 수도를 하고 있는 김수언 법사다.

그는 오늘도 하늘로 뛰어올라 가서 석가와 예수를 만나 I.M.F에 대해서 시국토론도 하고, 노자와 마호멧도 만나 포천 이동 막걸리로 한잔 축이고, 압구정동 노래방으로 이동하기도 한다. 또한, 다음 주쯤에는 단군 할아버지와 광개토대왕 이순신을 만나 21세기 한국의 만주벌판 회복을 논의하기로 약속하기도 했다.

우리 몸에는 누구나 부처와 같은 '불성'佛性이 있으며, 도사와 같은 '초능력'이 있다. 그리고 예수와 같은 '기적'이 있다. 그런데도 사람들은 흔히들, 석가모니나 예수 또는 노자-장자는 나와 다른 신神이라고만 생각하고 있다. 그러나, 그들도 처음부터 신이 아니고, 분명히 인간이었던 것이다. 다만, 오랜 수련을 했기 때문에 초능력이 나타난 것뿐이다. 그리고 무엇보다 타인을 위해서, 인류를 위해서 전혀 헌신했던 '맘'이 있었기 때문에 초능력이 쉽게 충전된 것이다.

우리 인간들도 이들과 수행승(?) 같이 '확신'을 갖고 수행을 하면 얼마든지 초능력을 발휘할 수 있으며 '하늘로 뛰어오를 수'가 있다. 더욱 쉬운 것은 이들 선지자들의 '몸과 맘'을 조금만 흉내 내어도 하늘로 뛰어오르기는 공기 마시는 것만큼이나 쉬운 것이다. 이 정도는 이들의 초능력 가운데 아주 초보적인 것이다.

우리는 태어났기 때문에 어쩔 수 없이 죽음을 맞이해야 한다. 태어나지 않았다면 죽지도 않을 것이다. 태어났기 때문에 죽는 것이다. 죽으면 또 다음 세상에 태어나는 것이다. 죽었으니까 태어나는 것이다. 만약에, 죽지 않는다면 다시 태어나지도 않을 것이다. 이것은 어떤 종교적 윤회사상이라기 보다는 자연과 우주의 규칙이며 섭리이다.

우리에겐 누구나 '업'業이란 것이 있다. 이것은 자기만이 가지고 있는 어떤 에너지의 덩어리, 생명의 덩어리이다. 자기의 고유한 영원 불변의 유전자라고 할 수 있다. 영원불변의 것으로서 인도에선 이것을 '카르마'라고 하는데 기독에서 말하는 '원죄'와 마찬가지 개념이다.

불교에서의 '업'이 기독교에서의 '원죄'가 되는 것인데, 수없이 생사가 반복되면서 환생이 되고 영생이 되는 것이다. 환생이 거듭된다는 것은 결국 영생한다는 의미가 아닐까. 산꼭대기로 올라가는 길은 많아도 일단, 꼭대기에 서 보면 그 귀결점은 하나다. 각 종교의 교리는 달라도 그 궁극의 목적지는 하나다. 그것이 바로, 행복과 진실한 삶을 찾아가는 것이며, 〈하늘로 뛰어오르는 방법〉이다.

여기에선 9명의 주인공들이 각기 초능력을 보여주고 있다. 물론 소설이지만 실화를 바탕으로 한 소설이어서 독자들도 이들 주인공들과 같이 진정으로 수행만 하면 아주 간단하게 초능력이 나타날 수 있다. 그러나, 어디까지나 소설이다.

− 작가노트4 협궤열차가 있는 안산, 첫눈 속에서, 1997.

5. 좌선坐禪이냐? 좌불坐佛이냐?

마음 땅 품고 있는 여러 씨앗은
단비 올 때 한결같이 싹터 오르네
삼매三昧의 꽃 모양새 애초 없으니
피고 짐이 또한 있을 수 있겠는가

'마조어록'馬祖語錄에 나오는 우화이다.'머무르지 않는 법法을 놓고 취사선택 하는 것은 무의미한 일이다' 〈보림전〉寶林傳에 나오는 말이다. 마조가 형악衡岳 전법원傳法院에서 좌선수행에 정진하고 있을 때 나중에 스승이 된 남악회양南岳懷讓, 양화상讓和尙을 처음 만나게 된다.

그때 마조가 크게 깨달은 회양의 게송偈頌이다. 좌선坐禪이냐? 좌불坐佛이냐? 선禪 문답이다. 좌선에 몰두하면 선禪이란 결코 앉아서 하는 것이 아니며, 좌불에 몰두한다면 부처佛란 원래 정해진 모양이 없는 것이다. 심지법안心地法眼으로 무상삼매無相三昧의 경지에 이르러야 한다.

새삼 마조어록의 이 선(禪)문답이 생각난다. 이제 금년에 나도 용인대 정년이다. 약40년 가까이 분필가루를 마신 셈이다. 정년은 어쨌거나 뒤돌아 보게 하는 시간이다. 특히 야2천년을 넘어오면서 나는 단편 하나 제대로 쓰지 못하고 원고청탁이 올 때마다 기존의 작품들만 재록하였다. 물론 그들 잡지사들은 기존에 발표한 것이라도 좋다며 원고청탁을 했다.

(1) '아시아디지털대학' 설립

이런 게으름은 나 자신의 문제도 있었지만 무엇보다 〈디지털서울문화예술대학〉(아시아디지털대학) 라고 4년제 정규대학을 설립하느라 전혀 온 정열을 거기에 쏟았기 대문이다. 결국 2000년도에 학교법인이 교육부에서 인가되었고 이듬해 정식으로 개교하였다. 실제 이사장이자 초대총장이었다. 당시에는 온 라인과 오프 라인을 겸할 수가 있었다.

그러나 나는 1년이 못 가서 다른 사람에게 피눈물을 흘리며 넘기게 되었다. 근본적인 원인은 자금난이다. 그러나 그에 앞선 원인은 대학 후배의 배신자 쿠데타 때문이었다. 같은 문단의 후배이기도 한 그 녀석을 나는 부교수에다가 교무처장으로 발령을 해 주었다. 그러나 녀석은 발령장을 받은 지 1주일도 안 되어 고무신을 바꿔 신었다.

내가 학교운영 자금이 딸리는 것을 간파하고 교수와 학생들을 선동하여 학교를 졸지에 뒤집어 놓은 것이다. 무서운 음모와 살벌한 책략이다. 나를 흔들어 내쫓고, 자기 친척을 이사장으로 앉히면 자기가 곧바로 총장을 할 수 있다는 마오쩌둥의 홍위병식 잔인한 파괴작전이었다. 덕분에 나는 그가 조종하는 교수들의 음모에 의해 검찰에 불려다니기 시작했고, 살고 있던 아파트가 경매에 몰리게 되었다.

심지어 교육부에서도 그들의 투서질에 못 이겨 감사를 나왔지만 학교와 재단 회계장부를 아무리 송곳으로 털어도 먼지 하나

안 나왔다. 이제 막 시작한 신생대학에서 무슨 비리와 횡령할 돈이 있겠는가? 나중에는 이 대학을 인수한 모 이사장도 악질 부동산 업자여서 약3년간 나는 빚쟁이들에게 뜯겨 지내야 했다.

배신과 음모와 저주의 긴 터널을 그래도 나는 독하게 뚫고 나왔다. 평소의 친한 친구들도 돈과 권력 앞에서 타이어 가죽같이 낯두껍게 변절해 가는 모습을 보면서 정말 또스토예프스키와 같은 고뇌와 절망을 맛 보았다. 현대건설의 정 회장이 자기 본사건물에서 뛰어내리지 않을 수 없었던 심정을 이해할만했다. 나에게 문학이 없었다면 나도 아마 정신병원에 입학했을 지도 모른다.

내가 그 동안 소설을 못 쓴 것은 전혀 이러한 일련의 충격적 사건들 때문이었다. 소설을 쓰지는 못했지만 오히려 이러한 밑바닥 인간군상들의 처절한 배신과 갈등을 현실 속에서 나는 몸으로 배울 수 있었다. 동한의 눈물과 절망과 불면을 주었다. 그러나 나는 결코 주저 앉지 않았다. 제1공수특전단 특수요원으로 밤이면 하늘에서 뛰어내리던 목숨이 아닌가.

(2) 문학의 칼

월남전장에서 비 오듯 쏟아지는 총알 사이를 피해 다니던 목숨이 아닌가? 이깐 쓰레기 같은 벌레들의 난동에 내가 흔들릴 수 있는가? 나는 이를 악 물고 하나하나 대응해 나갔다. 그들은 약3년간 약1십여건이나 나를 뇌꼴스럽게 고소고발 했다. 그러나 전부 하나같이 '무혐의' 들이다.

이제는 내가 그들을 차례대로 무고로 고발할 순서이다. 그러나 나는 고발하지 않기로 했다. '최후의 복수는 용서라고 했던가' 그러나 그냥 용서하는 것은 무의미하다. 그들이 피눈물을 흘리면서 회개를 할 때 비로서 용서는 가치가 있는 것이다.

나는 '문학의 칼'로서 이런 썩은 세상의 일부는 확실하게 고발해 나갈 것이다. 곪은 부분은 수술해야만 선량한 사람들에게 전염이 되지 않는다. 그 악매 나는 고름을 방치하면 더 무서운 아토피 피부병으로 번져갈 것이다. 그러한 '악의 축'을 문학은 예방해야 할 의무도 있는 것이다.

하늘은 나에게 더 큰 '문학적 체험'을 선물해 주었기 때문이다. 나는 이제 또스토예프스키와 같은 체험적 문제들을 문학적으로 대승적으로 승화시켜 나갈 것이다.

금년 봄에는 내가 처음으로 '할아버지' 소리를 듣게 되는 외손녀(권두경)도 첫번 태어났다. 기쁘다! 세 자녀 모두 대학강의에도 나간다. 이제 즐거운 것만 먼저 생각하자. 최근 몇 년간 고통이 너무나 컸다. 부정적인 것보다 긍정적인 것을 먼저 골라내자. 슬픔의 끝은 언제나 기쁨이었다. 앞으로도 그렇게 살아내야 하겠다.

이명박李明博의 우파 정권으로 10년만에 노무현盧武鉉의 좌파 정권과 교체되어 청와대 주인이 바뀌었다. '국민을 섬긴다, 글로벌 코리아, 제2의 한강기적 실용주의!'를 외쳐대는 이명박 정권을 일단 기대해 보자. 국보 1호 숭례문이 불타버리고 미국을 비롯한 세계증시가 대폭락이다. 좀 어수선한 새해 세상의 봄이다. 그러나 어느 때인들 평안하던 때가 있었는가?

　행불행은 흥망성쇠의 곡선을 따라 물 흐르듯 흐르기 마련이다. 다만 우리가 좀 더 따뜻한 시각으로 세상을 바라보는 일만 남았다. 낙천적인 안경을 쓰고 세상을 보면 세상은 낙천적으로 다가온다. 그 반대의 우울한 안경을 쓰고 보면 그 반대로 시각화가 되는 것은 당연하지 않은가? 자아, 우리는 어떤 안경을 선택할 것인가?

　1979년도 동아일보 신춘문예에 당선된 이후 약30년 동안 발표한 약70여 편의 작품들 가운데 '문학상 수상작' 위주로 이번 작품집을 선별해 모아본 것이다. 말하자면, 내 작품 가운데 대체로 애정이 가는 자식들만 불러모은 셈이다. 그래서 뒤에 실은 작품평, 작가노트 등도 이전에 발표한 것을 연대별로 모았다. 독자들의 많은 비평과 충고를 바란다.

　　　　　　　－ 작가노트5 〈인도의 향〉 온 북스, 2008. 3.1절

6. 멀리서 만나는 평행선

(1) 뒤돌아보면 아무도 없고

머리를 묶은들 무엇하리/ 풀옷을 입은들 무엇하리
마음의 집착을 버리지 않으면/ 겉으로만 버려서 무엇하리

이번 [멀리서 만나는 평행선]은 중편소설집으로서는 첫번째이다. 약20년간의 문단생활, 그 동안 발표된 중편만 선별해 본 것이다.「목숨의 끝」제31회 경기도문화상(1992),「늑대를 기다립니다」제6회 성호문학상(1995),「행촌동 패랭이꽃」제10회 동국문학상(1996),「의정부의 작은 거인」제12회 경기문학대상(1997),「바람은 어디서 불어오는가」제2회 한국창조문학상(1998) 등을 수상했다.

대개 중편작품으로 이러한 문학상 등을 수상했고,「제비집 짓기」「허공에 친 점 하나」「마지막 카드」등의 단편들은 한국소설가협회에서 매년 선별하여 발간하는 '우수단편문학선집' 등에 서정이 되었다.「목불」「사이공의 나르바나」등은 '현대불교소설선'에 선별되기도 했다. 잊을 만하면 한 번씩 걸러지는 셈이다.

단편이든 중편이든 한 곳에 모아놓고 보니, 이건 아예 불교소설집이 아닌가? 하고 스스로 기이하게 생각할 정도로 불교철학적 햇귀들이다. 원고청탁이 올 때마다 그때그때 최선을 다해 썼을 뿐인데 이렇게 일별해 놓고 보니, 나도 모르는 내 정신의 꼰데미는 허무였으며, 그 '허무의 뼈'를 찾아 방황해 온 것 같다.

왜 사느냐? 하는 허무의 등뼈, 발바닥이 닿지 않는 그 무량한 밑바닥을 채우기 위해 발버둥 치다 보니 '실존의 문제'가 늘 화두話頭로 잡혀온 것 같다. 그것이 꼭 불교적이라기 보다 또 그렇게 존재론적 회의에 방황하다 보니 평생을 '부처'에 대해서 우듬치로 목숨을 걸어온 것 같다. 때로 도교적 우화에서 선적禪的인 깨달음을 얻기도 한다. 물론 법당法堂의 부처만 부처가 아니라 나 자신의 '부처찾기'로 말이다.

 뒤돌아 본 세월을 거울에 비춰보니, 정말 내가 소설가일까? 할 정도로 장편 하나 제대로 쓴 것이 없다는 사실을 새삼 발견하고는 얼굴이 붉어졌다. 1979년 동아일보 신춘문예 당선 이후, 약 20년이라는 시간을 흘리면서 과연 나는 무엇을 써 왔는가? 늘 버스나 지하철에서 침을 흘려가며 졸도록 시간에 쫓겨 다니면서도 남은 것이 무엇일까?
 되뇌일 적마다 적막강산이다. 신춘문예에 당선되면서 그해에 대학원에 진학을 했다. 그러다 보니 평론을 또한 공부하지 않을 수 없었다. 그래서 변변한 장편하나 제대로 못 썼고, 평론 또한 분명한 장도리 하나 갖추지 못한 것 같다. 〈동아일보〉
 (1979)로 같이 등단한 이문열은 삼국지(전10권) 등 그런 면에서 뚜렷한 일가견을 이룩했다.

 "멀리 있어도 높은 산의 눈처럼/ 도道를 가까이 하면 도가 나타나고/ 가까이 있어도 밤에 쏜 화살처럼/ 도를 멀리하면 도가 나타나지 않나니…" (법구경.광연품)

 특히, 이번 중편소설집 [멀리서 만나는 평행선]은 스스로의 '부처찾기'에 더욱 각통질 해 온 것인지도 모른다. 옛날 구파발 우리 집 초가지붕 위에 어느덧 피어난 민들레마냥 세월은 때가 되면 어김없이 찾아오고 또한 시간은 기다려 주지 않고 거침없이 흐르는가 보다.

아무도 모르게 난들벌로 피는 민들레! 늘 너름새 있게 피는 민들레! 황야의 민들레 같은 희망을 잃지 말자. 절망 속에 희망이 피어난다. 절망이 없으면 희망도 없다. 처절하게 절망할수록 철저하게 희망의 손짓은 나타난다.

얼마 전, 우리 용인대학의 대학평가 준비물로서 '교수실적표'를 작성하라기에 그 동안의 소설과 평론을 정리해보니, 중-단편을 합해서 약 70편, 학술논문이 약 70편이었으며, 중간중간 단행본으로 묶어낸 것이 총 30여권이 되었다. 그러나 창작이나 이론이나 무엇 하나 소위 말하는 베스트 셀러가 된 것이 없다. 소설 단행본은 주로 소설창작집이었고, 평론집들은 전문서적들이어서 독자대상이 한계적일 수밖에 없었던 것 같다.

세속적인 것보다 늘 순수 쪽을 고집해 왔으며, 진정한 소설미학을 위해 나름대로 감세게 스스로를 악매 쳐왔으니까 말이다. 연암燕巖 박지원朴趾源이나 카프카도 살아 생전에는 별로 눈에 띄이지 않았지만 그들의 문예미학은 시간을 초월하여 지금도 영생하고 있지 않은가. 순수 정통문학은 생리상 대중적이지 못하고 늘 한계적일 수밖에 없다. 그러나 정신적으로 영원하다.

(2) 부처찾기

최근에는 허무와 허명에 몸을 떨며, 지리산으로 백두白頭 대간으로 멀리는 중국으로 동남아로 실크로드로 헤매어 다녔다. 지난 여름에는 유럽일대를 양아치마냥 바람에 불려 다니기도 했다. 이국의 낯선 하늘, 달밤에 무릎을 세우고 앉아 허허롭게 은하수를 세어 볼라치면, "이 녀석아, 너는 무엇을 찾아 아직도 헤메느냐?" 하고 뒤통수를 휘갈겼다.

뒤돌아보면 아무도 없고, '머리만 묶은들 무엇하리, 풀옷만 입은들 무엇하리' 하며 밤바람 소리에 뺨을 갈기며 달아나기도 했다. 그동안 한눈팔지 않고 땀땀이 불편에 젖은 낙서들을 또 하나 세상에 이렇게 내어본다. 학자로서의 길, 작가로서의 정신을 한 마장 앞서 늘 몸으로 보여주시는 한양대 김시태 교수님께서 진작에 서평을 써 주신 것이다.

특별히 표지 그림을 그려서 중국에서 캔버스 자체를 공수해 보내주신 윤금단 尹金丹 선생님의 뜨거운 정성에 감사를 드린다. 밤새워 교정을 맡아준 아내 김귀순에게도 머리를 숙인다. 주변에 톺아보이는 뜨거운 가슴에 다시 한번 이 겨울, 마음 깊이 합장해 본다.

— 작가노트6. 〈멀리서 만나는 평행선〉 태학사. 1998.

내 남편 신상성 박사

김 귀 순
(아내)

1. 구파발 셋방에서 신혼생활

신 교수님! 당신의 팔순 출판기념회를 축하합니다. 아직도 열정이 남아 밤새도록 컴퓨터 앞에서 워드를 치고 있는 당신의 옆모습이 좀 야위어 있어서 걱정입니다. 그 집중력은 행복한 삶과 노후를 위해 가족들에게 헌신하기 위함이란 것도 잘 압니다.

한 치의 머뭄도 없이 살아가고 있음이 젊은 그대로인 것 같아서 믿음직하기도 합니다. 그러나 마음은 젊은이 같지만 몸은 이제 분명한 80세입니다. 건강을 생각해서 반드시 규칙적인 생활을 하시기 바랍니다.

당신과의 인연이 이제 50년 가까이 되는 군요. 처음 만났을 때는 종로 쎄시봉 음악다방이었지요. 그곳 배경음악 속에서 당신을 처음 보았고 또 늘 그곳에서 당신을 기다렸던 기억이 새롭습니다. 그때도 나는 늘 당신을 어린이가 선생님을 기다리는 것 같았어요.

당신은 항상 바쁜 생활을 하는 사람 같았어요. 동분서주 무엇인가 많은 일을 하는 것 같아요. 학교 선생님인데도 참 바쁘게 사시는구나? 또 한편으로는 자유분방한 것 같기도 하고요.

당신은 늘 나를 기다리게 하는 쪽이었어요. 나는 같이 살 붙여 살면서 뒤늦게 깨달았지요. 그때 그런 모습은 내 남편 신 교수님, 당신의 원래 성격이라는 것을 알게 되었답니다. 잠시도 쉬는 법이 없었어요. 한꺼번에 두 가지 일을 하기도 했어요. 아, 우리 남편은 다른 사람의 두 배 48시간을 사는구나.

우리 신혼생활은 구파발 버스 종점 끝, 북한산으로 올라가는 길가 변두리 셋방에서 시작했지요. 그때도 나를 밤12시가 되도록 기다리게 하더군요. 그때는 우리집에 전화도 없고 연락할 통신이 없었지요.

구파발 입구에는 헌병대 검문소가 딱 버티고 있었지요. 통행금지에 걸리면 헌병대에 잡혀 있기도 했어요. 그때 왕십리 성동전수학교 교사였지요. 학교수업이 끝나면 다시 종로학원에서 야간 국어강사로 뛰었지요. 밤 늦도록 투잡을 한 셈이죠. 그렇게 우리는 가족을 모두 책임지어야 할 때였습니다.

극한적 경제사정으로 뿔뿔이 흩어져 있던 가족들을 처음으로 다시 모았습니다. 부모님 두 분과 동생들 두 명도 데리고 와 먹여 살려야 했습니다. 교사 월급만으로는 한달간 연탄값 대기도 빠듯했지요. 밤늦도록 목구멍에 피가 넘어오도록 학원강사까지 해야 쌀값을 겨우 맞추었습니다.

그 신혼시절 생각을 하면 지금도 눈물이 핑 돕니다. 그때 나는 악착같이 돈을 모았습니다. 부모님에게 바치는 생선반찬 등 외에는 일체 쓰지 않았어요. 몇 년만에 다시 서라벌 고교로 전근하자 월급이 좀 많아지기 시작했지요. 그래서 우리는 버스 종점에서 지축리 초가집을 사서 이사하게 되었지요.

비로소 하늘이 제 빛깔로 보이기 시작했습니다. 그러나 경제적으로 어렵긴 마찬가지였습니다. 폭우가 쏟아지는 날 밤이면 더욱 걱정이 되었습니다. 북한산에서 내려오는 창천 개울물이 넘치면 건너지 못하기 때문입니다. 그래도 당신은 구두와 양말을 벗어서 머리에 이고 그 위험한 물살을 헤쳐오곤 했습니다.

"밥 좀 줘! 배가 많이 고픈데..."

그래도 마지막 버스를 놓치지 않았으니 다행이구나, 하며 준비해 놓은 밥을 얼른 내놓기도 했지요. 보리밥을 된장국에 팍 엎어서 몇 술 뜨더니 금방 없어졌어요. 김치도 콩자반도 반찬까지 순식간에 비어진 것입니다. 속으로 나는 울었지요. 아니 저녁밥값이 아까워 굶고 있다가 밤12시가 넘어서 집에 와서야 먹다니…

내 남편 신 교수님 능력은 탁월하고, 성격은 직극적인데다가 다혈질입니다. 그러나 밑바닥 숨어 있는 정서는 매우 서정적이고 정이 많아요. 여자같이 여린 성격도 있어서 길거리 노점상들을 보면 그냥 지나치는 법이 없어요. 그리고 누가 무슨 부탁을 하던 거절하는 것을 거의 본 적이 없답니다.

매일 시간을 초까지 쪼개어 초 재기하는 생활같이 보였어요. 내 성격과는 정반대로 극과 극이었지요. 지금도 처음과 끝을 모르는 나의 남편 신 교수님입니다. 럭비공 가이 처음에는 어디로 튈지 자신도 모르는 것 같아요. 우선 질러놓고 보는 돌격대 성격입니다.

자유분방한 생활습관은 때로 나를 힘들게 하기도 했어요. 앞뒤 계획을 세우고 설계도 세우기 전에 이미 공은 하늘 높이 날아가 있습니다. 상대를 충분히 파악하지도 않고 믿고 관계를 맺습니다. 그래서 상대에게 배신당하는 일들이 지금도 계속되고 있습니다. 그 뒷감당을 내가 도맡아 하기가 정말 힘들었습니다. 그이 본래 천성이어서 어쩔 수 없는 것 같아요.

2. 세 자녀와 여덟 명 손주들

서라벌 고교에서 다시 갈현동 성정여고로 전근해 오자 집이 훨

씬 가까워서 한시름 놓았어요. 그러나 당신은 오히려 그 틈새를 이용하여 과외를 하기 시작했어요. 학교- 학원- 과외까지 하루에 쓰리 잡을 했습니다. 만약 외부강의를 하다가 들키면 그대로 파면이었습니다.

수입은 좀 나아졌지만 아침마다 세수대야에 피가 벌겋게 번졌습니다. 과로로 코피가 늘 터지곤 했지요. 그래도 남편은 개수구멍에 코를 한번 쎄게 풀고나서 뒤돌아 씨익 한번 웃고는 자전거를 타고 학교로 쌩! 달려나가곤 했어요. 무서운 정신력이 아닐 수 없었습니다.

역시 제1공수특전단 공수부대 출신에다가 월남전 수색대답게 남다른 강단이 있었습니다. 그의 근육질을 남몰래 훔쳐보면서 혼자 놀라곤 했답니다. 결국 약5년간 적금든 돈과 은행 융자를 받아 이층집을 짓게 되었습니다. 시아비님이 원래 건축가셔서 남의 집을 지어주고 남은 건축자재들을 모아두었던 덕분에 양옥집은 금방 올라갔습니다.

구파발에선 제일 큰 기와집이 되었습니다. 그래도 모자라는 돈은 둘째 친정오빠에게 빌렸습니다. 처음으로 부부 이름이 새겨진 우리의 집을 갖게 된 것입니다. 세상에서 처음으로 실컷 울어보았습니다. 화장실에 가서 벽을 잡고 혼자 소리죽여 한참 울었지요.

이런 어려움 속에서도 아이들은 스스로 잘 성장했습니다. 삼남매 2녀1남을 두게 되었지요. 우리에겐 부처님같은 큰 큰 선물입니다. 파랑새 같이 팔랑이는 예쁜 첫째딸은 발레리나입니다.

무용학 전공으로 동덕여대 대학원에서 박사모자를 쓸 수 있었습니다.

둘째 딸은 좀 진지한 성격인지 아빠를 따라 문학전공이 현대소설입니다. 역시 중국 북경의 중앙민족대학원에서 비교문학으로 박사학위를 확보했습니다. 그리고 막내아들은 공공국제관계학으로 중국 상해 복단대학원에서 박사를 획득했습니다. 세 명 모두 박사모자를 우리 머리 위에 씌어주었습니다.

열심히 노력해서 부모에게 큰 효도를 한 셈입니다. 지금도 모두 대학에서 강의를 하는 등 우리 가정에 큰 행복을 안겨 주었습니다. 모두 결혼해서 친손주, 외손주 모두 8명이나 됩니다. 연초 음력설 때에는 북경의 둘째네까지 모이면 댜식구가 됩니다. 인구가 줄고 있는 우리나라에서는 큰 복이기도 합니다.

나는 남편과 외국여행을 많이 다녔습니다. 세 아이들이 영국에 유학하고 있을 때는 남편과 같이 유레일 패스를 끊어서 유럽 전 지역을 배낭으로 다니기도 했습니다. 우여곡절이 많아서 지금도 되돌아보면 즐거운 추억으로 남습니다.

1994년 가을에는 남편이 용인대학에서 중국 낙양외국어대학(사관학교)에 교환교수로 파견나가기도 했습니다. 그때 제1회 실크로드 세미나 겸 탐험여행을 베이징 체육박물관에서 주최했습니다. 세계 각국 교수들과 함께 중국 국경선 파키스탄까지 돌아오는 여행을 떠날 때 막내아들과 함께 세 명이 참여했습니다.

출발점은 북경에서 서안을 거쳐 타클라마칸 사막을 지나 파미르고원을 돌아서 다시 난주까지 돌아오는 약 한달간 긴 여행이었습니다. 그때 보았던 돈황, 우루무치, 카 스 등 중국은 정말 말로 표현하기 힘들 정도로 수수꺼끼 대륙이었습니다. 자연은 발바닥으로 밟고 눈으로 봐야 진정한 대화가 되는 것 같습니다.

대자연은 역시 신이 아니고는 인간이 만들 수 없는 것 같습니다. 나는 실크로드 여행에서 비로소 우리 세상과 자연에는 분명 신이 있다, 라고 믿게 되었습니다. 아름답다는 표현보다는 신기하고 오묘했습니다. '자연은 신이다!'

남편은 80~90년대 해외 문학상, 일본과 중국에서 주요 문학상을 받았습니다. 일본 와세다문학상(1985년), 중국의 제1회 장백산문학상(2000년) 등 우리집 서재에는 상패가 가득합니다. 국내외로 거의 해마다 탄 것 같습니다.

남편은 상을 탈 때마다 내 가슴에 먼저 안겨줍니다. "다 당신 덕분이야!" 내가 탄 것 같은 기분입니다. 부부느 일심동체이니까요. 나는 남편에게 지금까지 받은 선물이 너무 많습니다. 나는 남편에게서 많은 선물을 평생 받았습니다.

이제 80세 노틸 영감이 되었으니 문학상도 끝이겠지 했는데 올 여름에 또다시 뜻밖의 기쁜소식을 듣게 되었습니다. '청마연구논문상'을 거머쥔 거였습니다. 문학상에 이어 논문상까지 받게 되다니 놀라울 뿐입니다.

남편은 밤에만 피는 꽃 같아요. 지금도 밤과 낮이 바뀌었습니다. 밤은 하얗게, 낮은 캄캄하게, 그의 슬로건 같아요. 아침 12시가 되어야 일어납니다. 이렇게 밤을 지새우 더니 청마연구상 전국 공모전에 응시하게 된 것 같습니다. 딱 팔순 고개에 대단한 저력이 아닐 수 없습니다. 최종 당선되었다는 소식에 한반도문학 식구들이 다들 깜짝 놀랐습니다.

3. '아시아디지털대학' 설립

2002년도에 설립한 '아시아디지털대학' 개교는 일생일대를 두고 큰 성과였지만 그 댓가는 엄청난 고통도 뒤따랐습니다. 여기 저기 학교재단으로 빌려온 부채 등 경제적인 것도 고통도 컸지만 더욱 큰 고통은 사람과의 못된 인간들과의 악연이었습니다.

사람의 마음은 내면을 알 수가 없었습니다. 남편이 가장 믿었던 대학후배가 악연으로 돌변하여 결국 대학을 반강제로 빼앗겼습니다. 그 후유증은 너무나 컸습니다. 남편은 여기저기 불려다니며 조사를 받았습니다. 엄청난 빚과 사채 등 고통은 더욱 커져만 갔습니다. 그래도 남편은 바깥 일은 일체 함구해서 사실 우리

식구들은 잘 몰랐습니다.

또 다시 머나먼 남태평양 피지Fiji 섬나라 수도에 '수바외국어대학'을 또 설립했습니다. 그러나 이번에는 용인대 제자에게 또 뒤통수를 맞았습니다. 그 제자는 남편이 용인대 자기 연구실에서 3년간이나 조교로 데리고 있어서 믿었던 것입니다. 그 제자는 나중에 코이카를 통해 피지 대통령 경호실에 근무하고 있으면서 남편에게 장난친 것입니다.

대학을 두 개씩이나 설립했지만 둘 다 배신 당한 것입니다. 한 번은 대학후배에게 또 한번은 대학제자에게 뒤통수 맞은 것입니다. 무서운 세상입니다. 그래도 남편은 지금도 지치지 않고 계속합니다. 얼마 전에는 웹소설에 응모한다며 매일 밤 약4천자씩 워드를 쳐서 '문피아' 사이트에 100회 연재하기도 했습니다.

당신은 우리 가족을 위해 이렇게 밤낮없이 온 인생을 걸었습니다. 나는 남편에게 내 마음 속 깊이 높은 존경심과 진실한 사랑을 보내봅니다. 내가 '조선문학'에서 시로 등단한 것도 당신의 격려가 큰 뒷받침이 되었어요. 고향 조치원에서 소녀시절부터 꿈꾸며 노트를 해온 오랜 습작의 결과였지요.

내 나이 칠순에 당신은 나에게 첫 시집 '민낯'을 만들어 선물로 주었습니다. 그 시집에서 "내가 다시 태어난다면 당신과 또 다시 같이 살고 싶다"고 하셨지요. 그런데 나는 다시 태어나는 건 좀… 그래요.

남편의 손끝은 마술사 같다. 그의 손 끝에 닿으면 모래알도 쌀밥이 되어 나옵니다. 어떤 소재이던 마음대로 꽃이 피어납니다.

그는 1979년 동아일보 신춘문예에 소설 '회귀선'이 당선된 이후, 소설은 물론이지만 시, 수필, 평론, 희곡, 시나리오 등 다양하게 발표하였으며 저서도 약50여권이 넘지요.

1980년에는 '회귀선'이 KBS 방송극으로 그화되어 나갔으며 1985년에는 '처용의 웃음소리'를 장충동 국립극장 무대에 올려 히트를 치기도 했습니다. 그러나 서슬 퍼렇던 군사정권 시절에 그의 단편 '원위치'가 발표금지가 되기도 했지요.

그러나 동국대 대학원 국문학과 석사과정 동기였던 일본 아사히신문사 한국 특파원 고노에이치 鴻農暎二가 일본어로 번역하여 도쿄의 '한국문학' 전문지에 몰래 발표하였다. 그로 인해 그 잡지는 폐간되었고 고노는 한국 출입금지를 당했다. 아이러니 하게도 그 잡지는 중앙정보부에서 해외홍보용으로 발간하던 잡지였단다.

그러나 고노는 끈질기게 '와세다문학' 잡지에 결국 다시 발표했다. 이때의 숨은 곤욕을 2천년대 와서야 그는 한국문협에서 발간하는 '월간문학'에 폭로하기도 했습니다. 그는 '한국의 도스또앱스키 신상성의 소설론'을 논문으로 쓰기도 했지요. 나중에 교수가 된 고노와는 지금도 왕래하고 있습니다.

북경, 천진, 연길 등지의 중국인 문학가들과도 친하답니다. 남편이 리더하고 있는 사단법인 '한중문예콘텐츠협회'를 통해 한중간 문학 세미나가 매년 서울과 북경에서 번차례로 공동 교류를 해왔지요. 하와이대학 동서문화센터를 통해서 하와이 문인협회와도 교류를 했습니다.

그는 매사에 호기심이 강하지요. 새로운 것을 보면 손끝으로 반드시 만져보고서야 직성이 풀린답니다. 2천년 새시대를 넘어오면서 개인용 컴퓨터가 처음 보급될 때에도 제일 먼저 컴퓨터 연재 문학강의를 데이콤과 공동으로 시작하기도 했습니다. 인터넷을 검색해 보면 그대로 나옵니다.

남편이라서가 아니라 그의 작품은 문학적이고 미학적인 주제성이 강하고 독특하지요. 그래서 일부에서는 어렵다고 혹평하기도 합니다. 발표할 때마다 양극화 평론이 대두되곤 해요. 남의 일이라면 목숨을 걸고 하면서도 정작 본인은 남에게 잘 부탁하지 않는 성격이랍니다.

여보 바이든 미 대통령도 당신과 동갑인 8학년이에요. 우리 용기를 잃지 맙시다. 남편의 팔순이라 찬찬히 쓴다고 거의 한 달을 끙끙거렸지만 막상 써놓고 보니 두서 없이 나갔네요. 마감 때문에 급히 중단했지만 언젠가 차분하게 정리하고 싶습니다.

여보 영원히 사랑합니다! 당신이 있어 내가 존재하는 거에요. 당신의 거울을 통해서 비로소 내 얼굴이 보인답니다.

사랑하는 아빠에게

신 수 연
(발레학전공박사. 신한대 겸임교수)

이제 8순이 되신 아빠를 잠시 되돌아봅니다. 어느덧 80년이란 세월을 무탈하고 건강하게 계셔서 새삼 감사하고 고마움을 느껴봅니다. 특히 늘 말없이 아빠를 뒷받침해 주고 동시에 우리들을 모두 박사로 만들기 위해 헌신해 오신 어머니에게도 특별한 사랑을 보냅니다.

이번 아빠의 기념문집 발간에 맏이인 저와 함께 두 동생 신사명(문학박사. 북경 대외경제무역대학 교수)와 신경환(국제정치학박사. 신한대 교수)가 3남매가 모여서 조그맣게 준비를 해보았습니다. 이제 우리들 3세들도 모두 8명의 대가족(현수, 현준, 두경, 경모, 민경, 민근, 동준, 정윤)으로 갑자기 늘어났답니다.

어릴적 아빠 손에 이끌려 가다보면 빠른 아빠 보폭에 맞추느라 저는 뛰다시피 갔던일도 생각납니다. 이제 새삼 우리 아이들을 손잡고 걷다보니 문득 어린시절이 선명하게 떠오릅니다. 덕분에 저도 지금 걸음이 무지 빠른 아빠의 모습이 되었네요.

아빠를 많이 닮은 첫째 딸 저도 40대 후반을 가고 있어요. 아빠의 젊은 시절 지금 제 나이의 아빠를 돌이켜보니 취미생활도 없이 항상 일만 하시고 늦게 들어오시는 아빠를 생각하면 마냥 어렵고 높게만 보였어요.

  이제 작아지고 왜소해진 모습에 마냥 동안으로 계실 줄 알았던 아빠도 세월을 빗겨가진 못하나 봅니다. 가깝고 친하게 지낸 딸 자식이 아니라서 표현이 서툴러요. 표현도 잘못하는 자식으로서 효도 한번 제대로 못하고 지내는데도 서운한 기색 한번 없이 무던하게 기다려주시고 지켜주시는 부모님이 계셔서 마음속 큰 버팀목이 되고 있습니다.

  앞으로도 건강 잘 챙기시면서 나쁜 일이 지나갈 때 좋은 일이 올 것을 기대하듯이 희망찬 여생을 즐기시면서 마음을 잘 다스리는 지혜를 내시기를 기원합니다! 가족을 대표하여 아빠에게 올려봅니다.

- 아빠를 닮은 첫째 딸 드림.

- 후기

신상성 8순문집 발간위원회

위원장 권 태 주
(한반도문인협회 회장)

우리 '한반도문인협회'가 중심이 되어 이번 신상성 명예회장님의 8순문집을 기획하게 되었다. 우리 협회에서는 한반도문학(계간지)과 아시아예술출판사 등을 운영해 오고 있다.

모두 (사)한중문화예술콘텐츠협회(소속 문광부 2014년) 산하 기관들로서 본 사단법인에서는 매년 서울과 북경에서 한중 대표작가들이 국제세미나를 개최해왔다. 앞으로 중국의 국제 문화정책이 재개되면 다시 복원하여 글로벌 한국문학으로 확대해 나갈 것이다.

현재 '한반도문학' 약150여명 전국회원들은 미국 등 해외에도 지부가 있다. 모두 끈끈한 애정으로 순수 정통 문학성을 유지해 나가고 있다. 운영위원들은 문학교수들 그리고 국내 지부장에는 한국문협 지부장 출신이 많아서 문학적 수준이나 효율적인 조직력 등에서 한국문학 발전에 또 하나 소중한 기둥이 되고 있다.

정통 한국문학이 여러 가지 여건으로 박제되어 가는 안타까운 현실에서 우리 한반도문협 회원들은 더욱 특별한 사명감을 가지고 밤샘 글쓰기를 하고 있다. 특히 해외 교포문인, 탈북문인, 재한동포문인 등 다양하게 포용하여 진정한 통일문학으로 진전해 가고 있다.

  역사철학적으로 문학과 문학가들은 동서고금으로 늘 핍박을 받거나 한쪽 구석으로 내몰리곤 했다. 네로, 히틀러, 메이지 일본 천황 등 정치적 독재자 시대일수록 문인들은 많은 피를 흘렸다. 그러면서도 늘 지구 역사와 함께 줄기차게 연명해 오면서 인간의 존재 의미와 가치를 깨우쳐 왔다.

  앞으로도 정치와 권력 또는 어떠한 독재 이념이 칼질을 한다 해도 문학과 문학가는 여전히 목숨을 걸고 피 묻은 필봉을 휘두를 것이다. 다시 한번 우리 한반도문협의 존재의미와 한류의 비전을 다짐하며 이 조촐한 문집을 세상에 내 놓는다. 또한 가족 가운데 신경환 교수도 함께 준비해왔음을 밝혀둔다.

2022. 10. 20.

위원; 권태주, 양재성, 장석영, 고승철,
임수홍, 한일동, 박서희, 신경환

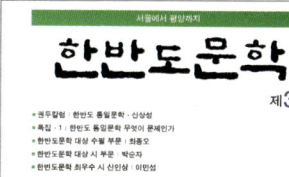

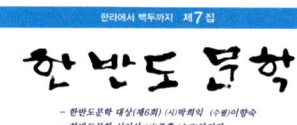

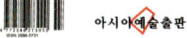

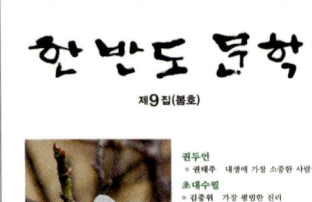

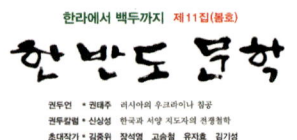

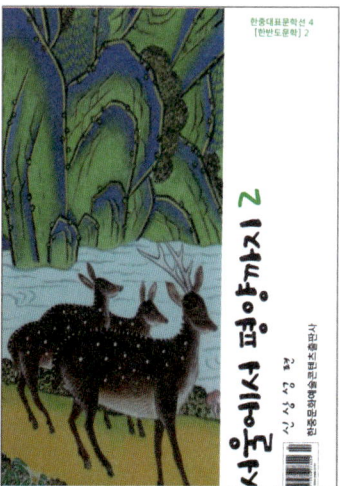

나 아닌 나

초판 인쇄	2022년 10월 25일
초판 발행	2022년 11월 01일

지은이 및 펴낸이	신상성
펴낸곳	팔순기념문집 발간위원회
준비위원회	권태주 양재성 고승철 장석영
	임수홍 한일동 박서희 신경환
북디자인	맹신형
표지그림	윤금단

펴 낸 곳	아시아예술출판사
입금(농협)	351 1056 7903 63 (아시아예술)
등록번호	2018-000098호
연 락 처	T/ 010 2422 5258
	writer119@naver.com
주 소	경기도 성남시 분당구 정자로 112,
	신화(아) 503-102

ISBN	979-11-92713-03-8
값	18,000원

· 저자와의 협약에 의해 인지는 생략합니다.
· 이 책의 글은 저작권법에 따라 보호를 받는 저작물이므로 저자와 출판사의 동의 없이는 무단 전재 및 무단 복제를 금합니다.

· 잘못된 책은 바꾸어드립니다.